ORIGINAL EN COULEUR
NF Z 43-120-8

Couverture inférieure manquante

L. TRÉBUCHET

Un Compagnon de Jeanne d'Arc

ARTUR III

COMTE DE RICHEMONT, CONNÉTABLE DE FRANCE
DUC DE BRETAGNE

PARIS

LIBRAIRIE CH. DELAGRAVE

15, RUE SOUFFLOT, 15

1897

UN
COMPAGNON DE JEANNE D'ARC

CHALON-SUR-SAÔNE, IMP. FRANÇAISE ET ORIENTALE DE L. MARCEAU

L. TRÉBUCHET

Un Compagnon
de Jeanne d'Arc

ARTUR III
COMTE DE RICHEMONT, CONNÉTABLE DE FRANCE
DUC DE BRETAGNE

PARIS
LIBRAIRIE CH. DELAGRAVE
15, RUE SOUFFLOT, 15
1897

INTRODUCTION

La guerre de Cent ans, qui désola la France au moyen âge, vit naître bien des héros, dont les hauts faits ont rempli ces sombres pages de notre histoire. Il en est un parmi eux qui doit briller entre tous, Artur de Richemont, connétable de France : car il a été le véritable continuateur de l'œuvre de Jeanne d'Arc, et sut l'achever.

Lorsque la vierge de Domrémy eut expié sur le bûcher de Rouen son grand amour pour la patrie, la France était presque entièrement au pouvoir des Anglais. Non seulement les provinces étaient sous leur domination, aussi bien au Nord qu'au Midi, mais encore les conquérants avaient su amener à leur cause le cœur même, l'esprit des populations. Le dauphin Charles, quoique sacré à Reims, était toujours le roi de Bourges; le vrai roi de France, c'était Henri VI, le successeur du vainqueur d'Azincourt, et avant peu le pays tout entier allait devenir anglais.

A l'aurore des temps modernes, alors que le mot de nationalité était ignoré, Jeanne d'Arc était apparue comme une vision merveilleuse. Mais si elle avait relevé, pour la première fois, l'idée de patrie, son œuvre était sur le point de périr avec elle. Charles VII, en effet, ne semblait pas avoir compris combien était grande et sainte la mission de celle qui l'avait fait sacrer à Reims; et les princes aussi bien que les simples

seigneurs étaient trop occupés de leurs intrigues personnelles pour se préoccuper de la patrie.

Les capitaines qui s'étaient illustrés sur les champs de
bataille, n'avaient que leur courage à mettre au service du
pays. Aucun d'eux ne possédait une puissance de volonté,
une autorité morale nécessaires. Il fallait, pour comprendre
la grande pensée de Jeanne d'Arc, pour continuer son œuvre,
un patriotisme éprouvé, joint à une énergie que rien ne pût
arrêter. La France trouva cette force dans Artur de Richemont, qui seul sut tirer parti du relèvement moral de la
nation provoqué par la sainte fille de Domrémy.

Mais ce relèvement, cette aspiration vers la délivrance ne se
montrait qu'au sein des populations des villes comme des campagnes ; il fallait l'étendre aux puissants et aux seigneurs.
Or, à cette époque, les deux grands feudataires du royaume,
le duc de Bretagne et le duc de Bourgogne, voyant l'impuissance de Charles VII, avaient tout intérêt à embrasser la
cause de l'Angleterre. Les rapprocher de la mère patrie, c'était
le premier pas à faire dans la voie que Richemont s'était
tracée. Frère de l'un et ami d'enfance de l'autre, il mit tous
ses soins à atteindre ce but. Ce fut l'une de ses gloires d'y
être parvenu.

D'autre part, l'armée n'existait pas, pour ainsi dire ; elle
n'était composée que de bandes indisciplinées et d'écorcheurs,
disposés à se rallier à quiconque leur promettait pillage et
sac de villes. Investi de la haute dignité de connétable de
France, Richemont s'attacha à réprimer les désordres de ces
bandes et fut le créateur de l'armée régulière et permanente,
avec laquelle il put entreprendre la glorieuse campagne de
Normandie.

Aussi bon administrateur que vaillant capitaine, Richemont
prit part à tous les traités, à l'organisation des finances

comme aux réformes dans le gouvernement. Dans toutes les assemblées, il sut faire prévaloir ses idées; sa parole fut toujours écoutée, car son unique pensée était le bien de la France.

Pendant cette époque troublée, quand Jeanne d'Arc n'était plus là pour défendre la patrie agonisante, nous le verrons accomplir sa tâche sans arrêt, sans faiblesse, méprisant les mécontentements, insoucieux des obstacles, sachant les surmonter par sa ferme volonté. Il restera toujours attaché aux devoirs de sa charge. Le seul but vers lequel tendront tous ses efforts, l'expulsion des Anglais, il saura sans défaillance le poursuivre et l'atteindre.

Avant de retracer dans le détail l'histoire de ce héros, de raconter les événements glorieux auxquels il fut mêlé, disons qu'avec l'appui du peuple de Paris il chassa les Anglais de la capitale, planta l'étendard national sur les murs de la malheureuse cité pliant depuis de longues années sous le joug étranger. Rappelons aussi qu'il battit les Anglais dans la journée de Formigny, où il vengea le désastre d'Azincourt.

Le connétable de Richemont n'est guère connu; on n'a retenu de cette terrible lutte contre les Anglais que le nom des Dunois, des La Hire, des Xaintrailles. Ce qu'il a fait pour la France est plus ignoré encore, car sa vie a tenté peu d'historiens. A part ce que nous a laissé Guillaume Gruel, son panégyriste, qui l'a suivi dans toutes ses expéditions, et le savant ouvrage publié il y a quelques années par M. Cosneau, on ne trouve que des documents épars dans les anciennes chroniques, relatifs au rôle joué par le connétable dans les derniers événements de la guerre de Cent ans.

L'ouvrage de M. Cosneau nous a été précieux; les documents qu'il renferme ont été puisés aux sources les plus indiscutables. Sans parti pris, il a relevé tous les faits se rattachant à la vie de Richemont et nous les montre sous leur véritable jour. S'il ne cache pas ses faiblesses, il nous donne les preuves irréfutables de la grande part qu'il a prise dans le relèvement et la délivrance de notre patrie.

Nous avons cherché à réunir ces documents, à les grouper de façon à éclairer la vie de Richemont. Ces documents prouvent combien la France lui doit; car il combattit à côté de la Pucelle, sut empêcher son œuvre de périr, et c'est à lui que revient la plus grande part dans la délivrance de notre pays.

Maintenant, plus que jamais, on s'efforce de mettre en lumière la vie de ceux qui ont servi la France. Aussi, croyons-nous, malgré notre peu d'autorité, faire œuvre patriotique en cherchant à soulever un coin du voile qui couvre cette grande ombre, digne de figurer parmi les plus illustres de notre histoire nationale.

Je serais injuste si, en terminant cette courte introduction, je n'adressais pas mes sincères remerciements à M. Paul Meurice pour les conseils qu'il m'a donnés. La méthode qu'il m'a fait suivre m'a permis de me reconnaître, au milieu des documents souvent diffus qu'il m'a fallu consulter, et m'a puissamment aidé dans un travail aussi considérable. Je lui témoigne ici toute ma gratitude.

UN
COMPAGNON DE JEANNE D'ARC

LIVRE PREMIER

ENFANCE ET JEUNESSE D'ARTUR DE RICHEMONT

CHAPITRE PREMIER

SACRE DE JEAN V, DUC DE BRETAGNE

Jean IV de Montfort, duc de Bretagne, l'un des grands feudataires de la couronne de France, laissait à sa mort, de son mariage avec Jeanne de Navarre, quatre fils : Jean, Artur, Gilles et Richard.

La Bretagne pleurait, certes, le prince dont elle se sentait fière et qu'elle avait surnommé le Conquérant ; elle respirait cependant, pensant qu'un nouveau règne allait assurer la paix.

Elle souffrait en effet depuis de longues années. La guerre de Succession, cette lutte fratricide entre Jean de Montfort et Charles de Blois, l'avait épuisée ; et, si le traité de Guérande avait mis fin à ses maux, il restait encore bien des misères à soulager. L'avènement au trône ducal du fils aîné de Jean IV rendait l'espoir à tous. C'était la tranquillité revenue dans les campagnes inondées de sang, dans les villages incendiés, dans les villes saccagées et couvertes de ruines. On oubliait les malheurs passés.

Aussi, le 22 mai 1401, la ville de Rennes avait-elle peine à contenir les populations accourues de tous les points de la Bretagne. La vieille cité bretonne était en fête. De toutes parts se pressait une foule avide de contempler son nouveau duc, âgé de douze ans, qui allait ceindre la couronne.

Jean V arrivait de Nantes et, sur toute la route, il avait été accueilli par les acclamations de son peuple, saluant en lui le prince qui rendrait la prospérité à la Bretagne, tout en sachant maintenir l'héritage de ses ancêtres dans sa grandeur et son indépendance.

La ville de Rennes n'avait pas au XVe siècle la physionomie qu'elle a aujourd'hui. C'était la cité féodale par excellence. Sa population était renfermée dans des rues tortueuses, bordées de hautes maisons de bois à pignons pointus, à étages en encorbellements. Ses places irrégulières, ses carrefours anguleux autour desquels s'élevaient les manoirs féodaux aux poutres sculptées, aux tourelles gothiques, tout donnait à la ville un cachet bizarre qu'il est impossible de retrouver aujourd'hui.

L'incendie de 1720 a détruit la vieille ville tout entière. Il épargna cependant la cathédrale du XIIe siècle, dans laquelle eut lieu le sacre de Jean V, et qui, menaçant ruine, fut reconstruite en 1756. L'ancien château fut démoli en 1407, quelques années après l'époque où commence notre histoire.

La porte *Mordelaize*, par où les ducs de Bretagne et les

évêques faisaient leur entrée dans la ville de Rennes, est le seul monument qui subsiste des temps passés. Située à l'entrée d'une rue aboutissant à la place de la Cathédrale, la porte Mordelaize a conservé une rangée de mâchicoulis et les rainures de son pont-levis. C'est un monument historique intéressant, au point de vue de l'architecture militaire du moyen âge.

C'est là que l'évêque de Rennes, à la tête de son clergé, attendait le duc Jean, devant le pont-levis dressé. Le cortège arriva précédé des hérauts d'armes et de trompettes sonnantes; tous se rangèrent des deux côtés de la porte, laissant le duc s'avancer au-devant de l'évêque.

Monté sur un cheval richement caparaçonné, il avait à sa droite, sur une haquenée blanche, la duchesse douairière Jeanne de Navarre, sa mère, dont la beauté était rehaussée par la joie qu'elle ressentait de l'accueil fait à son fils.

A la gauche de Jean, grave et maintenant fièrement l'ardeur de son petit cheval, se tenait son frère cadet Artur, alors âgé de huit ans, le héros de cette histoire.

Derrière lui venaient ses deux autres frères, beaucoup plus jeunes. Richard, comte d'Étampes, et Gilles, conduits par des écuyers. Enfin, se massaient à la suite princes, comtes, barons, chevaliers du plus haut lignage, toute la noblesse du duché.

Quand le jeune duc fut à quelques pas de lui, l'évêque Anselme de Chantemerle éleva la voix :

« Qui êtes-vous et que voulez-vous ? dit-il.

— Je suis le duc Bretagne, répondit Jean, et je veux entrer dans ma capitale. »

L'évêque s'inclina.

« Ainsi soit, Monseigneur, dit-il ; qu'on abaisse le pont-levis et que la porte soit ouverte ! »

L'ordre aussitôt exécuté, l'évêque fit un signe et l'archidiacre s'approcha, portant de la main droite l'Évangile et de la main gauche un reliquaire.

« Monseigneur le Duc, reprit l'évêque, vous jurez sur l'Évangile et les sainctes reliques à Dieu et à Monseigneur saint Pierre, que les libertés, franchises, immunités, anciennes coutumes de l'Église de Bretaigne, de nous et de nos hommes, tiendrez sans les enfreindre; et de torts, violences, inquiétations, oppressions et de toutes novalités quelconques, nous et nos hommes garderez et ferez garder en vostre pouvoir? »

Jean V étendit la main droite sur l'Évangile et le reliquaire, et dit : « Je le jure. » Il proclama en outre : oubliance absolue et pardon du passé en faveur des condamnés et prisonniers pour tous faits de rébellion et de guerre.

Une rumeur d'approbation courut aussitôt dans la foule massée derrière les hérauts et les gens d'armes.

L'évêque s'écarta alors et les trompettes retentirent, pendant que le jeune duc s'engageait sur le pont-levis, suivi de son cortège, pour pénétrer dans l'intérieur de la ville.

Au seuil de la maison de ville, attenante à la porte Mordelaize, se tenaient les échevins et les baillis. Ils s'inclinèrent devant leur nouveau souverain et le conduisirent dans une chambre préparée à cet effet, où il revêtit l'habit ducal de drap d'or.

Il rejoignit alors le cortège et s'achemina vers la cathédrale au son des cloches, à travers les rues enguirlandées et pavoisées aux couleurs de Bretagne. Une foule compacte se pressait au-devant de lui, chantant Noël et l'accueillant par des cris enthousiastes.

Jean V entra dans la cathédrale où, conduit par l'évêque,

il alla s'agenouiller devant le maître-autel de la chapelle Saint-Pierre. Suivant la coutume, il y demeura en prières jusque fort avant dans la nuit, pour se rendre ensuite au palais ducal.

Le lendemain matin, dès la première heure, les cloches sonnèrent dans toute la ville, pendant que le peuple se répandait à travers les rues où devait passer le cortège.

Jean V, revêtu d'une robe de pourpre fourrée d'hermine, ayant le manteau ducal sur les épaules, sortit du château accompagné, comme la veille à son entrée dans Rennes, par sa mère et par ses frères, ainsi que par la noblesse du duché. Il se dirigea vers la cathédrale, accueilli par les acclamations du peuple. Il fut reçu à l'entrée de la nef par l'évêque, revêtu des ornements pontificaux et entouré de son clergé.

Une députation des hauts dignitaires de la Bretagne, tant ecclésiastiques que séculiers, prélats et seigneurs, ainsi que les représentants des églises cathédrales et du tiers état, tous jaloux de saluer le successeur de Jean IV, remplissaient la nef.

Une estrade, élevée à l'entrée du chœur, était ornée d'oriflammes et de bannières aux armes de la noblesse bretonne, d'écus blasonnés, de casques, d'armures, de cimiers enrichis de dorures et décorés des couleurs les plus éclatantes.

Sur cette estrade se tenait debout et seul, fier et droit, un chevalier de haute taille, à la barbe grise, à la mine hautaine, que rendait presque farouche l'œil gauche qui lui manquait. C'était lui qui devait armer chevalier le nouveau duc et lui ceindre la couronne. C'était le personnage le plus illustre de la Bretagne, le sire Olivier de Clisson, connétable de France.

Depuis son arrivée dans l'église, il était le centre de tous les regards. Ce n'était pas seulement à cause de la haute dignité militaire dont il était investi, mais aussi parce qu'il y avait autour de son nom toute une légende d'actions mémorables et d'aventures terribles.

Olivier de Clisson avait été le grand ami de Bertrand du Guesclin. Il était, bien qu'élevé en Angleterre, et peut-être parce qu'il y avait été élevé, le grand ennemi des Anglais. Il avait commandé l'armée de Flandre et avait gagné sur le brasseur Jacques d'Artevelde la fameuse bataille de Rosebecque. Mais sa véritable guerre avait été contre le père de Jean V, contre son seigneur, le duc de Bretagne lui-même.

Jean IV, plus anglais que français, avait pris en haine Olivier de Clisson et, à deux reprises différentes, lui avait tendu des pièges mortels. Une première fois, il l'avait attiré à Vannes au château de l'Hermine, et l'avait jeté dans un cachot, pour l'y laisser mourir. Il ne lui rendit la liberté qu'après en avoir exigé une forte rançon. Mais alors le roi de France Charles VI avait pris fait et cause pour son connétable et avait forcé le duc à rendre la rançon et à faire amende honorable.

Une autre fois, à Paris même, Pierre de Craon, à l'instigation de Jean IV, attira Olivier dans un guet-apens et le laissa pour mort sur la place. Le roi de France, indigné, déclara la guerre au duc de Bretagne. C'est en marchant contre lui que, dans la forêt du Mans, il fut frappé de folie. Depuis, il y avait eu réconciliation entre le duc et le connétable, mais c'était le duc qui avait dû faire les premiers pas.

Ces événements faisaient l'objet des conversations autour de l'estrade. On disait aussi que Clisson était le plus riche seigneur du duché et qu'il avait des trésors cachés. Aussi tous les regards se portaient-ils sur lui avec une admiration où il entrait un peu de terreur.

Olivier de Clisson, de son côté, en voyant venir à lui les fils de son ancien ennemi, ne pouvait manquer de se rappeler les persécutions dont il avait été autrefois victime. Bien qu'il cherchât à éloigner ces sombres souvenirs et à accueillir ces enfants avec bienveillance, ceux-ci n'en tremblaient pas moins en gravissant l'estrade et en prenant place à côté du connétable.

Il se fit alors un grand silence, et le héraut d'armes Malo dit à haute voix :

« J'appelle notre Sire Jean de Montfort, fils de Monseigneur Jean IV de Monfort, duc de Bretagne; je l'appelle !

— Me voici ! » dit une voix jeune et claire.

Le jeune duc se leva et vint plier le genou devant le connétable.

Olivier de Clisson tira alors son épée et en frappa trois coups sur l'épaule de Jean V, en disant: « Au nom de Dieu, de saint Michel et de saint Georges, je vous fais chevalier. Soyez preux, hardi et loyal. Je vous donne cette épée au nom de Monseigneur saint Pierre, comme elle a été donnée aux rois et aux ducs vos prédécesseurs, en signe de justice, pour défendre l'Église et le peuple qui vous est soumis, en prince équitable. »

Puis l'évêque, après avoir béni la couronne, la remit à Clisson, qui la posa sur la tête de l'enfant, en disant : « On vous baille ce cercle au nom de Dieu et de Monseigneur saint Pierre, qui désigne que vous recevez votre puissance de Dieu le tout-puissant qui, comme ce cercle, n'a ni commencement ni fin, duquel aurez logement et couronne perpétuelle en paradis, faisant votre devoir par bon gouvernement de votre seigneurie. »

Le jeune duc se tourna alors vers l'autel et, élevant la main, dit : *Amen.*

Le héraut d'armes s'avança et dit :

« Je proclame Monseigneur Jean V de Montfort duc de Bretagne, je le proclame! »

L'assistance unanime, debout, les mains levées, sacra une seconde fois le jeune duc par ses acclamations.

Comme Jean V retournait à sa place, il fut arrêté par son frère Artur, qui lui dit : « Mon frère, notre père nous disait que l'on peut bailler aux autres l'épée de chevalier quand on l'a reçue ; or donc, je vous prie de me la bailler, afin que je l'emploie à la défense de notre beau pays de Bretagne. »

Des applaudissements éclatèrent de toutes parts, et le jeune duc, soulevant à grand'peine la lourde épée, arma son frère chevalier.

Jean V descendit alors de l'estrade et vint se placer au bas du maître-autel de Saint-Pierre, où il se tint debout, l'épée nue à la main, pendant la durée de la grand'messe, que l'évêque célébra pontificalement.

Un *Te Deum* fut ensuite entonné et les voûtes de l'église retentirent des accents de la musique sacrée et des cantiques d'actions de grâces en l'honneur du nouveau duc.

Après la cérémonie, Jean V se rendit en procession à l'église Notre-Dame de la Cité. Il marchait sous un dais porté par les quatre bacheliers de Bretagne ; le grand écuyer marchait en avant, tenant l'épée ducale renfermée dans un fourreau garni de pierreries. Arrivé à l'église, le duc retira sa couronne et la déposa sur un coussin de drap d'or; pendant que les cantiques étaient entonnés de nouveau. Il reçut ensuite les seigneurs vassaux à l'hommage.

La journée se termina par une fête à la *Cohue*. Des tables furent dressées pour le peuple dans les salles d'en bas, tandis que, dans les salles d'en haut, le duc et les grands vassaux étaient servis. Des largesses furent faites dans la ville.

A l'issue du repas, les convives s'entretenaient des événements de la journée. Chacun commentait l'audace du jeune Artur, sa hardiesse à venir réclamer l'épée de chevalier. Chacun prédisait toute une carrière de gloire à cet enfant; fier de penser qu'il saurait un jour tenir haut le drapeau de la Bretagne.

A l'époque où se passaient ces événements, Artur n'avait pas encore huit ans et déjà, comme nous venons de le voir, battait dans son cœur l'amour de la patrie.

Il était le digne fils de Jean IV de Montfort qui, par son énergie et sa valeur, sut conquérir la couronne à la pointe de son épée.

« En lan 1393, dit Pierre Le Baud, les iour et feste de Sainct Bartolomé apostre, environ deux heures après Midy, fut né au chasteau de Succénéo, Artur, comte de Richemont, tiers fils du duc Iean de Bretaigne. »

Ce château, construit en 1239 par Jean Ier le Roux, s'élève à l'extrémité de la presqu'île de Rhuis. Il domine encore aujourd'hui de ses ruines sombres et muettes les landes d'alentour, qui vont se perdre au sommet des rochers sans cesse battus par les flots de la mer. Les chemins de ronde intérieurs surplombant au-dessus d'immenses salles lézardées, et les douves remplies d'arbustes et de végétations de toute espèce sont tout ce qui reste aujourd'hui de cette antique forteresse, où naquit l'un des plus illustres enfants de la Bretagne.

CHAPITRE II

TUTELLE DES PRINCES CONFIÉE A PHILIPPE LE HARDI

Dix-huit mois se sont écoulés ; on est à la fin du mois de septembre 1402.

Artur et ses frères sont dans une vive anxiété. Les États de Bretagne, réunis en séance solennelle dans le château de Nantes, vont décider à qui appartiendra la tutelle des jeunes princes. Sera-ce au duc de Bourgogne, Philippe le Hardi ? sera-ce au connétable Olivier de Clisson ? C'étaient les deux tuteurs auxquels le feu duc avait, avant de mourir, confié ses enfants et le gouvernement du duché. Olivier de Clisson était ami du duc d'Orléans, frère du roi de France, Charles VI, et, désireux d'obtenir cette tutelle, avait demandé au prince, dès la mort de Jean IV, d'intercéder auprès du roi afin qu'il pesât sur les décisions de la duchesse douairière de Bretagne, qui semblait pencher en faveur du duc de Bourgogne.

Le duc d'Orléans avait accepté cette mission avec d'autant plus d'empressement qu'il était l'ennemi personnel de Philippe le Hardi. Maître du pouvoir en ce moment et gouvernant le roi à sa guise, il lui avait été facile d'agir conformément au désir du connétable. Il s'était rendu à Pontorson, muni des lettres du roi pour la duchesse, et avait négocié auprès des députés des États de Bretagne en faveur d'Olivier de Clisson. Mais il avait échoué dans son entreprise, les députés ayant reçu mandat d'ajourner toute décision sur la tutelle des fils de Jean IV, trop jeunes encore pour quitter leur mère.

La situation avait changé depuis : le roi d'Angleterre, Henri IV, songea à épouser la duchesse Jeanne de Navarre, pour laquelle il avait depuis longtemps une vive inclination. En 1395, n'étant que duc de Lancastre, il était venu à la cour du duc de Bretagne, pour chercher à négocier une alliance qui l'aidât dans la guerre qu'il méditait contre son cousin, le roi Richard II, afin de le déposséder. Il vit alors la jeune duchesse et s'en éprit fortement.

Peut-être lorsque, après la mort de Jean IV, il résolut de l'épouser, son amour s'accrut-il par la perspective de devenir possesseur du riche douaire de la princesse et par la pensée de le faire servir à ses projets de conquête en France, qu'il nourrissait depuis longtemps. Trois ans après la mort de Jean IV, il demanda la main de la duchesse; elle lui fut accordée.

Dès que le duc de Bourgogne apprit ces projets de mariage, il résolut d'en empêcher l'exécution. Il alla trouver le roi Charles VI et lui représenta les dangers que pouvait faire courir à la France une alliance de cette nature entre la Bretagne et l'Angleterre. Il lui proposa d'aller trouver la duchesse, afin d'empêcher son union avec Henri IV, ou tout au moins de réclamer des États du duché l'exécution des volontés du feu duc, qui l'avait institué l'un des tuteurs de ses enfants. Il pourrait alors, si le mariage avait lieu, sauvegarder les droits des jeunes princes, les empêcher de suivre leur mère et mettre le gouvernement de la Bretagne à l'abri des ingérences de la cour de Londres.

Le pauvre roi de France n'avait que de rares intervalles

de raison ; il était travaillé par les deux influences souvent contraires de ses oncles, les ducs de Bourgogne et de Berri, et de son frère le duc d'Orléans. Dans cette grave circonstance, tous trois se mirent d'accord. Le duc d'Orléans lui-même s'inclina devant la grande autorité du duc de Bourgogne.

Il fut donc décidé que Philippe le Hardi se rendrait sur-le-champ en Bretagne, pour revendiquer la tutelle des jeunes princes. Il reçut cinquante mille écus pour les frais du voyage et partit en grand apparat avec ses deux fils, le comte de Nevers et le comte de Rethel, et plusieurs seigneurs de sa cour.

Philippe le Hardi était l'homme vraiment propre à réussir dans cette mission délicate. C'était l'esprit le plus sage et le cœur le plus généreux. Grand seigneur par excellence, on le citait comme le gentilhomme le plus magnanime.

Sa bonne grâce et son affabilité lui gagnèrent tous les cœurs dès son arrivée à Nantes. Lors de son entrevue avec la duchesse, il lui fit doucement comprendre que si elle épousait un prince étranger, son devoir de mère était de ne pas enlever son fils à la Bretagne et à la France. Elle avait peut-être le droit de se donner, mais non de donner ses enfants. Jeanne de Navarre se laissa convaincre par la chaude éloquence du duc de Bourgogne et promit de n'emmener que ses filles,

Philippe le Hardi, pour sa bienvenue, distribua de magnifiques présents. Il donna à la future reine d'Angleterre une couronne d'or de douze pièces et fleurons garnis de rubis balais, de saphirs, d'émeraudes et de grosses perles. Il y ajouta une aiguière en cristal de roche enrichie d'or et de pierreries.

Au duc Jean et à ses frères, il donna « un collier d'or avec fermail pendant chargé d'un gros rubis quarré et de dix grosses perles ». A la comtesse de Rohan il fit présent d'un magnifique diamant, et il distribua ses largesses aux dames et aux demoiselles d'honneur, sans oublier les seigneurs de l'entourage de la duchesse. Les présents qu'il distribua coûtèrent 20,000 écus d'or.

Ayant ainsi préparé les esprits et ayant su gagner à sa cause la noblesse de Bretagne, il convoqua les États et sollicita hautement la tutelle des enfants de Jean IV.

L'assemblée était en séance, et nous avons dit avec quelle impatience les trois jeunes princes attendaient sa décision.

Tous les vœux d'Artur étaient pour Philippe le Hardi, l'oncle du roi Charles VI, l'un des régents du royaume, le prince magnifique qui lui ferait voir des choses nouvelles, qui l'emmènerait à la cour, à Paris, en Bourgogne, en Flandre, dans le bruit et l'éclat des fêtes guerrières.

Artur avait été frappé en outre, lui si précoce d'esprit, par les récits qu'on lui avait faits de la jeunesse de Philippe. Il se rappelait ce qu'on lui avait dit du rôle qu'il avait joué pendant la désastreuse journée de Poitiers. Il n'avait que seize ans et pourtant, alors que le dauphin et ses deux frères s'étaient, aux premiers coups, retirés de la mêlée, il était resté, lui le plus jeune, et jusqu'à la dernière extrémité avait vaillamment combattu aux côtés du roi Jean, son père.

Il le couvrait de son corps et le défendait de son épée, parant les coups qui lui étaient portés. C'est ainsi qu'il fut blessé près de lui et c'est là qu'il a mérité son fier nom de Hardi.

Artur savait aussi comment Philippe avait justifié une deuxième fois ce surnom. Il avait suivi son père dans sa captivité en Angleterre. Un jour, au milieu d'un repas, l'échanson d'Édouard III avait en sa présence servi son maître avant le roi de France. Philippe se leva et frappa l'échanson.

« Qui t'a appris, lui dit-il, à servir le vassal avant le seigneur ? »

Et cela sans craindre la colère du roi d'Angleterre. Il est vrai que celui-ci, loin de s'offenser, sourit en disant :

« Pardieu, vous êtes vraiment Philippe le Hardi. »

Artur entretenait ses frères de ces différents épisodes de la jeunesse du duc de Bourgogne, et ces glorieux souvenirs faisaient ardemment souhaiter aux jeunes princes bretons d'avoir pour guide et tuteur un si noble et si vaillant chevalier.

Dans le Conseil, la lutte fut vive entre les partisans du connétable de Clisson et les amis du duc de Bourgogne.

Le vicomte de Rohan et le comte de Penthièvre, gendre du connétable, entre autres, représentèrent l'intérêt qu'avait la Bretagne à garder le jeune duc dans ses États, au milieu de son peuple fidèle, et à lui donner un seigneur breton pour tuteur. Ils firent ressortir aussi que c'était gravement compromettre l'avenir et la sûreté du duché que de remettre les fils de Jean IV entre les mains du duc de Bourgogne. Ce n'était qu'un étranger, dont les intérêts étaient ailleurs ; il serait peu soucieux de la prospérité et de la grandeur de la Bretagne. Olivier de Clisson, au contraire, l'un des grands vassaux du duché, aurait à cœur de le défendre contre toute tentative des ennemis.

Les partisans de Philippe portèrent une grave accusation contre le connétable, en objectant qu'il était le père de la comtesse de Penthièvre, de cette princesse qui avait voulu, dès la mort de Jean IV, élever de nouvelles prétentions sur le trône ducal. Elle avait cherché alors à entraîner le connétable dans une tentative qui devait amener tout au moins la ruine des jeunes princes. Ne parviendrait-elle pas par la suite à vaincre les scrupules de son père en faveur de ses fils ; et lui-même ne pourrait-il pas être tenté de soutenir quelque jour les droits de ses petits-enfants ?

Le connétable, en entendant énoncer cette supposition, se leva plein de courroux. Mais le vicomte de Rohan l'arrêta et, le calmant d'un signe, prit la parole à sa place :

« On a donc oublié, s'écria-t-il, ce qui s'est passé lors de la mort de notre feu duc et de quelle rude manière la loyauté du sire de Clisson a répondu d'avance à l'odieux soupçon qu'on ose en ce moment jeter sur sa loyauté ?

» Lorsque Jean IV mourait à Nantes, le connétable se trouvait dans son château de Josselin. Sa fille Marguerite, mariée au fils aîné de Charles de Blois, apprenant la mort du duc, et sachant qu'il avait confié la tutelle de ses fils au duc de Bourgogne et au connétable, entra dans la chambre de ce dernier et lui dit : — « Monseigneur mon père, o. ne tiendrait-il plus à vous que mon mari ne recouvre son héritage ? Nous avons de si beaux enfants ; Monseigneur, je vous supplie que vous nous y aidiez. — Et comment cela se pourrait-il faire ? demanda Clisson. — Il n'y a, répondit-elle, qu'à faire mourir les enfants du feu duc, avant que le duc de Bourgogne vienne en Bretagne. — Ah! cruelle et perverse femme! s'écria le connétable, si tu vis longuement, tu seras cause de détruire tes enfants d'honneur et de biens. » — Et dans son courroux il saisit un épieu, dont il l'eût tuée sur-le-champ, si elle ne se fût sauvée. Elle s'échappa avec tant de précipitation, qu'elle tomba dans l'escalier en sortant de la chambre de son père et qu'elle se rompit la cuisse, ce dont elle demeura boiteuse depuis lors. »

Les membres de l'assemblée se rappelaient cette preuve de fidélité donnée par le connétable, et tous tombèrent d'accord pour reconnaître qu'il était incapable de félonie envers les enfants de Jean IV.

Toutefois, les partisans de Philippe le Hardi firent valoir d'autres considérations d'ordre politique qui pesèrent fortement sur la décision de l'assemblée. Avant son départ de Paris, Philippe avait entamé des négociations sur un projet de fiançailles entre la troisième fille du roi Charles VI et le jeune duc de Bretagne. N'était-il pas utile et même nécessaire que le petit prince allât à Paris achever son éducation à la cour ? De plus, si quelque danger menaçait un jour le duché, soit à l'intérieur, soit du côté des Anglais, combien il était précieux de s'assurer la protection d'un prince aussi puissant que le duc de Bourgogne et, par lui, de la France même !

La majorité du Conseil, à laquelle s'était jointe la duchesse douairière, décida que la tutelle des fils du feu duc serait confiée à Philippe le Hardi.

Un traité fut passé d'une part entre la duchesse Jeanne, les barons et les évêques, d'autre part entre le duc de Bourgogne et ses deux fils, le comte de Nevers et le comte de Rethel. Philippe le Hardi jura de veiller sur les jeunes princes comme sur ses propres enfants, et de les rendre dès qu'il en serait requis par les États de Bretagne. Il promit aussi de pourvoir à l'administration du duché pendant son absence et de veiller à sa sécurité.

Le choix du Conseil causa une vive joie aux jeunes princes ; joie qui fit bientôt place au chagrin, quand le moment arriva de se séparer de leur mère. Le roi d'Angleterre avait envoyé des vaisseaux pour conduire sa femme auprès de lui, et ils venaient d'arriver au port du Fret dans la presqu'île de Camaret, sous le commandement de l'amiral Thomas de Percy.

Les adieux de la mère et de ses fils furent empreints d'une profonde tristesse. Elle emmenait ses filles, mais elle laissait ses fils, auxquels les soins d'une mère étaient encore si nécessaires; et de douloureux pressentiments l'agitaient en songeant à l'avenir.

Le duc de Bourgogne avait éveillé en elle de justes craintes sur les vues ambitieuses du roi, son nouvel époux. Une nouvelle guerre entre la France et l'Angleterre pouvait la séparer, pour toujours peut-être, de ceux qu'elle aimait.

« Oh! ma mère bien-aimée, lui disait en l'embrassant Artur, qui avait toujours été le plus tendre et le plus affectueux pour elle, quand donc pourrai-je vous revoir?

— Dieu le sait, mon pauvre enfant! répondait-elle, aurai-je l'occasion et la possibilité, moi reine, de quitter les États de mon mari et de passer la mer pour aller embrasser mes enfants?

— Eh bien, reprit-il, si vous ne pouvez venir à nous, j'irai, moi, sûrement à vous, quand je serai en âge et quand je serai libre de mes actions; je vous promets et je vous jure d'aller vous embrasser à Londres. »

On verra par la suite que cette promesse fut tenue; mais ce fut, hélas! dans des circonstances si cruelles qu'il eût certes mieux valu pour la mère et pour le fils qu'elle ne se réalisât jamais.

On fut obligé, au moment du départ, d'arracher des bras de la duchesse Artur, qui la couvrait de baisers et de larmes.

Mais à cet âge les larmes sont bientôt séchées. Du reste, Philippe le Hardi mit tout en œuvre pour consoler les enfants. Il y réussit avec de nouveaux présents et la perspective, qu'il fit briller à leurs yeux, des fêtes et des plaisirs de la cour de France et de la cour de Bourgogne.

Il avait hâte, sa mission si heureusement terminée, de retourner dans ses États. Il pourvut, avec sa sagesse accoutumée, aux affaires du duché et à la sûreté des places, nommant des gouverneurs et des gardiens dans les villes fortes et dans les châteaux de la Bretagne. Il put alors quitter Nantes dans les premiers jours de décembre 1402, emmenant avec lui Jean et ses deux frères. Richard, comte d'Étampes, troisième frère de Jean, fut laissé à Nantes.

Artur et Gilles étaient si petits qu'on voulut commettre des officiers pour tenir leurs chevaux; mais Artur ne le souffrit pas. Il enfourcha bravement son cheval et se tint bien en selle, droit et ferme, comme il convient à un chevalier. Philippe le Hardi avait attaché à sa personne un écuyer du pays de Navarre, nommé Jean Peyronit, chargé de commencer son instruction militaire.

La route était longue et les rigueurs de l'hiver rendaient la marche plus pénible encore à travers ces régions, où les chemins, à peine tracés et effondrés par les pluies, étaient parfois impraticables. Artur, tout enivré par le mouvement et par l'attente d'une vie nouvelle, paraissait ne sentir ni le froid ni la fatigue. Il se plaisait à chevaucher à côté du duc de Bourgogne, et le charmait par ses vives saillies et par son ardeur à parler des choses de la guerre.

Il lui avait naïvement exprimé son admiration pour la filiale et chevaleresque bravoure que Philippe adolescent avait déployée dans cette douloureuse journée de Poitiers, et il ne se lassait pas d'en entendre le récit de sa bouche. C'était pour le duc Philippe un souvenir à la fois doux et cruel; et, comme Artur lui disait qu'il avait dû être bien heureux de cette occasion de témoigner ainsi son dévouement à son père et roi et à son pays : « Triste occasion, mon enfant! repartit Philippe, que Dieu te préserve d'avoir, à le montrer fidèle et vaillant dans des circonstances pareilles : je veux dire dans l'amertume de la défaite et de la captivité, surtout de la captivité que l'on subit au milieu d'une nation dure et discourtoise. »

L'enfant demeura songeur. On verra que le double malheur dont le duc de Bourgogne voulait écarter le présage ne lui fut pas épargné.

On arriva enfin à Paris. Philippe le Hardi se rendit sans plus tarder à l'hôtel Saint-Pol, auprès du roi. Charles VI se trouvait alors dans ses moments lucides ; il ne fallait pas différer la présentation des jeunes princes.

CHAPITRE III

SÉJOUR D'ARTUR A L'HOTEL SAINT-POL

Ce fut dans la vie d'Artur un grand souvenir que celui du jour où, dans la grande salle de réception de l'hôtel Saint-Pol, il fut présenté avec ses deux frères au roi Charles VI.

Les trois enfants, sous la conduite de Philippe le Hardi, étaient descendus à l'hôtel royal. Le duc de Bourgogne avait bien à Paris, au mont Saint-Hilaire, sur la montagne Sainte-Geneviève, un hôtel que lui avait donné son frère Charles V[1]; mais il n'y habitait pas ; ayant, comme le Dauphin et le duc d'Orléans, son logement auprès du roi dans l'hôtel Saint-Maur, que Charles V avait réuni à l'hôtel Saint-Pol.

Bien que la nuit commençât à tomber, lorsque Artur, accompagné de son gouverneur Peyronit, eut mis pied à terre dans la cour du palais, il fut frappé de la vaste étendue, de l'imposante grandeur des bâtiments. Le lendemain, il fut ébloui de leur richesse.

La salle de parade, où le cortège fut introduit, s'appelait Chambre de Charlemagne. Elle avait quatre-vingts pieds de long sur trente-six de large. Trois portes ou porches s'ouvraient sur cette salle ; elles étaient en menuiserie de bois d'Irlande vernissé, à quatre faces ou passes rehaussées de

_____

1. Le collége Sainte-Barbe s'élève aujourd'hui sur l'emplacement qu'occupait cet hôtel.

sculptures d'un travail aussi délicat que celui qu'on admire aujourd'hui dans les églises gothiques.

Au fond de cette salle se dressait une cheminée monumentale, dont les côtés étaient ornés de chevaux de pierre. Elle était éclairée, du côté de la Seine, par quatre fenêtres, dont les vitraux, surchargés d'images de saints et de saintes et des armoiries du roi et de la reine, ne laissaient passer qu'un demi-jour de chapelle.

Cette pénombre n'amortissait cependant qu'à demi la riche décoration de la salle. On voyait aux murailles des peintures à la détrempe représentant les hauts faits de Charlemagne, que Charles VI avait autrefois fait exécuter par François d'Orléans. Les poutres et les solives étaient rehaussées de fleurs de lis; aux chambranles et entre les poutrelles du plafond resplendissaient des armoiries et des devises en or, vermillon et bleu, des rosettes et des étoiles en étain découpé.

Le parement de la salle était en carreaux de terre cuite, blanche, noire, verte et jaune, du plus gracieux effet. Le tout, en résumé, formait un ensemble à la fois éclatant et harmonieux.

L'entrée des princes bretons fut solennelle. Le roi de France et les seigneurs de la cour qui l'entouraient comprenaient toute l'importance qu'il y avait à s'attacher le jeune duc de Bretagne et la noblesse de ses États, dont l'alliance pouvait être précieuse à une époque où l'on avait tant à redouter d'un retour offensif des Anglais. Le père du jeune duc avait été l'allié de l'Angleterre, sa mère venait d'épouser le roi Henri IV : il y avait tout intérêt pour la France à s'assurer son amitié dès le début de son règne.

Le duc de Bourgogne, ayant à sa gauche son fils Jean, comte de Nevers, s'avança tenant par la main le duc de Bretagne, derrière lequel se tenaient ses deux frères Artur et Gilles.

Artur était émerveillé du tableau qu'il avait sous les yeux. Au milieu de cette immense salle, faisant face aux hautes fenêtres, le roi de France était assis dans un fauteuil exhaussé d'une marche. A sa gauche, dans un fauteuil moins élevé, se tenait son oncle le duc de Berri, et à sa droite la reine Isabeau de Bavière, ayant auprès d'elle assis sur un tabouret le jeune dauphin, duc de Guienne, son fils.

Derrière le fauteuil de la reine se penchait, riant et lui parlant à l'oreille, le beau Louis, duc d'Orléans, frère du roi. A côté du duc de Berri, se tenaient deux jeunes femmes : Valentine de Milan, duchesse d'Orléans, ayant auprès d'elle son fils Charles, âgé de douze ans, et la comtesse de Nevers, Marguerite de Bavière, cousine de la reine.

Artur ne pouvait détacher ses yeux de Louis d'Orléans, qu'il voyait pour la première fois, mais dont il avait si souvent entendu parler, ce prince élégant, spirituel, chevaleresque, esprit mobile et charmant, aimé aussi bien pour ses défauts que pour ses qualités.

Dans son intelligence d'enfant précoce, Richemont ne pouvait s'empêcher de comparer celui qu'il avait devant lui à cet autre prince près duquel il se trouvait, à Jean de Nevers, l'ennemi de Louis d'Orléans, dont il devait être le meurtrier. Le comte de Nevers, que l'on devait appeler plus tard Jean sans Peur, avait en effet une figure ingrate et vulgaire; son regard était dur et perçant; court et trapu, rude et gauche de façons, il semblait jeter des yeux d'envie à son heureux et brillant rival.

Chacun des deux ressemblait à sa mère. Jean tenait de la lourde Flamande, veuve de Philippe de Rouvre, que le sage et calme Charles V lui-même avait refusé d'épouser, si riche héritière qu'elle fût, tant il la trouvait laide. Louis d'Orléans avait la grâce et le charme de cette belle Jeanne de Bourbon, que préféra Charles V, qu'il aima toute sa vie et dont il disait : « Elle est le soleil de mon royaume. »

Cependant le duc de Bourgogne avait présenté ses pupilles à Charles VI. Ils plièrent le genou devant le roi, qui les releva avec bonté. Il embrassa le jeune duc qui allait devenir son gendre.

« Il est gracieux, bien fait et d'un visage aimable, » fit-il en montrant Jean V à Philippe le Hardi. Il accueillit de même Artur et Gilles et, touchant de la main la joue d'Artur : « Celui-ci est moins beau, mais qu'il a l'air vif et résolu ! » ajouta-t-il.

C'était une douce et touchante figure que celle de ce pauvre roi insensé. Aussi Artur le regardait-il avec un respect mêlé de compassion. Le peuple, qui souffrit tant sous son règne, l'aimait cependant, parce qu'il souffrait aussi, parce qu'il était fou, parce qu'il avait une mauvaise femme. On le plaignait dans ses misères; on en voulait à ceux qui lui faisaient du mal, et on se réjouissait dès qu'il revenait à la raison. Des rois ont été plus admirés que Charles VI, aucun ne fut plus aimé.

Quelques jours après la réception des jeunes princes bretons à la cour de France eut lieu la célébration du mariage de Jean V avec Jeanne, troisième fille de Charles VI. Il y eut à cette occasion des fêtes où Artur acheva de se familiariser avec les habitudes de la Cour.

C'était tout un monde que l'hôtel Saint-Pol, où s'agitaient, avec l'activité d'une ruche, un millier de serviteurs et de gardes. L'hôtel en contenait plusieurs autres : l'hôtel d'Étampes, l'hôtel Beautreillis, l'hôtel Saint-Maur, l'hôtel du

Petit-Musc, la maison du Pont-Perrin, etc.; avec une quantité d'édifices accessoires, cours, préaux, jardins, vignes et pièces d'eau.

L'utile s'y joignait à l'agréable. Les haies couvertes de treillis formaient des tonnelles de verdure. Les vignes donnaient d'excellent raisin, d'où l'on tirait un vin renommé, appelé le vin de l'hôtel. Les arbres fruitiers encadraient les préaux; les légumes se mêlaient dans les parterres avec les lis et les roses. Un enclos spécial contenait une grande quantité de cerises et était nommé *la Cerisaie*.

Richemont, perdu d'abord au milieu de toutes ces merveilles, ne tarda pas cependant à s'y reconnaître, tout en restant ébloui des richesses répandues de tous côtés dans l'hôtel. S'il avait été ravi en pénétrant dans la salle de parade, il ne le fut pas moins en parcourant les chambres, les galeries, les cabinets, les chapelles qui renfermaient les objets d'art les plus rares : la chambre lambrissée, la chambre verte, la chambre des grandes *aulmoires*, la salle aux bourdons, la salle de Sens, la salle de Mathebrune et tant d'autres.

Mais, de toutes ces salles, celle qui éclipsait peut-être toutes les autres par sa richesse, celle qui excita le plus l'admiration d'Artur, fut la galerie dépendant des appartements de la reine. Depuis les lambris rehaussés d'or jusqu'à la voûte était représentée, sur fond vert, une immense forêt pleine d'arbres et d'arbrisseaux, tels que pommiers, poiriers, cerisiers, pruniers chargés de fruits, le tout entremêlé de fleurs de lis et de roses. Des enfants, aux joues roses, couraient de tous côtés, cueillant les fleurs et les fruits qu'ils portaient à la bouche ; d'autres arbres poussaient leurs branches jusque vers la voûte peinte en blanc et azur pour figurer le ciel.

Aux poutres du plafond pendaient d'immenses lustres d'or,

tandis que des appliques finement travaillées accrochées aux murs répandaient leurs flots de lumière. Dans l'immense cheminée se dressaient de superbes chenets en fer forgé, du travail le plus délicat.

Artur admirait tout ce luxe, cette profusion d'objets d'art, avec d'autant plus d'étonnement qu'ils contrastaient avec la simplicité bien primitive des châteaux de sa vieille Bretagne, qu'il venait à peine de quitter. Mais il était bien jeune encore pour en comprendre les beautés et s'attacher long-temps à la contemplation de toutes les richesses artistiques que renfermait l'hôtel Saint-Pol.

Aussi, dès le lendemain de son arrivée, après les présentations officielles aux princes, aux grands dignitaires de la Couronne, son plus grand bonheur fut-il de trouver dans les autres enfants royaux et princiers, qui vivaient dans l'entourage du roi, des compagnons pour ses jeux. C'étaient des amis qu'il devait retrouver plus tard dans la vie.

Avec son frère Jean, un seul était plus âgé que lui : c'était Charles d'Orléans, qui avait douze ans. Le dauphin Louis, duc de Guienne, avait neuf ans. Philippe, fils du comte de Nevers, en avait sept. Parmi les filles, avec sa petite belle-sœur Jeanne de France, se trouvait Marguerite, fille du comte de Nevers, âgée de neuf ans.

Marguerite ressemblait à sa mère, la comtesse de Nevers. Comme Marguerite de Bavière, elle était blonde, avec de grands yeux bleus, et comme sa mère aussi d'humeur douce et quelque peu timide. Artur se prit d'une vive affection pour elle, et, dans les jeux quelquefois turbulents des jeunes garçons, il la gardait et la protégeait avec une tendre sollicitude.

Du reste, à part Charles d'Orléans, doué d'une rare intelligence, Artur, par son caractère décidé et son esprit d'initiative, exerçait déjà sur tous ses jeunes compagnons une réelle prépondérance. Cette précoce influence, il la reprendra plus tard sur le dauphin Louis et sur Philippe, qui deviendra Philippe le Bon. Tous ces enfants ne voyaient rien au delà de leurs jeux et s'y donnaient de tout cœur, avec l'insouciance de leur âge ; c'était l'histoire de l'avenir.

La vie qu'ils menaient dans ce magnifique hôtel et au milieu de ces beaux jardins était la plus agréable du monde. L'instruction, à cette époque, était rudimentaire. Le petit duc de Guienne était seul, de tous ses camarades, qui s'appliquât au latin. Pour les autres, lire, écrire, quelques notions de français, un peu de calcul, de géographie, d'histoire ancienne et de mythologie n'occupaient qu'une faible partie de leurs journées.

L'équitation, le maniement des armes et l'instruction militaire avaient pour les garçons plus d'importance ; mais les divertissements avaient dans ces temps une grande part, et ils étaient nombreux et variés dans le logis royal.

Il y avait le mail, les barres et le jeu noble par excellence, le jeu royal de paume. Puis, tant de choses amusantes à regarder : la fauconnerie, les loges des fauves, où les lions surtout excitaient leur admiration ; les volières en fil d'archal avec leurs nichées d'oiseaux.

Il y avait aussi les plaisirs des grands enfants, auxquels assistaient naturellement les petits : les jongleurs et bateleurs avec leurs jeux de gobelets et de balles, les danseurs de corde, les ménestrels qui disaient des fabliaux, des ballades et des chansons. Les deux fous du roi, de ce pauvre roi fou, maître Johan et maître Arcomallo, faisant leurs gambades et leurs singeries, venaient compléter ces amusements si nombreux à l'hôtel Saint-Pol.

Toutes sortes d'incidents plaisants se produisaient

d'ailleurs. Un varlet apportait un jour un chardonneret tout blanc ; un autre jour, un officier de la fruiterie, nommé Bahan, offrait deux petits singes ; et deux garçonnets, Jean Lechien et Simon Le Poulailler, amenaient un loup vivant jusque dans la chambre aux deniers. Il vint une fois un ménétrier qui fit danser un ours. Événement plus remarquable encore à cette époque : les galopins de la cuisine présentèrent au roi *pour son esbattement* vingt-deux *choces ou chauves-souris.*

C'étaient là de grandes joies, dont les enfants s'entretenaient longuement quand ils rentraient à leur hôtel et jusque dans leur chambre, où ils partageaient la même couchette, à trois ou quatre et même à cinq. C'est ainsi qu'Artur avait le même lit que ses deux frères, un lit de six pieds de large, où couchait également le jeune Philippe. C'était alors une marque et une promesse d'amitié éternelle entre hommes comme entre femmes de dormir ensemble. Artur avait à côté de lui le petit Philippe, qui avait trois ans de moins que lui. Il l'aimait et en prenait soin comme il faisait de sa sœur Marguerite.

Telle était l'existence d'Artur à l'hôtel Saint-Pol, existence heureuse qui contribua aussi à former son cœur, et à lui apprendre tout jeune à vivre parmi les hommes et à en connaître le caractère.

Un an à peine après son arrivée à Paris, un événement vint le séparer de son frère aîné. Le 24 décembre 1403, en effet, Jean atteignait sa quinzième année, époque fixée pour sa majorité. De ce jour expirait pour le jeune duc de Bretagne la tutelle de Philippe le Hardi.

Le 7 janvier suivant, dans cette même salle de parade où il avait été présenté à Charles VI, Jean V dut se rendre pour faire hommage de son duché de Bretagne. La salle était remplie des princes du sang et des hauts dignitaires de la Couronne.

Conduit par le duc de Bourgogne, qui avait tenu à assister à la cérémonie, le jeune prince s'avança au-devant du roi, la tête haute comme il sied à un duc souverain, mais avec respect cependant pour la Majesté devant qui il se présentait.

Lorsqu'il fut en présence de Charles VI, le héraut d'armes Montjoie Saint-Denis lut la formule de serment suivante :

« Monseigneur de Bretaigne, vous faistes hommage au roy vostre souverain et le nostre, qui cy est, de toutte la Duché de Bretaigne et de la Pairie de France, tel et en la forme et manière que vos prédécesseurs ducs de Bretaigne ont faict à ses prédécesseurs roys de France. »

Le duc Jean répondit : « Je le jure. »

C'était l'hommage des grands vassaux aux rois de France qu'il faisait, l'épée au côté, debout et la main libre. Charles VI embrassa le jeune prince et le reconnut comme duc de Bretagne. La cérémonie terminée, Jean V prit congé du roi et retourna à l'hôtel du duc de Bourgogne.

Au mois de février 1404, Jean retourna en Bretagne, rappelé par la noblesse du duché. Il quitta Paris accompagné jusqu'aux portes de la ville par les ducs de Bourgogne et de Berri, oncles du roi; plusieurs chevaliers français lui firent escorte jusqu'à Rennes.

Avant son départ, le jeune chef de famille avait confié son frère Gilles au duc de Guienne, laissant Artur sous la protection de Philippe le Hardi.

Précédemment il avait investi Artur du comté de Richemont. Grâce au crédit de sa mère, le roi Henri IV avait confirmé au duché de Bretagne la possession de ce comté dépendant de l'héritage de son père et appartenant à leur maison depuis près de quatre siècles.

Lors de la conquête d'Angleterre par les Normands, Guillaume le Conquérant avait distribué des terres et des fiefs aux seigneurs qui l'avaient suivi dans son expédition. Alain le Roux, comte de Penthièvre, l'un d'eux, reçut la terre d'Edwin, située dans la province d'York, et dans laquelle se trouvait enclavé le comté de Richemont. La terre d'Edwin et toutes ses dépendances étaient passées par héritage au duc de Bretagne.

L'investiture du comté de Richemont donnée à Artur par son frère Jean fut ratifiée quelques années plus tard par le roi Henri IV. *Teste rege apud Northampton 2 die augusti anno 1410.*

La propriété du comté de Richemont ne fut jamais que nominale : Artur ne mit jamais les pieds dans le château, dont les ruines existent encore aujourd'hui à Richemont, dans le Yorkshire.

Mais ce titre de fief anglais, dont Artur allait faire le nom qu'il devait illustrer, ne lui rappelait pas seulement la conquête ancienne de l'Angleterre par les Normands. Il remémorait sans cesse à sa pensée une prédiction de Merlin, dont nous aurons à reparler, et d'après laquelle l'Angleterre, un jour, devait être aussi conquise par les Bretons, et sous la conduite d'un chef du nom d'Artur.

CHAPITRE IV

MORT ET OBSÈQUES DE PHILIPPE LE HARDI

Jean V étant retourné en Bretagne pour prendre en mains le gouvernement du duché, Philippe le Hardi songea de son côté à rejoindre ses États.

Au moment où il allait quitter Paris, il recevait une missive de la duchesse douairière de Brabant, tante de sa femme, qui le mandait auprès d'elle avec son second fils Antoine, comte de Rethel. Elle voulait mettre son petit-neveu en possession du duché et lui en donner dès ce moment l'administration.

Philippe le Hardi n'avait garde de se refuser à cette invitation de se rendre en Hainaut. L'investiture du duché de Brabant donnée à son fils Antoine, c'était le couronnement de ses efforts pour faire de la maison de Bourgogne une grande et redoutable puissance.

Quels devaient être les sentiments de la France devant cet accroissement de puissance ? En ce moment, le royaume, toujours menacé par les Anglais, mais encore puissant et presque intact, semblait pouvoir s'appuyer solidement sur ses deux grands vassaux, le duc de Bretagne et le duc de Bourgogne. Le duc de Bretagne venait d'épouser la fille du roi de France ; le duc de Bourgogne était l'oncle de Charles VI et l'un des régents du royaume, alliance deux fois précieuse.

À cette époque où les armées n'étaient composées que de

mercenaires, la Bretagne, pauvre d'argent, mais riche en hommes, était une pépinière de soldats robustes et vaillants. La Bourgogne, belle et grande province détachée de la France, allait, par l'annexion complète des Flandres, devenir presque égale à la France elle-même.

C'était là une force, mais aussi un danger. Ces puissances aujourd'hui amies, qui les empêchait de devenir ennemies demain ? Le roi Jean, en faisant de la Bourgogne un duché indépendant pour son fils bien-aimé Philippe, avait agi en bon père, peut-être, mais certainement en roi imprévoyant.

Mais, alors, Philippe le Hardi était absolument dévoué à la France, sa mère patrie. Aussi tous les Français ne pouvaient-ils que se réjouir de le voir augmenter ses domaines.

Il décida de se rendre sans plus tarder à Bruxelles, afin de présenter son fils Antoine à la noblesse comme héritier présomptif de la duchesse douairière. Il partit avec lui en emmenant Artur, dont il ne pouvait plus se séparer.

Celui-ci manifesta une grande joie dès qu'il sut qu'il accompagnait Philippe le Hardi, qu'il nommait son second père. Il pensait aussi aux fêtes auxquelles il allait assister, aux tournois qui se donneraient dans la capitale du Brabant et aux chevaliers au milieu desquels il allait se trouver.

Le duc de Bourgogne s'arrêta à Bar-le-Duc pour assister aux obsèques de sa sœur, puis à Arras auprès de sa femme, qu'il aimait d'une tendre affection. Il la quitta pour aller à Lille, d'où il voulait préparer les fêtes qu'il projetait de donner.

Il arriva à Bruxelles dans les premiers jours du mois d'avril 1404, suivi d'une troupe nombreuse; car, partout où il allait, il ne manquait aucune occasion de déployer un faste qui éclipsait celui des plus puissants seigneurs.

A peine arrivé, le 16 avril, il donna une fête qui dépassa

toutes celles qui lui avaient valu son renom du plus magnifique des princes.

Mais le jour même, il fut violemment atteint par une épidémie qui sévissait dans la région et dont il avait senti les premiers symptômes dès son arrivée à Bruxelles. Les médecins, appelés en toute hâte, ne purent arrêter les progrès du mal. Philippe avait une grande dévotion pour la Vierge de Notre-Dame de Hall; il voulut aller implorer son assistance et demanda à être transporté dans cette ville, distante de quelques lieues de Bruxelles.

Lorsque Philippe le Hardi arriva à Hall, ses forces étaient épuisées. Il n'y avait aucun château dans la ville ni aux environs, « il dut se faire arrêter en une hôtellerie » où était l'enseigne du Cerf.

Étrange destinée humaine ! Ce tout-puissant duc de Bourgogne, dont l'alliance était recherchée par les plus grands rois, qui avait étonné le monde par son luxe ; le maître des plus beaux et des plus riches palais, gisait maintenant dans une misérable chambre d'auberge.

De toute cette cour empressée à le servir, il ne restait que quelques officiers regardant d'un œil indifférent leur maître immobile sur son lit de douleurs. Artur était le seul ami qui lui restât, le seul qui compatît à ses souffrances et cherchât à adoucir ses derniers moments.

La maladie fit de rapides progrès et Philippe comprit bientôt que sa dernière heure allait sonner.

Il conservait toutefois la plénitude de sa raison. Son esprit avait toute sa force, toute sa lucidité. Le 27 avril, il fit appeler auprès de lui ses deux fils, le comte de Nevers et le comte de Rethel.

Artur était présent, fondant en larmes, et ce douloureux spectacle ne s'effaça jamais de sa mémoire. Philippe fit à tous les adieux les plus touchants. Il recommanda à ses enfants de se rappeler toujours qu'ils étaient les petits-fils du roi Jean et de garder à la France et à son roi leur plus loyale fidélité.

Philippe le Hardi rendit l'âme au milieu des lamentations de ses serviteurs. Suivant sa volonté, il fut enseveli dans une robe de chartreux, qui fut achetée huit écus d'or à un religieux d'une Chartreuse voisine. Son corps fut embaumé et mis dans un cercueil de plomb. Ses entrailles restèrent déposées dans la chapelle de Notre-Dame de Hall.

Le convoi funèbre partit de Hall le 1er mai. Les fils de Philippe, les comtes de Nevers et de Rethel, et son gendre, le comte d'Ostrevant, l'accompagnèrent avec Artur jusqu'à Douai. Mais là, Jean, le nouveau duc de Bourgogne, partit avec son frère et son beau-frère pour Paris, afin d'aller faire hommage au roi de son duché. Artur resta seul à Douai auprès du corps.

Philippe, le dernier fils du feu duc, vint le rejoindre le 13 mai, et les deux enfants, auxquels se joignirent quelques chapelains, suivirent le convoi funèbre, traversant successivement Saint-Quentin, Arcis, Troyes, Saint-Seine, où Philippe quitta Artur pour aller retrouver ses frères à Dijon.

Le 15 juin suivant, sur un message qu'il reçut, Artur se remit en marche, conduisant les restes mortels de son protecteur, qu'il n'avait pas un moment abandonnés. Ni les fatigues du voyage, qui durait depuis près de deux mois, ni le chagrin dont il était accablé n'arrêtèrent cet enfant, sans parents, sans amis pour le soutenir, n'ayant d'autre guide que la pensée du devoir accompli. Le cortège arriva le lendemain à Dijon.

« Fust apporté son corps es-Chartreuse de Dijon, dit Thomas Gruel, et n'y avoit aucuns de ses parents à conduire son corps que Monseigneur de Richemont, qui portoit manteau et le noir, ainsi qu'il debvoit. »

Le corps de Philippe le Hardi fut porté en grande pompe dans la chapelle du couvent des Chartreux, et déposé dans un caveau sous le chœur, en attendant la construction de son tombeau, dont il s'était occupé dès l'année 1391 et qui ne fut terminé qu'en 1411. C'est cet admirable monument d'architecture gothique qui a été transporté de nos jours au musée de Dijon.

Aussitôt après les funérailles, les princes revinrent à Paris, où Artur se rendit à l'hôtel Saint-Pol. Il était encore tout entier à la douleur, que n'avaient fait qu'entretenir les longues journées passées auprès du cercueil de son protecteur et qu'avaient augmentée encore les cérémonies des obsèques.

Il arrivait à la cour ignorant la destinée qui lui était réservée, ne sachant à qui il allait être confié. Mais à son âge cette préoccupation ne pouvait le troubler longtemps ; elle fit bientôt place à la joie de retrouver ses anciens camarades, de revoir sa petite amie Marguerite, avec laquelle il avait passé de si bonnes journées. Il l'aimait comme un frère, et à cette affection était venu se joindre un autre sentiment, bien vague encore pour cette âme jeune et naïve, mais réel et sincère et qui ne devait plus l'abandonner.

Artur n'était pas sensible de sa nature. La jeune fille avait su toucher son cœur par sa douceur et par sa grâce, montrant d'ailleurs, dès son enfance, les qualités qu'elle posséda toute sa vie. Bonne, charitable, aimable envers ceux qui l'approchaient, elle fut aimée d'Artur dès les premiers jours. Unissant leurs jeux, que de fois n'avaient-ils pas couru ensemble dans les jardins de l'hôtel Saint-Pol ! Que de fois n'avaient-ils pas échangé leurs pensées enfantines, assis sous l'ombrage l'un près de l'autre ! Leur amitié fraternelle devait devenir par la suite une affection plus sérieuse.

Aussi, lorsqu'Artur, après la mort de Philippe le Hardi, revint à l'hôtel Saint-Pol, il éprouva un véritable chagrin en apprenant que Marguerite venait d'être fiancée au duc de Guienne, dauphin de France. Il supporta ce nouveau chagrin sans se plaindre, l'ajoutant à tous ceux dont il avait déjà souffert.

Revenant à l'hôtel Saint-Pol, Artur retrouva son frère Illes, qui, pendant l'absence de Philippe le Hardi, avait été confié aux soins du duc de Berri. Le conseil de régence régla aussitôt le sort des princes bretons. Le duc de Berri demanda et obtint d'être chargé de leur éducation, ainsi que de celle du dauphin Louis, duc de Guienne. Ce dernier n'avait que neuf ans et nous venons de voir que, malgré son jeune âge, il venait d'être fiancé à Marguerite, fille de Jean, duc de Bourgogne.

Le duc de Berri avait alors soixante-quatre ans. Lors de la mort de son frère Charles V, il avait été l'un des tuteurs du roi Charles VI, pendant sa minorité, et il avait partagé cette tutelle avec Philippe le Hardi, au moment de la démence du malheureux roi.

L'un des vainqueurs des Anglais en Guienne, il avait obtenu le gouvernement du Languedoc et, dès ce moment, il s'était fait exécrer par sa cupidité. Toutes ses actions tendaient d'ailleurs à amasser des richesses, employant parfois pour les acquérir des moyens peu dignes d'un prince du sang. Il poussait au plus haut degré l'amour des joyaux, des objets d'art les plus rares et les plus riches par leurs ciselures et leurs pierreries. Il entassait dans ses palais, dans ses chapelles, les livres les plus précieux, dont il confiait l'enluminure aux artistes les plus habiles.

Mais d'autre part, il encourageait, peut-être dans un sentiment d'intérêt tout personnel, le développement des arts somptuaires et principalement de la sculpture et de la peinture. Aussi, « s'il a mérité la sévérité de l'histoire par les exactions dont il s'est rendu coupable dans l'administration de plusieurs provinces du royaume, nous ne pouvons nous empêcher, dit M. Léopold Delisle, de rendre hommage à son goût passionné pour les arts ».

Artur de Richemont n'était pas en âge pour juger les actions du duc de Berri ; il ne pouvait voir en lui qu'un prince généreux, entouré d'un faste qui lui rappelait celui qu'il avait trouvé à la cour de Bourgogne. Aussi cette nouvelle tutelle le consola-t-elle un peu de la perte de son premier protecteur.

Le duc de Berri, de son côté, comprit bientôt le caractère de son pupille. Il avait d'ailleurs entendu souvent les éloges qu'en avait fait son frère Philippe le Hardi. Aussi, son premier soin fut-il de lui donner une éducation compatible avec sa naissance et avec les instincts guerriers qu'il manifestait.

Artur était revenu depuis un an à Paris, lorsque son frère Jean l'appela en Bretagne. A peine arrivé, il reçut l'ordre de suivre un corps de troupes qui allait châtier les habitants de Saint-Brieuc révoltés contre les officiers chargés de percevoir de nouveaux impôts. L'expédition fut de courte durée. Les Briochins s'étaient réfugiés dans la cathédrale ; ils y furent assiégés et bientôt réduits à l'obéissance.

On ne peut dire que ce fut là le premier fait d'armes d'Artur de Richemont ; il n'avait encore que treize ans et était trop jeune pour prendre part à la lutte. Mais c'était la première expédition militaire à laquelle il assistait.

CHAPITRE V.

Lorsque, à la fin de l'année 1407, Artur revint à Paris, après l'expédition contre les habitants de Saint-Brieuc, il trouva la cour tout agitée par la querelle entre Jean, duc de Bourgogne, et Louis d'Orléans.

Depuis longtemps une rivalité existait entre eux. À la mort de son père, Jean s'était flatté d'avoir, comme Philippe le Hardi, la prépondérance dans les Conseils et d'arracher le pouvoir au frère du roi. Louis d'Orléans était tout-puissant alors ; maître de l'esprit de la reine Isabeau de Bavière, qu'il gouvernait à sa guise, l'autorité tout entière était dans ses mains.

Charles VI, dont la démence n'avait pu céder aux remèdes des médecins pas plus qu'aux manœuvres des sorciers et des empiriques, était sous la domination absolue du plus fort et du plus hardi.

Le duc d'Orléans connaissait les menées de son rival, et, jaloux de conserver le pouvoir, il songeait à le faire évincer du Conseil. Depuis longtemps l'amour-propre avait ouvert chez eux des sources de querelles. C'est ainsi que, déjà en 1405, Louis d'Orléans avait fait peindre sur ses enseignes un bâton noueux avec cette devise : « Je porte défi. » Jean avait répondu en mettant sur les siennes un sabot et cette devise : « Je le tiens. »

Ces rivalités, dont souffraient les affaires du royaume, remplissaient d'inquiétude les oncles du roi : le duc de Berri, le duc de Bourbon et le roi de Sicile. Tous leurs efforts échouaient, dès qu'ils cherchaient à rapprocher les deux princes. Les interventions n'aboutissaient qu'à des promesses de concorde de part et d'autre, pour se terminer par de nouvelles querelles.

Artur de Richemont, témoin de ces dissensions, en souffrait autant que tout autre. Il hésitait entre Jean, le fils de celui dont il gardait pieusement le souvenir, et le prince d'Orléans, qui avait su le séduire par sa grâce et ses grandes manières.

Aussi, quelle ne fut pas sa joie, lorsqu'il apprit que le duc de Berri, fermement résolu à mettre fin à ces dissentiments et à réconcilier les deux ennemis, avait décidé le duc de Bourgogne à aller voir son cousin, qui était malade, à son château de Beauté. Il espéra que la paix serait le résultat de cette entrevue ; il le crut, lorsqu'il accompagna le duc de Berri au couvent des Augustins quelques jours après, et qu'il vit les deux princes communier à la même table et de la même hostie.

Le mardi suivant, le duc de Berri les conviait à dîner dans son hôtel. Artur but avec les autres convives à leur réconciliation. Ils s'embrassèrent en présence de tous et se jurèrent une amitié fraternelle.

Le duc d'Orléans fut sincère dans cette circonstance ; il invita même son cousin à dîner pour le dimanche suivant. Le duc de Bourgogne était loin d'être dans les mêmes dispositions. C'était un baiser de Judas qu'il venait de donner : car il n'avait pas abandonné un instant le sinistre projet qu'il méditait depuis longtemps contre celui qu'il venait d'embrasser comme un frère.

Le lendemain même de sa réconciliation avec le duc de Bourgogne, le duc d'Orléans se trouvait à souper chez la reine Isabeau, à l'hôtel Barbette, situé près la vieille rue du Temple. Elle avait abandonné l'hôtel Saint-Pol pour fuir la présence de son mari, le roi Charles VI.

Au milieu du souper, vers huit heures du soir, un valet de chambre du roi, que Jean de Bourgogne avait su gagner, vint prévenir le duc d'Orléans que le roi le demandait en toute hâte. Le prince n'avait, comme d'habitude, amené que quelques hommes avec lui. Il sortit donc de l'hôtel accompagné seulement de deux écuyers, de son page et de quatre valets. Bien qu'il ne fût pas tard, la rue était déserte. Le quartier était en dehors du mur d'enceinte de Philippe Auguste, et par cela même loin de la surveillance du guet et fort peu fréquenté du reste.

Le duc d'Orléans suivait la vieille rue du Temple à quelques pas en avant de son escorte, chantant et jouant avec son gant, comme un homme heureux de vivre, et qu'aucune préoccupation ne vient inquiéter.

Arrivé devant l'hôtel de Rieux, près de l'hôtel Barbette, il fut tout à coup assailli par une troupe d'hommes armés, sortant d'une maison, à l'image Notre-Dame. « A mort ! » s'écrièrent les assassins en se précipitant sur lui.

Le duc d'Orléans tomba de sa mule et chercha à se défendre. Ses deux écuyers, emportés par leurs chevaux, ne purent venir à son secours, et ses serviteurs furent bientôt mis hors de combat. Son page chercha à le défendre, à détourner les coups destinés à son maître ; il fut tué en le couvrant de son corps.

Le cliquetis des épées, les cris des mourants et les plaintes des blessés avaient attiré nombre de gens aux fenêtres des maisons voisines. Jacquette Griffart, femme d'un cordonnier, ouvrait sa fenêtre pour voir si son mari rentrait au moment où les cris : A mort, à mort ! partaient du milieu de la rue. Elle vit le duc d'Orléans jeté à bas de sa mule et une troupe d'hommes masqués le frapper à coups de hache et de massue.

Elle se mit aussitôt à crier : Au meurtre ! mais ces hommes la menacèrent en lui disant : «Taisez-vous, mauvaise femme, et rentrez chez vous ! » Avant d'obéir à cet ordre, elle vit un homme revêtu d'un long manteau sortir de la maison à l'image Notre-Dame et donner un dernier coup de massue au duc d'Orléans étendu à terre.

D'un autre côté, Raoul Prieur, valet du maréchal de Rieux, ayant entendu une grande clameur dans la rue, descendit et voulut sortir de l'hôtel de son maître; les hommes masqués l'en empêchèrent. Il dut rentrer; mais, regardant par la fenêtre, il aperçut, comme Jacquette Griffart, un homme revêtu d'une houppelande donner un coup de massue au seigneur étendu à terre et l'entendit crier : « Il est bien mort, allons-nous-en. » Il le vit alors s'élancer avec les autres assassins dans la direction de la rue des Blancs-Manteaux en criant : Au feu ! et en ayant soin de jeter derrière eux des chausse-trapes pour arrêter ceux qui tenteraient de les poursuivre.

Il revint aussitôt dans la rue avec son maître, et tous deux trouvèrent le corps du duc d'Orléans étendu sur le ventre et ne donnant plus signe de vie. Un jeune page gisait auprès de lui.

Le corps du malheureux prince avait été horriblement mutilé; le bras droit était tranché en deux endroits; le poing gauche était détaché et avait été projeté au loin. La tête était fendue d'une oreille à l'autre et la cervelle était répandue sur le pavé.

Cependant le bruit de cet attentat s'était répandu dans Paris; on ne parlait de rien moins que d'un complot contre le roi. Le sire de Tignouville, prévôt des marchands, était arrivé aussitôt sur le théâtre du crime, afin de commencer une enquête. Il avait fait fermer les portes de la ville, et avait pris des mesures pour empêcher toute sortie.

Le corps resta déposé toute la nuit au milieu de la rue, à l'endroit où il avait été frappé. On se contenta de le recouvrir d'un drap. Ce ne fut que le lendemain matin qu'il fut transporté à l'église des Blancs-Manteaux.

Pendant ce temps la reine Isabeau, quoique fort souffrante, s'était rendue en toute hâte à l'hôtel Saint-Pol. Elle y trouva le duc de Berri et les princes entourés de seigneurs armés, accourus pour former une garde au roi, le croyant menacé. Les princes décidèrent de se rendre à l'hôtel d'Anjou, habité par le roi de Sicile, afin de prendre des mesures en vue de rechercher les coupables.

Artur de Richemont et son frère Gilles allaient se mettre au lit lorsque tout à coup les cours de l'hôtel Saint-Pol retentirent du bruit et des clameurs des gens allant et venant au milieu de l'agitation générale. Artur laissa son frère et courut aux appartements du roi. Il arriva dans la grande salle où se tenaient les seigneurs et apprit l'attentat dont le duc d'Orléans venait d'être victime. Désireux de savoir si l'on avait découvert les assassins, il suivit le duc de Berri et les princes à l'hôtel d'Anjou.

Le lendemain, les princes allèrent jeter l'eau bénite sur le corps, et Artur de Richemont fut touché de la douleur du duc de Bourgogne, qui s'écria : « Jamais plus méchant et plus triste meurtre n'a été commis en ce royaume. »

Les restes du duc d'Orléans furent portés en grande pompe à l'église des Célestins. Les cordons du drap étaient tenus par le duc de Berri, le roi de Sicile, le duc de Bourbon et le duc de Bourgogne. Artur de Richemont était au milieu des princes et des seigneurs auxquels s'étaient joints une foule considérable de bourgeois, de gens du peuple. La consternation était grande, tous pleuraient.

Certes, tout le monde déplorait la prodigalité du duc d'Orléans, sa vie déréglée ; mais, devant le cadavre, on ne se souvenait plus que de son âme douce, sans fiel, aimante même pour ses plus grands ennemis. Aussi, la réprobation fut-elle universelle contre ses assassins ou, du moins, contre celui qui avait armé leur bras.

Mais quel pouvait être cet assassin et quel mobile avait pu le faire agir ?

L'enquête du sire de Tignouville continuait, sans avancer beaucoup. Plusieurs suppositions avaient été faites. On avait accusé d'abord Aubert de Flamenc, seigneur de Cany, ancien chambellan du duc d'Orléans, dont la femme avait été séduite par le prince et dont elle avait même un enfant, qui fut plus tard Dunois. Mais cette accusation tomba dès qu'on sut que le seigneur de Cany avait quitté Paris depuis près d'un an.

Le prévôt des marchands, ayant recueilli les dépositions des témoins et ayant appris par eux que les meurtriers avaient pris la fuite du côté de l'hôtel du duc de Bourgogne, conçut quelques soupçons sur le véritable auteur de l'assassinat. Il se rendit aussitôt auprès des princes.

« J'ai fait toute diligence, leur dit-il, pour découvrir les coupables ; mes recherches ont été vaines jusqu'ici ; mais je me fais fort d'arriver à la vérité, s'il m'est permis d'entrer dans tous les hôtels et de fouiller jusque dans les palais des princes et chez les serviteurs du roi.

— Faites, répondirent le duc de Berri et le roi de Sicile ; il faut découvrir les coupables ; à quelque rang qu'ils appartiennent, justice sera faite. »

À peine le prévôt était-il parti que le duc de Bourgogne,

présent à l'entrevue, pâle et tremblant, prit à part ses deux oncles et leur avoua que c'était lui qui avait ordonné l'assassinat, « le diable l'ayant tenté ».

« Ah! malheureux, s'écria le duc de Berri, en fondant en larmes et près de s'évanouir, j'ai perdu mes deux neveux. »

« Les deux princes, rapporte le religieux de Saint-Denis dans son style naïf, maudirent cette horrible trahison et vouèrent le coupable aux tourments éternels qui sont le partage de Dathan et d'Abiron. »

Artur de Richemont n'était pas présent à cette scène; mais il ne tarda pas à avoir connaissance de l'aveu du duc de Bourgogne. Sa douleur fut d'autant plus grande qu'il sut avec quelle infâme préméditation le crime avait été préparé. Le duc de Bourgogne avait choisi pour exécuter son forfait un ancien intendant des finances, Raoulet d'Auquetonville, chassé quelque temps auparavant par le duc d'Orléans pour malversation. Cet homme s'était assuré le concours des frères Court-Heuse, dont l'un était serviteur de la chambre du roi et avait gagné plusieurs hommes. D'Auquetonville avait loué la maison à l'image Notre-Dame et s'y était embusqué avec ses complices, attendant le moment propice pour perpétrer son crime.

Artur, comme nous l'avons dit, avait une égale affection pour les deux princes. Sa douleur fut aussi vive pour la mort de l'un que pour le crime de l'autre. Qu'eût pensé, s'il eût vécu, son protecteur Philippe le Hardi en apprenant cet attentat? Hélas! qu'elles étaient loin les recommandations faites à ses fils à son lit de mort!

L'aveu du duc de Bourgogne avait été provoqué par un sentiment de remords qui avait agité un instant sa conscience. Mais ce sentiment ne fut pas de longue durée. Dès le lendemain, Jean avait repris tout son sang-froid, toute son audace. Il se présenta sans hésitation au Conseil des princes qui siégeait à l'hôtel de Nesles ; mais il trouva la porte fermée.

Le duc de Berri vint au-devant de lui.

« Mon beau neveu, lui dit-il, déportez-vous d'entrer au Conseil ; on ne vous y verrait pas avec plaisir. »

Le duc de Bourgogne, relevant le gant devant cette parole de son oncle, répondit avec une audace qui semblait tout braver :

« Monsieur, je m'en déporte volontiers ; et, afin qu'on n'accuse personne de la mort du duc d'Orléans, je déclare que c'est moi qui ai fait ce qui a été fait. »

Sans attendre ce qu'allait répondre le duc de Berri, il tourna son cheval et se retira. Il se rendit en toute hâte à l'hôtel d'Artois, où il changea de cheval et, prenant dix hommes, il eut bientôt mis la frontière de ses États entre lui et ceux qui tenteraient de le poursuivre.

On envoya une troupe de chevaliers de la maison du duc d'Orléans pour l'arrêter ; mais il arriva à Bapaume vers une heure de l'après-midi. Il était là hors de toute atteinte. Il fit sonner les cloches de la ville et ordonna qu'elles sonnassent à l'avenir chaque jour à pareille heure, en mémoire du péril auquel il venait d'échapper.

La préméditation qu'avait mise le duc de Bourgogne à commettre son crime, son audace et sa fuite n'avaient fait qu'entretenir l'émotion soulevée par la mort du duc d'Orléans. Tout le monde s'unit à sa veuve, Valentine de Milan, pour demander justice.

Cette malheureuse princesse n'avait jamais cessé d'aimer son mari ; rien n'avait pu la détacher de l'affection qu'elle lui portait. Elle avait pris près d'elle, pour l'élever avec ses propres enfants, Dunois, le bâtard de son mari ; et, le jour où elle apprit l'assassinat, elle disait, en pressant cet enfant dans ses bras : « qu'il lui avait été emblé et qu'il n'y avoit à peine des enfants qui fust si bien de taille à venger la mort de leur père. »

Aussi résolut-elle de demander justice et jura de poursuivre le meurtrier.

Valentine partit pour Paris, accompagnée de son second fils et de sa fille. Elle y arriva le 10 décembre, « en une litière couverte de noir, à quatre chevaux couverts de drap noir ». Elle fut reçue par le duc de Berri, le roi de Sicile, le duc de Bourbon, le comte de Clermont, Artur de Richemont et les seigneurs de la maison du duc d'Orléans, qui étaient allés à sa rencontre.

Elle se rendit à l'hôtel Saint-Pol et se jeta aux genoux du roi en demandant justice. Celui-ci l'accueillit en la pressant dans ses bras, pleura avec elle; mais ce fut tout. La pauvre Majesté retomba dans son atonie ordinaire.

Le lendemain, Valentine de Milan porta plainte au Conseil. Elle n'eut que de bonnes paroles, touchantes pour la mémoire de celui qu'elle voulait venger; elle entendit l'éloge funèbre où l'on vantait les mérites du défunt; c'est tout ce qu'elle obtint. La malheureuse duchesse prit alors pour devise : « Rien ne m'est plus, plus ne m'est rien, » et mourut peu de temps après, à peine la durée de son deuil, de honte et de chagrin.

La terrible tragédie était accomplie. L'indignation des princes était aussi vive qu'aux premiers jours, mais il venait s'y ajouter un autre sentiment que celui de la vengeance. Les ambitions s'étaient réveillées, et si les Conseils du roi conservaient la ferme résolution de poursuivre le meurtrier, c'était surtout pour l'empêcher de s'emparer du pouvoir.

Les princes se rangèrent sous la bannière du comte d'Armagnac, dont l'une des filles venait d'épouser le prince

Charles, fils aîné du duc d'Orléans. Ils envoyèrent dans les principales villes du royaume des députés pour représenter l'horreur du crime dont le duc de Bourgogne s'était rendu coupable.

Était-ce le parti de la France que représentaient les Armagnacs? Tout semblait le démontrer au début, puisque le roi, qui personnifiait la France, était avec eux. N'était-ce pas plutôt la soif du pouvoir qui guidait les princes?

Quoi qu'il en soit, la guerre était déclarée; guerre fratricide, implacable, avec son cortège de trahisons et de ruines, qui devait coûter bien du sang. Et pendant ce temps, le léopard britannique guettait dans l'ombre au delà du détroit, attendant le moment de se jeter sur la France comme sur une proie.

CHAPITRE VI

LES LEÇONS DE LA POLITIQUE ET DE LA GUERRE

Au XVe siècle, deux grandes idées générales, qui ne sont pas seulement la base de l'âme humaine, qui en sont la lumière et l'honneur, — la patrie, la conscience, — n'étaient pas inconnues ou ignorées; elles étaient obscures, indécises, soumises à de singulières fluctuations et à d'incroyables éclipses.

Qu'était-ce que la patrie? Qu'est-ce qui la représentait? Était-ce le sol, avec ses États souvent hostiles entre eux et ses limites changeantes? Était-ce, d'autre part, la personne royale? Mais à cette époque le roi était un fou, incapable de maintenir, dans ses accès de démence, ce qu'il avait ordonné dans ses moments de lucidité; capable de s'allier lui-même avec l'étranger et de démembrer la France de ses propres mains.

La conscience, où était-elle? Était-ce dans ce sentiment instinctif du bien et du mal qui se soulève d'indignation contre le crime et d'admiration devant l'héroïsme? La justice, comment s'exerçait-elle? Dans ces temps encore barbares, la force primait le droit, bien plus peut-être qu'aujourd'hui; le succès justifiait les attentats, et le coupable, quand il était tout-puissant, était toujours absous et souvent justifié.

Ce qu'il y a d'intéressant dans la figure d'Artur de Richemont, c'est qu'on peut étudier chez lui, mieux que chez aucun de ses contemporains, le travail et le progrès de ces idées en voie de formation.

On verra par la suite, en effet, que, malgré quelques erreurs et quelques déviations, sa vie dans son ensemble fut fidèle à ces deux principes d'honneur, et, si dans les premières années de sa vie politique nous le voyons abandonner quelquefois le parti du roi, c'est qu'il croyait agir dans l'intérêt de la patrie.

Ce fut surtout au moment où nous sommes arrivés et où Artur entrait dans sa quinzième année, que sa jeune âme fut troublée par les spectacles et les exemples les plus propres à le dérouter.

Il avait vu, il avait ressenti lui-même la réprobation, l'indignation qu'avait soulevées de toutes parts l'assassinat du duc d'Orléans. Aussi se rangea-t-il du parti des Armagnacs, et il signa avec eux leur protestation accusatrice. Recueilli par le duc de Berri, il ne pouvait que le suivre, lui et les princes avec lesquels il avait été élevé.

S'il avait pu constater les regrets, les remords, l'épouvante de l'assassin, il vit aussi ce dernier reprendre toute son audace dès qu'il se sentit en sûreté.

Le duc de Bourgogne, en effet, aussitôt qu'il fut à l'abri des poursuites, avait fait proclamer par ses prêtres, par ses barons et ses États qu'en tuant le duc d'Orléans il avait sauvé le roi et le royaume. Son audace grandissant, il forma le dessein de rentrer en France et fit mettre sur la porte de son hôtel, à Paris, deux fers de lance, l'un affilé, l'autre émoussé, pour bien montrer qu'il était prêt à la guerre ou à la paix. Les princes lui intimèrent l'ordre de s'arrêter, lorsqu'ils apprirent qu'il se dirigeait vers la capitale, et allèrent à sa rencontre jusqu'à Amiens. Il leur donna des fêtes, continua sa route et ne s'arrêta qu'à Saint-Denis pour faire ses dévotions.

Les princes renouvelèrent leur défense, à laquelle il répondit en faisant répandre dans Paris le bruit qu'il allait supprimer les taxes. Poursuivant sa route, il entra dans la capitale aux acclamations du peuple. « Mesmement, dit Monstrelet, les petits enfants en plusieurs carrefours, à haute voix, criaient : Noël ! »

Il alla loger dans son hôtel ; mais il ne s'y trouva pas en sûreté, malgré les troupes qui le gardaient. Aussi, il « fist faire à puissance d'ouvriers une forte chambre de pierre, bien taillée en manière de tour[1] ».

Le 8 mars 1408, en présence du dauphin et des princes, parmi lesquels figuraient le duc de Bretagne et son frère Artur, le duc de Bourgogne fit prononcer, au nom de l'Université, par le cordelier Jean Petit, l'apologie du meurtre de la rue Barbette.

Cependant, la reine Isabeau, effrayée de l'ascendant qu'il avait pris sur la population de Paris et de l'autorité qu'il exerçait sur l'Université, s'enfuit à Melun, où elle emmena le dauphin. Les princes la suivirent, laissant le roi et la capitale entièrement au pouvoir du duc de Bourgogne.

Mais bientôt celui-ci apprit que les Liégois venaient de se soulever contre lui. Force lui fut de quitter Paris pour aller les châtier. La reine, apprenant son départ, revint aussitôt, ainsi que tous les princes qui l'avaient suivie à Melun. « Dimanche 26 août 1408, entrèrent à Paris et vindrent de Meleun la royne et le dauphin, accompaignés, environ quatre heures après disner, des ducs de Berri, de Bretaigne, de Bourbon et plusieurs autres contes et seigneurs et grant multitude de gens d'armes, et alèrent parmi la ville, loger au Louvre. » — *Archives, Registres du Parlement.*

---

1. C'est la tour qui s'élève encore aujourd'hui au centre de Paris, et que l'on nomme : *Tour de Jean sans Peur.*

Quelques jours après, le 8 septembre, la duchesse d'Orléans faisait lire au palais du Louvre, par l'abbé de Cerisy, l'accusation qu'elle portait contre le meurtrier de son mari. Cette lecture eut lieu devant cette même assemblée qui, six mois auparavant, le 8 mars, avait entendu l'apologie de l'assassinat prononcée par Jean Petit.

Pendant ce temps, le duc de Bourgogne poursuivait sa campagne contre les Liégois. Il les força dans leurs retranchements et gagna contre eux, le 23 septembre, la bataille de Hasbain, qui fut une horrible boucherie, une véritable scène de sauvagerie, dans laquelle les chevaliers s'acharnaient sur les malheureux vaincus qui avaient déposé les armes. « Quand il fut demandé, après la déconfiture, si on cesserait de plus occire iceux Liégois, le duc de Bourgogne fit réponse qu'ils mourroient tous ensemble et que pas ne vouloit qu'on les prinst à rançon ni mist à finance. »

Ce fut alors qu'il prit le nom de Jean sans Peur. Celui qui se disait sans peur fit peur à tous. En effet, aussitôt après cette campagne, il se hâta de rentrer à Paris. Il y arriva le 24 novembre et fut acclamé par la population, saisie à la fois d'admiration et de peur.

Tous ces virements dans la politique, véritables palinodies, devaient singulièrement troubler l'esprit de Richemont. Bientôt il allait assister à des scènes plus lamentables encore. Le 9 mars 1409, dans la cathédrale de Chartres, en présence du roi et de la reine, le duc de Bourgogne fit demander à ses jeunes cousins de lui pardonner, et les fils de Louis d'Orléans pardonnèrent au meurtrier de leur père. La paix fut signée.

Paix menteuse qui ne pouvait durer. Une année s'était à peine écoulée, en effet, qu'elle était déjà rompue. Le 15 août 1410, les ducs de Berri et de Bourbon signaient à

Gien, avec le duc de Bretagne, le duc d'Orléans et les comtes de Clermont et d'Armagnac un traité par lequel ils s'engageaient à recommencer la guerre contre Jean sans Peur.

Artur de Richemont avait adhéré à la ligue de Gien; il fut chargé de se rendre en Bretagne pour lever des troupes. C'était alors qu'il allait véritablement faire ses premières armes. Mais ce n'était pas contre le roi qu'il allait combattre; c'était en réalité contre le duc de Bourgogne, auquel les princes avaient juré de reprendre l'autorité; car il tenait dans Paris, sous sa domination absolue, le roi, la reine et le dauphin.

Les princes adressèrent, le 2 septembre 1410, une lettre à Charles VI pour protester de leur respect et de leur obéissance à ses ordres, en l'assurant que leur seul but était de rendre la paix et la tranquillité au royaume.

Charles VI, sous l'inspiration de Jean sans Peur, ordonna aux princes de déposer les armes et les traita de rebelles. Ils refusèrent d'obéir et s'avancèrent jusqu'à Montlhéry. Poursuivant leur marche, ils atteignirent Gentilly et Bicêtre quelques jours après. Ce dernier village était appelé à cette époque Wincestre, du nom de l'évêque de Wincestre en Angleterre, qui en avait possédé le château. Les princes s'avancèrent même jusqu'au faubourg Saint-Marcel.

Ils ne poussèrent pas plus avant toutefois leur tentative contre la capitale, ayant appris que les habitants faisaient des préparatifs pour les repousser. Quelques jours après, Richemont arrivait à la tête de six mille Bretons.

Une attaque sur Saint-Denis fut alors décidée. Le duc d'Orléans se porta sur le faubourg Saint-Remy, dont il se rendit maître. Mais aux portes de la ville il fut repoussé par Jacques de Vienne. Il se retira alors, confiant la continuation du siège au comte de Richemont, et se replia sur Paris. Artur s'occupa aussitôt d'accumuler tous les moyens d'at-atque dont il pouvait disposer pour avoir raison de la ville.

Il fit amonceler autour des remparts les tréteaux, bois, échafaudages de la foire du Lendit. Il détourna la rivière du Croult, et fit abattre les arbres d'alentour, afin de découvrir la place et de préparer l'assaut.

Jean de Châlons, gouverneur de Saint-Denis, voyant, après quelques jours de résistance, qu'il ne pourrait tenir plus longtemps, manquant de poudre et de flèches, demanda à capituler. Il rendit la ville au comte de Richemont le 11 octobre 1411.

Après la prise de Saint-Denis, son premier succès militaire, Artur alla rejoindre le duc d'Orléans, occupé à l'attaque du pont de Saint-Cloud, qui ne tarda pas à tomber au pouvoir des assaillants. La garde en fut confiée au comte de Combourg.

Dès que le duc de Bourgogne apprit la capitulation de Saint-Denis et la prise du pont de Saint-Cloud, il rassembla quinze cents hommes de la milice bourgeoise et fit remplir de poix, de résine et de matières inflammables des bateaux, auxquels on mit le feu. Ces bateaux, en descendant le cours de la rivière, brûlèrent les moulins attenant au pont de Saint-Cloud et mirent le désarroi dans les troupes des princes. Le duc de Bourgogne fit sortir alors ses hommes par la porte Saint-Jacques et mit les Armagnacs en complète déroute. Le sire de Combourg tomba en son pouvoir et la garnison fut passée au fil de l'épée.

Cette défaite fut un coup terrible pour les Armagnacs: ils durent abandonner Saint-Denis et leurs positions autour de Paris. Jean sans Peur résolut de les poursuivre; il envoya un corps de troupes assiéger les places qu'ils occupaient dans le centre de la France. Le sire de Helly, gentilhomme picard à sa solde, s'empara de Poitiers et vint mettre le siège devant Chizé et Niort, aidé par Jean l'Archevêque, sire de Parthenay, qui venait d'abandonner le parti des Armagnacs.

Artur de Richemont accourut aussitôt au secours du duc d'Orléans, enfermé dans la citadelle de Chizé. Il trouvait alors dans le camp des assaillants son frère Gilles, que le duc de Bretagne, devenu l'allié de Jean sans Peur, avait envoyé pour prendre part au siège de la ville. Il allait donc avoir à combattre son propre sang, lorsque, dès son arrivée, il apprit qu'une paix venait d'être signée entre les deux partis.

Cette guerre cruelle, cette lutte fratricide entre Français, ces changements de camps, ces alliances honteuses contractées sous ses yeux, eurent du moins pour Artur cet avantage de lui apprendre le métier des armes.

L'année suivante, Jean sans Peur, qui ne désarmait pas, vint mettre le siège devant Bourges. Les princes chargèrent Richemont d'aller recruter de nouvelles troupes en Bretagne. Il avait déjà la réputation d'un homme qui sait se faire craindre, mais il savait aussi se faire aimer. Lorsqu'il arriva en Bretagne, il n'eut pas de peine à rassembler une très belle et grande compagnie de seize cents hommes. Parmi les chevaliers qui consentirent à le suivre se trouvaient de vieux capitaines, le vicomte de Bélières, Armet de Châteaugiron, Eustache de la Houssaye.

Quant aux soldats, il était toujours facile à Richemont d'en trouver en Bretagne, pays pauvre, où la guerre était un métier et où les familles étaient d'autant plus nombreuses qu'elles étaient plus malheureuses. Les enfants étaient destinés à aller au loin pour rapporter du butin au foyer breton. Aussi la rapine exercée par les gens de guerre était-elle alors beaucoup plus désastreuse qu'à toute autre époque. Ils ne s'enrôlaient que pour piller et suivaient tel ou tel chef, sans souci de la cause pour laquelle ils combattaient.

Le comte de Richemont, à la tête des chevaliers bretons et des troupes qu'il venait de recruter, se dirigea sur Bourges, afin d'en renforcer la garnison. En route il reçut contre-ordre et fut rejoint par son beau-frère, le duc d'Alençon, avec lequel il se dirigea vers la Hogue Saint-Wast à la rencontre du duc de Clarence envoyé par le roi d'Angleterre Henri IV, sur la demande du duc de Berri, au secours de la place de Bourges. Artur et le duc d'Alençon prirent le chemin du Cotentin et s'emparèrent successivement des places de Sillé-le-Guillaume, de Beaumont et de l'Aigle, qui venaient de se révolter.

Les deux princes arrivèrent à la Hogue Saint-Wast, où venait de débarquer le duc de Clarence avec huit mille hommes. Ils le reçurent « d'un cœur joyeux », disent les chroniques. Il ne faut pas en conclure toutefois que Richemont voyait avec joie l'entrée des Anglais sur le sol de la patrie. Le roi d'Angleterre était l'allié du duc de Berri, qui pour Artur représentait le parti national.

En outre, la présence des Anglais lui rappelait la prophétie de l'enchanteur Merlin, dont il avait été bercé dans son enfance et qu'il ne pouvait chasser de sa mémoire. Cette prophétie disait « qu'un prince, nommé Artur, né de la Bretaigne armoricaine, portant un sangler en son enseigne, doibt conquérir l'Angleterre et après qu'il en aura débouté la génération des Anglais, la repeuplera du lignage breton ». Était-ce comme ami ou comme ennemi ? était-ce la main tendue, ou en les combattant qu'il serait un jour maître de l'Angleterre ?

Quoi qu'il en soit, le débarquement des Anglais changea la face des choses. Jean sans Peur crut prudent d'entrer en pourparlers avec le duc de Berri et le duc d'Orléans. Une trêve fut signée le 15 juillet 1412.

Le rôle d'Artur cessait alors ; il n'eut qu'à retourner en Bretagne. Il y arriva au moment où l'on célébrait le mariage de sa nièce Anne avec Charles, fils du duc de Bourbon.

Il signa, le 12 juillet 1412, en son nom et en celui de son frère Gilles, au contrat de la princesse Anne. Dans ce contrat il approuvait les clauses relatives à ses droits et à ceux de ses frères au trône éventuel du duché.

Le jour où ce contrat était signé, le prince Gilles mourait à Cosne de la dysenterie qu'il avait contractée au siège de Bourges.

Après les cérémonies du mariage et les fêtes données en l'honneur de la princesse, Artur alla retrouver le duc de Berri et les autres princes. Il assista à Melun aux fêtes qui eurent lieu pour cimenter la réconciliation du duc d'Orléans et de Jean sans Peur.

La paix semblait assurée désormais ; Armagnacs et Bourguignons paraissaient avoir oublié leur ancienne rancune et s'unir pour faire renaître la paix dans le royaume. Les Anglais, il est vrai, accourus sous la conduite du duc de Clarence, refusaient de s'éloigner, s'ils ne recevaient pas le prix de leur intervention. Ils avaient envahi la Guienne et menaçaient de tenir garnison dans les places fortes. Ils durent bientôt renoncer à leur prétention ; la mort du roi Henri IV, survenue le 22 mars 1413, les força à retourner en Angleterre, quittant à regret le sol de la France, sur lequel ils devaient se ruer de nouveau deux ans plus tard.

Pendant ces prises d'armes entre Armagnacs et Bourguignon1, l'agitation ne s'était pas calmée dans Paris, toujours au pouvoir des partisans de Jean sans Peur, qui avaient décidé le corps de ville à prendre pour capitaine le comte de Saint-Pol.

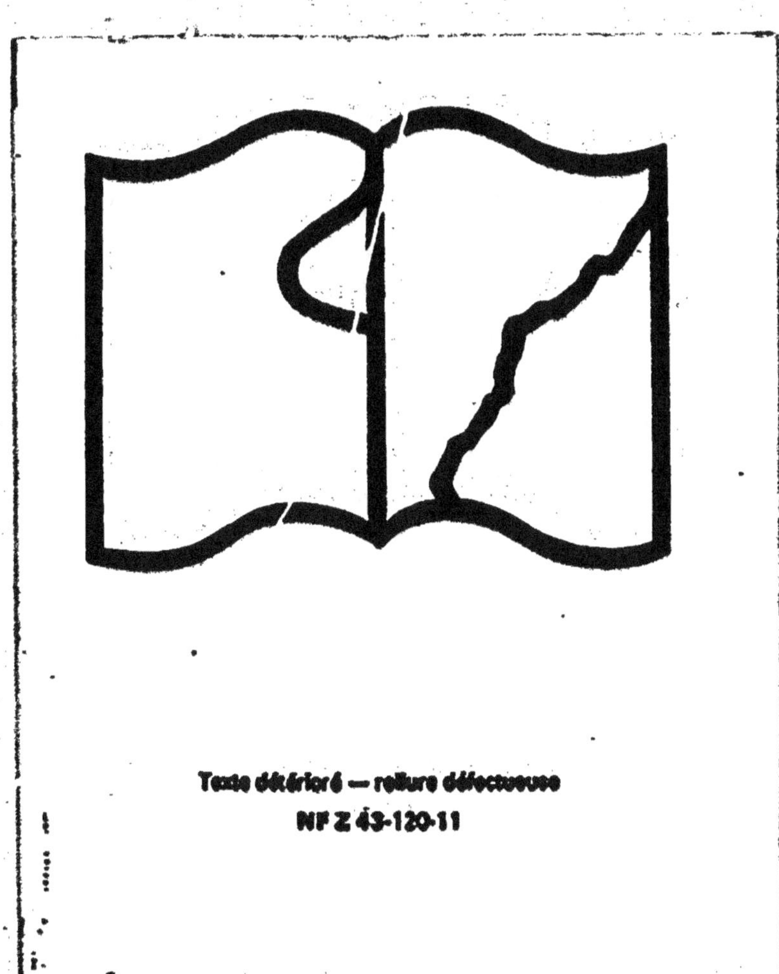

Texte détérioré — reliure défectueuse
NF Z 43-120-11

Celui-ci voulut avoir raison de la bourgeoisie, qui commençait à murmurer contre la tyrannie du duc de Bourgogne. Il crut y réussir en cherchant l'appui de la populace et s'adressa à la puissante corporation des bouchers. Il permit aux fils du boucher Legoix de lever une compagnie de cinq cents garçons bouchers, que l'on nommait alors des écorcheurs de bêtes et il leur fit distribuer des armes. Les fils Legoix recrutèrent le chirurgien Jean de Troyes, Simon Caboche, écorcheur de ville à la boucherie de l'Hôtel-Dieu, et Jean de Rouen, fils d'un tripier du parvis Notre-Dame.

Simon Caboche ne tarda pas à commander en maître à cette compagnie d'écorcheurs; il les conduisit non plus à la boucherie des bêtes, mais à la tuerie des hommes. Il égorgeait et faisait jeter à la rivière quiconque refusait de marcher avec lui. Pierre Desessart, « prévost » de Paris, créature du duc de Bourgogne lui-même, ne put échapper à ce forcené et fut massacré.

Bientôt Paris ne fut plus qu'un champ de carnage, un véritable charnier, où tous les rangs se trouvèrent confondus.

Les docteurs, les corps de ville, l'Université, émus des malheurs qui frappaient la capitale, s'unirent pour y mettre un terme. Ils préparèrent les ordonnances de 1413, auxquelles on donna le nom d'Ordonnances Cabochiennes.

Cette grande charte de réforme, dit Augustin Thierry, œuvre commune des corps de ville et de l'Université, il se trouva des hommes pour la concevoir, il ne s'en trouva pas pour l'exécuter. Les gens sages et rompus aux affaires n'avaient alors ni volonté ni énergie politique. Ils se tinrent à l'écart et l'action resta aux exaltés et aux turbulents. Ceux-ci précipitèrent, par des excès intolérables, une réaction qui amena leur chute et l'abandon des réformes.

Le meurtre et le pillage ne tardèrent pas à recommencer dans Paris, entièrement au pouvoir des Cabochiens. La bourgeoisie, honteuse de cette association, à laquelle elle se trouvait mêlée malgré elle, ne vit d'autre salut que dans le rappel des Armagnacs. Elle enjoignit à Jean sans Peur de regagner ses États. Il voulut, en quittant Paris, emmener le roi avec lui ; mais une troupe de bourgeois, commandée par Juvénal des Ursins, le rejoignit à Vincennes et ramena Charles VI dans sa capitale.

Ce chaos effroyable de luttes sans cesse renaissantes, où l'intérêt de la France était placé au dernier rang, ne fut pas funeste à l'âme d'Artur de Richemont. La guerre civile où il put voir ces scènes de meurtre et de pillage, dont se rendaient coupables les gens de guerre, à quelque parti qu'ils appartinssent, tous également haïs, maudits par le peuple, qui avait le plus à souffrir des passions déchaînées, fut pour lui une utile leçon dont il sut profiter plus tard.

Lorsqu'il se trouva investi de grands commandements militaires, il se souvint de ce qu'il avait vu dans sa première jeunesse. C'est ce qui explique son énergie à mettre fin aux désordres des routiers, l'intelligence qu'il déploya dans l'organisation de l'armée, la passion qu'il mit à réprimer les révoltes des seigneurs qui affaiblissaient l'autorité royale.

Tous ces événements sanglants auxquels il assista furent la rude école où Artur de Richemont se forma. On verra par la suite qu'il conserva toujours un esprit plus droit, plus libre et plus éclairé qu'aucun de ses contemporains. L'implacable énergie dont Jean sans Peur lui avait donné le féroce exemple, il ne la mit qu'au service des causes justes et du salut de la France.

CHAPITRE VII

L'AMITIÉ DU DAUPHIN

L'un des premiers soins du duc de Berri en rentrant dans Paris fut de rappeler Artur auprès de lui. Celui-ci quitta aussitôt les États de son frère et accourut à l'appel de ce prince.

Il y avait un but politique dans le rappel du comte de Richemont. Les Armagnacs triomphaient; c'était leur tour d'avoir Paris en leur pouvoir, et avec Paris le roi, la reine, le dauphin. Le duc de Berri, avec sa vieille expérience, avait compris que, pour son parti, l'essentiel était de s'assurer le concours du duc de Guienne; le prince avait alors dix-huit ans et pouvait être admis dans le conseil. Quand les accès de démence du roi le rendaient incapable, le dauphin pouvait gouverner, ou paraître gouverner à la place de son père.

Le duc de Berri avait le pouvoir réel; il ne demandait pas mieux que d'investir le dauphin de cette régence apparente. Mais, pour le mieux tenir en sa main, il fallait lui donner un ami, un compagnon auquel lui, duc de Berri, pourrait avoir une entière confiance. Personne mieux qu'Artur, dont il connaissait la droiture et la loyauté, ne pouvait être choisi.

Il l'attacha donc à la personne du duc de Guienne. Le comte de Richemont put dès lors assister, comme le dauphin, aux séances du conseil et s'initier aux affaires du royaume.

Aimable et complaisant, Artur ne tarda pas à remplacer son frère Gilles dans la faveur du dauphin et fit tout pour la conserver. Il avait non seulement à servir les intérêts des Armagnacs, mais aussi à protéger et à consoler comme autrefois son amie d'enfance, Marguerite, duchesse de Guienne qu'il retrouvait plus douce et plus charmante que jamais.

Le dauphin avait l'humeur changeante, avec un caractère volontaire et altier, auquel rien ne devait résister. Sa grande passion était pour les beaux habits et pour les bijoux. Indolent et mou, il dépensait de grosses sommes sans compter ; il se levait à quatre heures de l'après-midi, soupait à minuit et se couchait au lever du soleil. S'il sortait parfois de son apathie, c'était par des colères et des invectives contre les gens de sa maison et ses officiers, les injuriant et les renvoyant sans motifs.

Il n'avait aucune affection pour sa femme, sans doute à cause de la douceur de celle-ci, et parce que sa résignation lui semblait un reproche perpétuel. Artur plaignait la jeune princesse et aurait pris ouvertement parti pour elle contre son mari ; mais le dauphin n'acceptait pas les observations il n'aurait pas supporté les remontrances. Marguerite était d'ailleurs la première à demander à Richemont de ne pas tenir tête à l'irascible prince, afin de garder, en secret, auprès d'elle, un soutien et un ami.

Artur, par dévouement autant que par politique, s'était résolu à plier sa nature fière et rude aux changeantes humeurs du duc de Guienne. Ces concessions lui permirent de prendre sur le prince un ascendant qu'il devait à son âge, — il était plus âgé de trois ans, — et à la supériorité de son esprit.

Il se prêtait d'ailleurs, de bonne grâce, aux goûts et aux caprices du dauphin. C'est ainsi que nous le voyons, au moment du voyage de son frère le duc de Bretagne à la cour de France, disparaître et suivre le duc de Guienne à Bourges.

Celui-ci, grand amateur d'objets d'art et de bijoux, manifestait depuis quelque temps le désir d'aller voir ceux que le duc de Berri avait amassés dans son château de Bourges. Il voulut partir incognito et décida Artur à l'accompagner. Le duc de Berri, croyant que le comte de Richemont partait seul, écrivit à ses gens pour leur donner l'ordre de le bien recevoir, et de lui montrer toutes les richesses qu'il possédait.

Jean V manifesta son mécontentement de ne pas trouver son frère à la cour, et crut qu'il était parti afin de ne pas se rencontrer avec la duchesse de Bretagne, et pour empêcher le duc de Guienne de la voir. Artur n'eut pas de peine à se justifier et ramena aussitôt le dauphin.

Jean V et la duchesse furent reçus avec magnificence ; ils furent comblés de présents. Le duc de Berri donna à la duchesse le beau rubis de la Caille, qui avait appartenu autrefois au duché de Bretagne. Ils retournèrent peu après dans leurs États.

Cependant les Armagnacs n'avaient pas abandonné leurs projets de vengeance contre les partisans du duc de Bourgogne ; ils n'oubliaient pas non plus qu'ils avaient à punir les bandes d'écorcheurs qui avaient livré Paris au pillage et en avaient massacré les habitants.

Un conseil fut réuni afin de juger les principaux chefs de la sédition. A ce conseil furent appelés les ducs de Berri, de Bourbon, d'Alençon, les comtes d'Armagnac, de Vertus, de Tancarville, de Richemont. Il prononça la peine du bannissement contre Léon de Jacqueville, Robert de Mailly, Charles de Rancourt, Guillaume Barrault, secrétaire du roi, Simon le Coutelier, autrement dit Caboche, Garnot de Saint-Yon, Jean de Rouen et Pierre Cauchon.

Ce dernier devint par la suite évêque de Beauvais, grâce à l'appui du duc de Bourgogne ; il devait dix-sept ans plus tard livrer Jeanne d'Arc aux Anglais. Tout à la dévotion des ennemis de la France, Pierre Cauchon, dont la mémoire doit être maudite et clouée au pilori de l'histoire de notre pays, fut, comme on le sait, un des plus odieux persécuteurs de la Pucelle. Il la poursuivit de sa haine de bête fauve jusqu'au pied de l'échafaud.

A la nouvelle des mesures prises par le roi et son conseil pour exterminer son parti, Jean sans Peur rassembla une armée et s'empara de Soissons, de Compiègne, de Noyon. Maître de Saint-Denis, il vint camper sous les murs mêmes de Paris, entre la porte Saint-Honoré et la porte Saint-Denis.

La reine ayant rassemblé le conseil, il fut décidé que défense serait faite au duc de Bourgogne d'entrer dans la capitale. Jean sans Peur lança alors une proclamation aux Parisiens, dans laquelle il déclarait qu'il était rappelé par le duc de Guienne, prisonnier des Armagnacs. Ces derniers, craignant qu'un soulèvement en faveur du duc de Bourgogne ne vînt à éclater dans Paris, mirent sur pied toutes les forces dont ils pouvaient disposer.

En outre, le duc de Guienne, ayant approuvé les mesures prises par le conseil, se mit à la tête du cortège qui devait parcourir la ville, afin d'en imposer à la population. Armé de toutes pièces, ayant à ses côtés le duc d'Orléans et le roi de Sicile, suivi des princes et de la noblesse, il se rendit à la place de Grève, où Juvénal des Ursins, son chancelier, lut au peuple la lettre royale prononçant la forfaiture de Jean sans Peur.

Artur de Richemont marchait en tête du cortège, entre les comtes d'Eu et de Vertus, tandis que Bernard d'Armagnac fermait la marche. On parcourut ainsi les principales rues de la capitale, et des exemplaires de la lettre royale furent envoyés dans les provinces.

Il fut ensuite décidé que le roi lèverait une armée pour réduire les places dont le duc de Bourgogne s'était emparé en se portant sur Paris. Après avoir entendu la messe à Notre-Dame, le roi partit au commencement du mois d'août 1414, accompagné des princes et des seigneurs du parti des Armagnacs.

Le comte de Richemont suivit l'armée dans l'escorte du duc de Guienne. « Le dauphin, rapporte Juvénal des Ursins, avoit un moult bel étendard, tout battu d'or, où avoit un K, un cygne et un L. La cause en estoit pour ce qu'il y avoit une damoiselle en l'hostel de la Royne, fille de messire Guillaume Cassinel, laquelle vulgairement on nommoit la Cassinelle. Si elle estoit belle, elle estoit bonne et en avoit la renommée. De laquelle, comme on disoit, le dit seigneur faisoit le passionné et pour ce portoit-il le dit mot. »

Charles VI arriva bientôt sous les murs de Compiègne. Il disposa ses machines de guerre et fit sommer la place de se rendre. Il ne commença pas cependant les opérations du siège, et, après avoir laissé quelques troupes sous les murs de la ville, il marcha sur Noyon avec le gros de l'armée. La place se rendit sans coup férir.

De là, le roi se porta sur Soissons ; la ville refusa de lui ouvrir ses portes. Les ambassadeurs qu'il envoya revinrent en rapportant le refus des habitants et les paroles hautaines de ceux qui les commandaient, préparés, disaient-ils, à repousser toute attaque.

Sur ces entrefaites, un courrier vint lui apprendre que la garnison de Compiègne faisait de fréquentes sorties ; qu'elle s'était emparée de plusieurs canons en pénétrant dans le camp des troupes laissées au siège de la ville et « au plus gros canon, nommé *la Bourgeoise* avoit mis, au trou par où on boutoit le feu, un clou »; mais qu'elle avait été repoussée et que les troupes royales demandaient l'assaut et le pillage de la ville.

Charles VI laissa le siège de Soissons et retourna à Compiègne. Il chargea aussitôt les comtes d'Armagnac et de Bar du blocus d'un des côtés de la place, et donna l'ordre au duc d'Alençon et au comte de Richemont de l'attaquer de l'autre côté. Après avoir pris ainsi ses dispositions il passa la rivière de l'Oise sur un pont de bois et alla établir son quartier général près de l'église Saint-Jacques, dans un faubourg de la ville, à cent pas des remparts.

Tel était à cette époque le prestige de la majesté royale que les assiégés épargnèrent cet endroit, parce qu'ils voyaient la bannière du roi flotter aux fenêtres de son appartement, et ils lançaient au contraire leurs traits sur les autres quartiers du camp.

Les habitants, décidés néanmoins à la résistance, envoyèrent à Charles VI deux ambassadeurs : le chirurgien Quiéret et Henri d'Ailly. Ce dernier fit au roi, en présence du dauphin et des seigneurs, un long discours, dans lequel il affirmait la ferme volonté des habitants de ne pas se rendre.

« Votre démarche est bien hardie, répondit le duc de Guienne ; vous ne semblez pas comprendre le danger auquel vos paroles exposent les habitants qui vous ont chargé de parler en leur nom. Le roi est disposé à pardonner à des rebelles, jamais il ne fera grâce à quiconque ose le braver. — Nous ne demandons aucune grâce, répliqua d'Ailly, nous saurons résister à vos attaques, rien ne nous fera fléchir. »

Les ambassadeurs se retirèrent, laissant les princes surpris de tant d'audace, exaspérés des menaces qu'ils venaient d'entendre. Ils poussèrent le siège avec une grande activité et quelques jours après la ville demanda à se rendre. Le roi, sur le conseil des princes, pardonna aux habitants. Il se contenta de lever une faible contribution sur les plus coupables et défendit même, sous les peines les plus sévères, le pillage de la ville.

Il rassembla alors tous les engins de guerre et les employa à pousser énergiquement le siège de Soissons. L'armée royale tout entière se porta sur la ville, et la place battue en brèche, sur tous les points des remparts, ne put résister longtemps.

Artur de Richemont, à la tête de ses Bretons, traversa la rivière et fut en peu de temps au pied des murailles qu'il escalada, entraînant ses soldats à sa suite. Il fut le premier à planter l'étendard des Armagnacs sur le sommet de la plus haute tour, pendant que le gros de l'armée faisait irruption dans la ville. Il fut armé chevalier sur les remparts par le comte d'Armagnac, ainsi que Tanneguy du Chatel, prévost des marchands.

Il avait fait bien du chemin déjà dans la carrière des armes, depuis le jour où il avait demandé à son frère « de lui bailler l'épée de chevalier ».

Le roi, de son côté, suivi du duc de Guienne, avait fait sonner la trompette pour rallier les troupes autour de lui. Il pénétra à leur tête dans la place, qui se trouva bientôt envahie de tous côtés. Les assiégés faisaient des prodiges de valeur pour repousser les assaillants; mais ils ne tardèrent pas à succomber, et ils se rendirent à merci.— 21 mai 1414.

Les troupes royales n'avaient pas pillé Compiègne; elles étaient d'autre part exaspérées par la résistance de Soissons et l'insolence des habitants. Aussi prirent-elles leur revanche dès leur entrée dans la ville. Le pillage fut général; les couvents, les églises, les maisons particulières furent envahis et saccagés. Rien ne fut épargné; les habitants furent passés au fil de l'épée; les femmes furent violées; ces hordes déchaînées ne respectèrent ni l'âge ni le sexe, malgré les efforts des princes et des officiers pour les arrêter.

Plus que les autres, les Bretons se firent remarquer par leurs atrocités. Pénétrant dans les maisons, ils massacrèrent les habitants pour s'emparer de leurs richesses, ne faisant grâce ni aux vieillards, ni aux femmes, ni aux enfants. Artur était au premier rang pour les arrêter, pour arracher de leurs mains les malheureuses victimes. Vains efforts; que pouvait son autorité devant ces bandits? Sa voix n'était pas entendue, de véritables flots de sang coulaient autour de lui. Il était impuissant, rien ne pouvait mettre un terme à cette soif de carnage qui dévorait ses troupes.

A la fureur de la soldatesque vint se joindre la justice des conseils du roi. Charles VI avait fait grâce aux révoltés de Compiègne; il ne pouvait, devant l'indignation des vainqueurs, ménager les chefs de la garnison de Soissons, qui avaient bravé l'armée royale. Il fallait un exemple d'ailleurs pour en imposer aux autres villes révoltées. Enguerrand de Burnonville, gouverneur de la place, l'auteur de la réponse hautaine faite aux ambassadeurs du roi, et qui était l'âme de la résistance, eut la tête tranchée, ainsi que son lieutenant Jean de Messin. D'autres capitaines de la garnison furent conduits à Paris et pendus.

En quittant Soissons, le roi se dirigea sur Laon, puis sur Saint-Quentin et Bapaume. Ces trois villes lui ouvrirent leurs portes sans résistance. Il alla ensuite mettre le siège devant Arras. L'attaque fut poussée avec une extrême vigueur; de puissantes machines de siège furent dressées contre les murailles, et les battirent sans interruption; d'énormes pierres, lancées dans la place, causèrent de graves dommages aux assiégés. Ceux-ci, de leur côté, déployèrent un grand courage à la défense. Ils furent les premiers à employer des arquebuses à balles de plomb. Elles firent de grands ravages dans les troupes royales.

Artur de Richemont s'était posté sur la deuxième ligne d'attaque ; il surprit dans le camp français un soldat qui, ayant la manœuvre d'un pierrier, lançait les engins de manière à ne pas atteindre les remparts. Il le menaça de mort ; mais le traître parvint à déjouer la surveillance dont il était l'objet, put s'échapper et pénétrer dans l'intérieur de la ville. Il instruisit alors les troupes de la garnison du nombre des assiégeants, de leurs situation, et les guida dans leurs sorties.

Charles VI avait déclaré formellement, au début du siège, qu'il ne consentirait jamais à entrer en composition avec les rebelles ; il céda cependant sur l'intervention de la comtesse de Hainaut et du duc de Brabant. Il stipula dans le traité, signé le 4 septembre 1414, que Jean sans Peur s'engageait à s'éloigner de Paris et renonçait à la possession d'Arras. Le duc de Bretagne et le comte de Richemont se portaient garants de l'exécution du traité par leur serment et des lettres scellées de leur sceau.

Après la signature du traité, les princes retournèrent dans leurs provinces. Le roi, de son côté, se dirigea vers Paris, accompagné par le duc de Berri, le duc de Guienne et le comte de Richemont. Par lettres, datées de Senlis le 29 septembre 1414, il donna à Artur cinq cents hommes d'armes et cent hommes de trait à cheval, pour être continuellement en sa compagnie et en celle du duc de Guienne.

Quant au duc de Bourgogne, il n'avait consenti à signer le traité d'Arras que dans la crainte de voir les Flamands se tourner contre lui ; il se retira dans ses États, dont il était absent depuis longtemps. Il dressa sa tente dans la forêt d'Argilly « pour jouir des plaisirs de la chasse en écoutant bramer les cerfs ».

Le roi arriva à Paris le 24 octobre ; il fut accueilli par une population enthousiaste criant sur son passage,: « Noël ! Vivent le roi et son fils, le haut duc d'Aquitaine! »

A peine de retour, Charles VI fut repris par ses crises de démence. Le dauphin, auquel la régence avait été confiée, dut reprendre le gouvernement du royaume. Mais, malgré les présents du duc de Berri, malgré la donation du magnifique domaine de Mehun-sur-Yèvre, il prépara un complot contre les Armagnacs, afin de se soustraire à la tutelle du duc de Berri, et chercha à faire rentrer au pouvoir les partisans de son beau-père, le duc de Bourgogne.

Il réussit à s'attacher les gens des halles. Artur, informé du complot, en prévint le duc de Bourbon et le duc d'Orléans. Ils réunirent aussitôt des troupes et entourèrent le Louvre pour garder le dauphin ; le complot avorta.

Ce danger écarté, Richemont s'occupa alors de licencier les Bretons qui l'avaient suivi aux sièges de Soissons et d'Arras et ravageaient les campagnes aux alentours de Paris depuis la fin des hostilités. Le roi lui fit donner neuf cents livres, avec lesquelles il put payer les troupes et les renvoyer en Bretagne.

A cette époque, c'est-à-dire au commencement de l'année 1415, le comte Dorcet, oncle du roi Henri V d'Angleterre, arrivait à la cour de France, accompagné d'une suite nombreuse de seigneurs, pour négocier la cession de divers territoires. Invoquant les clauses du traité de Brétigny, il réclama, au nom de son souverain, la Normandie, la Picardie, l'Anjou, le Maine et la Touraine, et exigea le paiement de 1.600.000 écus d'or, prétendant qu'ils étaient dus encore sur la rançon du roi Jean. Il demanda enfin, pour le roi Henri V,

la main de la princesse Catherine, fille de Charles VI et de
la reine Isabeau.

Le vieux duc de Berri présidait aux conseils; il écouta
sans frémir de semblables propositions, et il acquiesça, au
nom du roi, aux fiançailles de la princesse, dont il fixa la
dot à 600.000 écus. Ce mariage fut l'un des prétextes qui firent
conclure, en 1420, le honteux traité de Troyes, qui livra la
France à l'Angleterre. Les négociations en restèrent là et le
comte Dorcet ne put rien conclure, quant aux autres prétentions de son neveu.

Mais le but du roi d'Angleterre était atteint. Ce qu'il
voulait, c'était la main d'une princesse de la maison royale;
c'était en outre la revendication des droits qu'il prétendait
avoir à la couronne de France, du chef d'Édouard III.

Artur de Richemont, en assistant aux conseils où toutes
ces questions furent agitées, put se rendre compte de la
duplicité du roi Henri V et du mobile qui le faisait agir
en demandant la main de la princesse Catherine. Il put
voir dès ce moment de quels périls la France était menacée.

La situation de Richemont grandissait chaque jour. Non
seulement le roi et le dauphin voulaient qu'il les accompagnât
dans toutes leurs expéditions, mais encore sa parole était
écoutée dans les conseils auxquels il assistait. Son influence
était grande à la cour; il la devait à la confiance du duc de
Berri et à l'amitié du dauphin. Lors de la disgrâce du duc de
Bourgogne et de ses partisans, le duc de Guienne lui confia
le gouvernement du duché de Nemours, sans en déposséder
toutefois Charles de Navarre, allié de Jean sans Peur. Quelque
temps après, il le fit nommer gouverneur de la bastille Saint-
Antoine.

Enfin, pour reconnaître les services qu'il avait rendus
à sa cause, le dauphin lui donna, en toute propriété, le

riche domaine de Parthenay, confisqué sur Jean l'Archevêque.

Au début de la querelle entre les Armagnacs et les Bourguignons, Jean II l'Archevêque, seigneur de Parthenay, s'était rangé du parti d'Orléans. Mais bientôt, voyant grandir la puissance de Jean sans Peur, il avait abandonné ses premiers alliés pour embrasser la cause du duc de Bourgogne. C'est ainsi qu'on l'a vu en 1411, aider puissamment le sire de Helly dans sa campagne du Poitou, et le suivre aux sièges de Chizé et de Niort.

Lorsque les Armagnacs furent maîtres du pouvoir, ils décidèrent Charles VI à enlever à Jean l'Archevêque non seulement sa charge de sénéchal du Poitou, mais aussi tous les biens qu'il possédait dans cette province. Par ordonnance du 14 mai 1415, le roi donna ces terres au dauphin, qui en gratifia le comte de Richemont.

Mais Jean l'Archevêque ne voulut pas être dépossédé sans résistance du domaine de Parthenay, ni d'aucune des terres qui en dépendaient et en faisaient l'un des plus riches du Poitou. Il mit le château de Parthenay en état de défense, dès qu'il apprit la mesure prise contre lui.

Artur quitta Paris à la fin du mois de juin 1415, à la tête d'une troupe de treize cents hommes, mise par le roi à sa disposition. En outre, un certain nombre de gentilshommes bretons, tels que le sire de Combourg, Bertrand de Montauban, Édouard de Rohan, le sire du Buisson, vinrent se joindre à lui pour l'aider dans son expédition.

La fortune de notre héros ne cessait de grandir ; bientôt il allait devenir l'un des plus puissants seigneurs du royaume. Tout semblait lui sourire et l'avenir était rempli de promesses. Mais il n'allait pas tarder à voir des jours néfastes se lever pour lui et la fatalité arrêter les hautes destinées auxquelles il semblait appelé.

CHAPITRE VIII

BATAILLE D'AZINCOURT

A peine Artur de Richemont eut-il envahi les domaines de Jean l'Archevêque, qu'il s'empara de Vouvant, de Merven, de Secondigné et de Chatellaillon. Il arriva ensuite sous les murs de Parthenay, et disposa aussitôt ses machines de guerre, afin de pousser activement le siège de la place.

Tout à coup, une nouvelle se répandit dans le Poitou et arriva au camp d'Artur : Henri V venait de tenter une descente en Normandie. Quoique terrible, cette nouvelle ne sembla pas inquiéter Richemont ni ses chevaliers. Cette tentative n'était qu'un coup d'audace : l'armée du roi d'Angleterre serait forcée de rejoindre ses vaisseaux, pensaient-ils. Rien ne pouvait donc arrêter leur expédition si heureusement commencée.

On était alors au mois d'août 1415 ; on apprit quelque temps après que les Anglais mettaient le siège devant Harfleur, mais qu'ils étaient arrêtés par la résistance des habitants. En outre, la dysenterie était dans le camp des assiégeants et emportait les hommes par milliers.

Artur n'avait donc pas à se détourner du siège ; d'ailleurs Charles VI n'avait pas encore réclamé sa présence auprès de lui, et il avait confiance dans l'armée royale et dans les seigneurs qui entouraient le roi.

Malgré sa tranquillité apparente, Artur avait une certaine

Inquiétude qu'il cachait à tous. Sachant les Anglais débarqués en France, il avait hâte de terminer le siège de Parthenay afin de se mesurer avec eux, si le roi de France avait besoin de son bras.

Il poussa donc avec une grande ardeur l'attaque de la ville. Mais, hélas! non seulement il n'eut pas la satisfaction de le voir tomber en son pouvoir, mais encore il dut bientôt en abandonner le siège. En effet, quelque temps après la nouvelle de l'arrivée du roi d'Angleterre devant Harfleur, il apprit que la ville, malgré son héroïque résistance, avait dû capituler. Il reçut alors un message du dauphin le rappelant avec ses troupes.

Richemont ne pouvait hésiter un instant; la prise de Parthenay importait peu à côté du péril de la patrie. Il se hâta donc de rassembler ses chevaliers et ses hommes, laissant quelques troupes sous les murs de la place pour bien montrer à Jean l'Archevêque qu'il n'entendait pas abandonner le siège.

En quelques jours la petite armée eut rejoint à Rouen le roi de France et les princes. Le dauphin, heureux de l'arrivée d'Artur, le nomma lieutenant de ses troupes, lui remit son enseigne et plaça tous les gens de sa maison sous ses ordres.

En même temps qu'il rappelait le comte de Richemont, le roi avait fait appel à toute la noblesse du royaume. Tous répondirent, ceux du Midi comme ceux des provinces du Nord. La noblesse du Hainaut, des Flandres, du Brabant, malgré la défense formelle du duc de Bourgogne, vint se ranger sous la bannière du roi de France.

Jean sans Peur avait, en effet, donné l'ordre aux gentilshommes de ses États de rester dans leurs domaines. Il avait mandé, par lettres patentes, « qu'ils ne bougeassent et qu'ils ne servissent, ni partissent de leurs hostels jusques à tant qu'il leur fist savoir ».

Malgré cette défense, ses deux frères, le duc de Brabant et le comte de Picardie, tinrent à honneur de voler au secours de la France. Lefebvre de Saint-Remy rapporte que Philippe le Bon, le propre fils de Jean sans Peur, que son père avait retenu auprès de lui, disait quarante ans plus tard : « Je ne me consolerai jamais de ne pas avoir été à Azincourt pour vivre ou mourir. »

Après la capitulation d'Harfleur, Henri V fit son entrée dans la ville et alla pieds nus à l'église pour « regracier son Créateur de sa bonne fortune ». Cet excès de piété ne l'empêcha pas de chasser les habitants, hommes, femmes et enfants, ne permettant à aucun d'eux d'emporter quoi que ce fût. Les dépouilles de ces malheureux furent partagées entre le roi et ses capitaines.

Le roi d'Angleterre, voyant son armée affaiblie par les pertes éprouvées devant Harfleur et par la dysenterie qui l'avait décimée, résolut de ne pas poursuivre plus avant la campagne. Il partit dans la direction de Calais, où il comptait s'embarquer pour regagner ses États.

Pendant ce temps les princes tenaient conseil à Rouen pour aviser aux dispositions à prendre afin d'arrêter les Anglais et de les rejeter hors du royaume. Tout semblait assurer le succès : car l'armée de Henri V ne comptait plus guère que 15.000 hommes, et les troupes de Charles VI s'augmentaient chaque jour par les recrues accourues de toutes les parties de la France.

Le duc de Berri n'était pas d'avis de poursuivre l'ennemi ; il se souvenait des défaites de Crécy et de Poitiers. Il dut s'incliner cependant devant le conseil. Les princes, en effet, dans un élan patriotique, déclarèrent qu'on ne devait pas laisser l'Anglais fouler impunément le sol de la patrie. L'honneur national était en jeu; il fallait, dût-on être vaincus, montrer ce dont étaient capables les gentils-hommes français. Le duc de Berri obtint toutefois que ni le roi ni le dauphin ne suivraient le gros de l'armée; « il ne faut pas, dit-il, que le roi de France soit deux fois prisonnier ».

L'armée des princes se dirigea vers la Somme, au moment où Henri V arrivait en vue d'Abbeville, c'est-à-dire le 13 octobre. Il comptait passer la rivière à Blanche-Taque, au gué même qu'avait passé en 1346 Édouard III pour aller battre les Français à Crécy. Mais il apprit par un espion que l'on fit prisonnier, et qui s'était laissé prendre afin de détourner les Anglais et de permettre ainsi aux Français d'arriver, que le gué était fortement gardé par une troupe de six mille hommes. D'autre part, le bruit courait que l'armée française arrivait à marches forcées.

Le roi d'Angleterre résolut alors de remonter la Somme. Près de Nesles se trouvait un marais, à l'extrémité duquel était un gué. Se croyant poursuivis, les Anglais n'hésitèrent pas à abattre les chaumières d'un village voisin, à jeter dans l'eau toits de chaume, portes, fenêtres, meubles, tout ce qui leur tombait sous la main, afin de se frayer un passage.

Les Français auraient eu bon marché des troupes du roi Henri V, s'ils les avaient attaquées en ce moment. Ils connaissaient la situation : car ils avaient envoyé le duc d'Orléans et le comte de Richemont en reconnaissance ; mais ils dédaignèrent de les attaquer. Il leur fallait une bataille rangée et non pas un combat dans un marais. Ils voulaient montrer aux Anglais que les Français n'étaient pas dégénérés.

Après bien des hésitations, l'ordre fut enfin donné de se porter à la rencontre de l'ennemi ; l'armée s'avança jusqu'à Abbeville. Ayant appris que le roi d'Angleterre avait réussi à passer la rivière à Béthancourt, le duc d'Orléans et le connétable d'Albret envoyèrent un héraut d'armes demander à Henri V jour et lieu pour la bataille, ainsi que l'honneur l'exigeait alors entre chevaliers.

« Je me rends à Calais avec mes troupes, répondit Henri, en plaine et sans entrer dans les villes ; on me trouvera où l'on voudra, à la grâce de Dieu. »

L'armée française était rassemblée dans une plaine située entre le village de Tramécourt et le château d'Azincourt. De là elle pouvait surveiller la marche de l'ennemi. De son côté Henri V était allé loger à Maisoncelle, près de l'endroit où était campée l'armée française.

Le 24 octobre, d'après le *Bourgeois de Paris*, le roi d'Angleterre, croyant les Français sur point de l'attaquer avec des forces considérables, leur fit offrir réparation de tous dommages et restitution de tout ce qu'il leur avait pris, à condition que les princes s'engageraient à le laisser, lui et son armée, rentrer librement dans leur pays. Les princes repoussèrent ces propositions et firent répondre qu'ils livreraient bataille dès le lendemain.

Devant cet ultimatum, Henri V n'avait qu'à se préparer à combattre. Il fit aussitôt avancer ses troupes dans la vaste plaine, à quinze cents pas environ des Français. Il dit alors à ses officiers : « Il faut nous arrêter ici, recueillir tout notre courage et attendre l'ennemi de pied ferme. »

La nuit était sombre et froide. La pluie n'avait cessé de tomber depuis plusieurs jours, elle avait détrempé le terrain et transformé la plaine d'Azincourt en un véritable marais, principalement du côté où campait l'armée française.

Cette nuit se passa dans les deux camps d'une façon toute différente. Le premier soin des Anglais fut de garnir leur camp de pieux solides, afin d'arrêter la cavalerie ennemie. Ils mirent leurs armes en état, rajustant les aiguilles qui s'attachaient leurs armures. Les archers renouvelaient les cordes de leurs arcs et relevaient leurs chausses au-dessus du genou afin d'être plus libres et plus agiles dans le combat.

La plupart n'avaient pas de cuirasse; leurs casques étaient en osier ou en cuir bouilli. Leurs armes, piques, haches et massues, pendaient à leur ceinture. Tout se passait avec ordre et sans bruit; ni cri, ni chant ne se faisaient entendre. Soldats et capitaines, se sentant près de la mort, confessèrent leurs péchés et firent leur paix avec Dieu.

Pendant ce temps, Henri V, préoccupé de l'état de ses hommes et de leur moral, « visite toute son armée; il souhaite le bonjour à tous, avec un modeste sourire, et les appelle frères, amis, compatriotes!..... Aussi, pas un misérable, abattu et blême tout à l'heure, qui, en le voyant, ne puise le courage dans ses regards¹ ».

L'armée française était tout autre : les chevaliers employaient leur temps à se parer de riches armures, s'occupant plutôt de la manière dont ils paraîtraient dans le combat que de la façon dont ils pourraient attaquer ou se défendre. Ils distribuaient entre eux des ordres de chevalerie, au milieu du bruit des pages, des varlets, les pieds dans la boue, attendant dans l'épaisse brume dont le camp était enveloppé la pâle aurore d'une journée qui allait décider de leur sort.

Quoique harassés de fatigue, ils restèrent debout autour des grands feux que la pluie venait fouetter et éteindre en partie. Ils menaient grand bruit. « Fiers de leur nombre, la sécurité dans l'âme, ils jouaient aux dés les Anglais méprisés. »

L'armée française fut divisée en trois corps; mais le grand effort devait être à l'avant-garde, commandée par le conné-

____

1. SHAKESPEARE, *Henri V*, scène XI. Traduction de François-Victor Hugo.

table d'Albret, et où se trouvaient le duc d'Orléans et le comte de Richemont. Elle comprenait, outre l'élite de la noblesse, huit mille bassinets, chevaliers et écuyers, quatre mille archers et quinze cents arbalétriers.

Le seigneur de Dampierre, amiral de France, partagea avec d'autres gentilshommes le commandement de l'aile droite, composée de seize cents hommes et destinée à attaquer le flanc de l'ennemi. D'autre part, le duc de Brabant et Louis de Bourbon prirent la direction d'un corps d'armée, afin de porter secours à ceux qui viendraient à faiblir. Enfin l'arrière-garde, sous les ordres des comtes d'Aumale et de Fauquembert comprenait le reste de l'armée.

Ainsi formés en bataille, les Français attendirent les Anglais de pied ferme. Au moment où l'aurore se leva et chassa un instant la brume qui enveloppait la plaine d'Azincourt, l'armée des princes sentit que l'heure suprême allait sonner. D'un commun entraînement, tous se jetèrent dans les bras les uns des autres, se pardonnant leurs torts réciproques. Tous oublièrent leurs dissentiments, comprenant la solennité du moment et devenant sérieux à l'heure de la mort. Ils sentaient que se pardonner, c'était mériter le pardon de Dieu.

Le matin du 25 octobre 1415, fête des saints Crépin et Crépinien, lorsque les pâles rayons du soleil vinrent éclairer l'horizon, le roi d'Angleterre entendit trois messes; « il avoit coutume d'en oyr, chacun jour, trois l'une après l'autre », rapporte l'historien anglais Jehan de Vauvin. Puis il mit sur sa tête un magnifique « bacinetz » surmonté d'une couronne d'or, et fit avancer son armée à la rencontre des Français, après avoir fait ranger ses chevaliers autour de lui.

Auparavant, il avait massé deux cents archers dans un pré entouré de broussailles qui les cachaient entièrement. De plus, il avait eu la précaution de disposer ses troupes sur des champs de blés verts, où le terrain était plus résistant qu'ailleurs.

Les Français, serrés en masse compacte, restèrent immobiles, sans faire un pas à la rencontre de leurs adversaires. Les chevaliers pressés les uns contre les autres pouvaient difficilement se mouvoir et faire usage de leurs armes : « trois escadrons, comme trois forêts de lances, se succédaient à la file dans cette plaine étroite », dit Michelet.

Lorsque le héraut d'armes d'Angleterre, lord Thomas de Erpingham, eut jeté son bâton en l'air en disant : « Now strike ! Maintenant frappez ! » aucun mouvement ne parut se produire dans les rangs des Français, rien ne semblait agiter cette forêt de guerriers, tous décidés cependant à soutenir l'attaque.

C'est que le terrain sur lequel ils avaient à manœuvrer était défoncé de toutes parts. Les chevaux, caparaçonnés de fer, chargés de leurs cavaliers aux lourdes cuirasses, enfonçaient dans des marais jusqu'aux genoux, sans pouvoir se dégager, malgré l'éperon qui ensanglantait leurs flancs.

L'historien Lefèbre de Saint-Remi, témoin oculaire de la bataille d'Azincourt, dit : « La place estoit molle et effondrée de chevaux en telle manière qu'à grand peine se pouvoient mouvoir hors de terre, tant elle estoit molle. » Il ajoute d'autre part que les chevaliers « estoient si pressés l'un de l'autre qu'ils ne pouvoient lever le bras pour férir l'ennemi, sinon aucuns qui estoient au front ».

Dans de telles conditions, malgré leur supériorité numérique, il était impossible aux Français de résister au choc des Anglais. Ceux-ci beaucoup plus à l'aise purent les attaquer de tous côtés ; ils purent décocher leurs traits, dont presque tous furent mortels. Pour comble de malheur, le soleil aveuglait les chevaliers français qui, obligés de baisser la tête, recevaient les traits au défaut de la visière de leur bassinet.

Les Français n'avaient pas d'archers pour riposter, mais ils avaient disposé, aux ailes, afin de rompre les lignes anglaises, douze cents lances, sous les ordres de messire Clignet de Brébant et du sire de Bosredon. Ceux-ci, voyant les chevaliers accablés par les traits de l'ennemi, se portent à leur secours en criant: « Montjoie Saint-Denis! » et cherchent à s'élancer en avant. Mais avec quelle peine leurs lourds chevaux s'arrachaient de cette terre visqueuse!

Les flèches ennemies continuaient à faire rage, les chevaux tombaient, les hommes roulaient. Il ne restait guère que deux cents hommes lorsqu'ils arrivèrent au front des Anglais. Là ils furent arrêtés par les pieux; leurs lances, qu'ils avaient raccourcies de moitié pour ne pas se gêner entre eux, n'atteignaient pas les archers, qui les criblaient de leurs traits à bout portant.

Les hommes d'armes repoussés se rejetèrent en arrière et revinrent vers les rangs français; mais ceux-ci, enfoncés et immobilisés dans la terre boueuse, ne purent s'ouvrir devant eux. Les chevaux, blessés et furieux, jetèrent dans cette masse compacte un désordre épouvantable.

Les Anglais, laissant alors leur enceinte de pieux, abandonnèrent arcs et flèches pour saisir leurs cognées et leurs masses d'armes. Ils se ruèrent sur cette mêlée d'hommes et de chevaux. Ce fut alors un effroyable carnage, sans danger presque pour les assaillants, puisque les Français pouvaient à peine se mouvoir.

Le roi d'Angleterre ne s'était pas encore mêlé à l'action; il arriva sur le lieu du combat au moment où le duc d'Alençon et Antoine de Brabant accouraient. Une lutte s'engagea entre les princes et les chevaliers qui entouraient Henri V. Le duc d'Alençon abattit d'un coup de hache le duc d'York, et porta même au bassinet du roi un coup si violent qu'il fit sauter un fleuron de sa couronne. Les gardes accoururent et enveloppèrent le duc d'Alençon; il fut bientôt mis hors de combat. Au moment où il s'écriait: « Je suis le duc d'Alençon, je me rends! » il tombait frappé mortellement. Le duc de Brabant était massacré à ses côtés.

A ce moment on vint dire à Henri V qu'une troupe de Français pillait ses bagages et que le duc de Bretagne arrivait d'Amiens avec dix mille hommes. L'arrière-garde de l'armée française, en outre, qui s'était débandée dès le commencement de l'action, semblait vouloir se rallier. Le roi eut peur que la victoire ne lui échappât.

Il donna alors l'ordre barbare de tuer les prisonniers! « Il fit crier à haulte voix, au son de la trompette : Que chacun Anglais, sur la hart — sous peine de mort — occist ses prisonniers. Et a doncques soudainement fust faite grande occision de prisonniers français. »

Les archers s'y refusèrent, aucun ne voulant renoncer à la riche rançon qu'il pourrait avoir en laissant la vie aux prisonniers. Aussi, lorsque Henri V entendit un murmure s'élever au milieu de ses troupes, désigna-t-il deux cents de ses plus fidèles pour faire œuvre de bourreaux.

Ce fut alors un massacre épouvantable. Les Anglais retournaient des monceaux de cadavres palpitants, achevant ceux qui n'étaient pas encore morts, n'écoutant le cri des blessés que pour accourir et les achever d'un coup de hache ; égorgeant, décapitant les malheureux auxquels quelques instants avant on avait promis la vie.

L'alarme avait été d'ailleurs faussement donnée; il ne s'agissait que de quelques pillards du village d'Azincourt. La bataille était perdue.

Mais il n'y a pas de bataille là où il n'y a ni lutte ni défense ; Azincourt ne fut pas, à vrai dire, une bataille; ce fut une boucherie. Nous avons dit quelle fut l'outrecuidante imprévoyance des Français, nous avons rendu justice à l'habileté des dispositions prises par Henri V et au bon esprit qui animait son armée; mais, quant au combat, c'est au sol détrempé et à la pluie qu'il faut en attribuer les résultats. Ce fut la victoire de la boue.

Le roi Henri V lui-même était trop bon capitaine pour ne pas s'en rendre compte. « Si Dieu m'a accordé la grâce, dit-il, de gaguer la victoire sur les Français, je reconnais qu'elle n'est pas due à mes mérites. »

Depuis le commencement de la bataille, une préoccupation harcelait Henri V. Il savait qu'Artur de Richemont était à l'avant-garde, conduisant les gens du dauphin! Artur qui, suivant la prophétie de Merlin, devait conquérir et dépeupler l'Angleterre, pour la repeupler de lignage breton.

Aussi, une de ses premières pensées, après la défaite des Français, fut-elle de s'inquiéter du comte de Richemont. Était-il parmi les morts ou parmi les blessés? en avait-on des nouvelles?

On vint successivement lui faire connaître le nom des chevaliers français trouvés parmi les morts : sept princes, Brabant, Nevers, Albret, d'Alençon, les trois de Bar, puis des seigneurs sans nombre. Les Anglais n'avaient perdu que seize cents hommes; les Français, dix mille : presque toute la noblesse.

Puis on amena au roi d'Angleterre les prisonniers, parmi lesquels se trouvaient le duc de Bourbon, les comtes d'Eu et de Vendôme, le duc d'Orléans, le maréchal de Boucicaut. Quant au comte de Richemont, on n'en avait aucune nouvelle.

Enfin on le lui amena, pâle et couvert de sang. On venait de le trouver blessé sous un monceau de cadavres; il avait été reconnu à sa cotte d'armes. On l'avait cru mort, il n'était qu'évanoui.

Henri V respira et son visage s'épanouit : « Vous voilà donc, notre beau cousin, lui dit-il, nous avons regret de vous revoir en de si tristes circonstances et en si piteux état. Mais votre blessure n'est rien, je l'espère, et nous la soignerons de notre mieux. Ayez confiance en la façon dont vous serez traité.

—Le roi se souvient, je le vois, répondit Artur, en faisant quelques pas en avant malgré sa grande faiblesse, de l'hospitalité que nous avons donnée aux seigneurs anglais à Nantes, lors des fiançailles de ma mère. Qu'il me soit permis de compter sur la courtoisie du roi d'Angleterre pendant ma captivité. »

LIVRE II

LA FRANCE ENVAHIE

CHAPITRE PREMIER

CAPTIVITÉ DE RICHEMONT

C'était au cœur de la France un coup terrible, mortel peut-être, que le désastre d'Azincourt. Son armée était détruite, sa noblesse égorgée ou prisonnière ; se relèverait-elle d'une telle chute ?... Elle allait cependant tomber plus bas encore.

Dans le malheur public, le malheur personnel de Richemont était des plus lamentables. Ce jeune homme de vingt-deux ans, plein d'ardeur, d'énergie et d'ambition, voyait tout à coup sa carrière, si brillamment commencée, lugubrement interrompue par une captivité dont nul ne pouvait prévoir le terme. Il avait des moments de désespoir, où il regrettait de n'être pas resté sur le funeste champ de bataille.

Henri V, après sa victoire, sans laisser à ses troupes le temps de se reposer, partit pour Calais, emmenant ses prisonniers avec lui. Il les fit étroitement surveiller, et particulièrement Richemont, auquel il s'était juré à lui-même de ne jamais rendre la liberté.

Le 16 novembre 1415, le roi d'Angleterre s'embarquait à Calais avec ses captifs, par une froide et sombre journée d'automne. La traversée se fit au milieu d'une tempête de neige. On s'arrêta quelques jours à Douvres, et le 23 novembre Henri V faisait son entrée triomphale à Londres.

En touchant le sol de l'Angleterre, une pensée consolante adoucissait un peu la douleur d'Artur : à Londres il allait retrouver sa mère, Jeanne de Navarre.

La veuve de Henri IV n'y était pas d'ailleurs beaucoup plus libre et plus heureuse que ne pouvait espérer l'être son fils. Henri V avait jusqu'alors traité sa belle-mère avec une froide déférence ; mais les derniers événements l'avaient fort irrité contre elle et contre toute la maison de Bretagne.

Sans parler de Richemont, aujourd'hui son prisonnier, Jean V, fils aîné de Jeanne de Navarre, n'avait-il pas amené ses Bretons, tout prêts à se joindre aux troupes du roi de France à la bataille d'Azincourt, et dans la mêlée, le duc d'Alençon, gendre de Jeanne, n'avait-il pas frappé Henri V lui-même ! Sa mort n'avait pas apaisé la colère du roi.

Aussi, pour humilier la malheureuse femme, exigea-t-il qu'elle se joignît à la procession solennelle qui devait aller à Westminster rendre grâces à Dieu d'une victoire si douloureuse pour la pauvre mère.

Toutefois, quelques jours après l'arrivée à Londres, Henri V n'osa pas refuser à Jeanne la permission de voir et d'embrasser son fils Artur.

Avant l'entrevue, Jeanne voulut savoir si son fils, qui ne l'avait pas vue depuis de longues années, la reconnaîtrait au milieu des dames de la cour. Pour cela, elle se mêla parmi elles, après avoir fait revêtir une dame de sa suite des vêtements royaux.

Dès qu'il arriva au milieu des dames d'honneur, Artur

s'avança vers celle qui se tenait au premier rang et l'embrassa avec une grande effusion de tendresse.

Invité par celle-ci à aller embrasser les autres dames, il se trouva bientôt devant sa mère. « Et quand il fut endroiet la royne, le cœur lui tendrea et elle luy dit : Mauvais fils, m'avez-vous donc déconguëe ? et tous deux se prinrent à plourer, puis firent grand chère. »

Jeanne de Navarre donna à Richemont des habits et mille écus d'or, qu'il s'empressa de partager avec ses compagnons et ses gardes. La mère et le fils se séparèrent en pleurant et ils ne se revirent plus qu'à de rares intervalles.

Depuis la mort du roi Henri IV, Jeanne de Navarre était reléguée dans une partie retirée du château, seule avec ses pensées, avec la douleur de savoir ses enfants, qu'elle avait laissés en Bretagne et en France, livrés aux hasards de la guerre qui désolait le pays. La défaite d'Azincourt lui avait ravi son gendre le duc d'Alençon et lui envoyait son fils Artur blessé et prisonnier. Elle pouvait répandre des larmes avec lui et créer des embarras à l'Angleterre...

Henri V, voulant écarter tout ce qui pouvait gêner sa politique et ses projets de conquête, résolut de supprimer les entrevues entre la mère et le fils.

La captivité des prisonniers d'Azincourt fut bien plus sévère, bien plus dure que ne l'avait été celle des prisonniers de Crécy. Le comte de Richemont ne put conserver qu'un seul valet auprès de lui, Janin Catuyt. Il fut conduit, avec le comte d'Eu et le maréchal de Boucicaut, au château de Fotheringay, ce même château où fut enfermée Marie Stuart en 1587, et où elle fut décapitée[1].

<hr>

[1]. Il ne reste rien aujourd'hui du château de Fotheringay. Jacques Iᵉʳ, dès son avènement au trône, en ordonna la démolition, voulant faire disparaître tout vestige du lieu où sa mère avait été mise à mort.

Nous avons dit que Charles d'Orléans était au nombre des prisonniers; mais il ne partagea pas la prison d'Artur. Conduit au château de Pomfret, où Richard II avait été assassiné en 1400, il y resta enfermé pendant vingt-cinq années. C'est pendant sa captivité qu'il composa ces douces et poétiques chansons qui allèrent au cœur de la France perpétuer son souvenir.

Cette âme tendre avait aussi ses élans, ses chants de colère. Elle jetait à la face de ses geôliers la prédiction bretonne qui faisait tant redouter Artur de Richemont de son vainqueur :

> Par leur orgueil vient la dure journée
>   Dont leur prophète Marlin
> Pronostica leur doloreuse fin,
> Quand il escript : *Vis perdres cette terre :*
> Lors montreront estrangiez et voisins :
> *Au temps jadis estoit cy Angleterre.*

Ces vers, qui auraient tant réjoui le cœur d'Artur, pénétreront-ils jusque dans sa prison ?

Artur avait pour compagnon, au château de Fotheringay, un autre poète, le maréchal de Boucicaut; mais on ne les laissait guère communiquer entre eux. La consigne était sévère : point de distractions, point de chasses, ou tout au plus la chasse au faucon, et encore exclusivement dans l'enceinte du château; dure existence pour ce jeune prince, dévoré d'un ardent besoin d'activité et de vie.

Richemont était depuis quinze jours à peine au château de Fotheringay qu'une nouvelle imprévue arrivait de France le frapper au cœur. Le duc de Guienne était mort le 18 décembre, à l'âge de dix-huit ans. Au milieu des désastres et des douleurs de la France, il avait continué sa vie désordonnée, entouré de ses chanteurs et de ses musiciens, « balant la nuit et le jour ». Il était mort d'épuisement.

Ainsi Marguerite de Bourgogne, l'amie d'Artur, sa petite protégée d'autrefois, était veuve. Les rêves qui l'avaient souvent bercé dans son enfance, le chagrin qu'il avait ressenti quand elle s'était mariée, et plus tard les journées de Saint-Germain-en-Laye où il l'avait consolée, tout lui revenait à la mémoire. Marguerite était libre, mais lui était prisonnier, et pour combien d'années encore !

Six mois après ce fut une autre douleur. Il apprenait la mort du duc de Berri, son second tuteur, qui avait été pour lui si bienveillant, si paternel. Combien il regrettait de ne pas avoir assisté à ses derniers moments, comme il avait assisté à ceux de Philippe le Hardi ! Il versait des larmes en songeant que ces deux princes avaient été ses soutiens, ses protecteurs dans sa tendre jeunesse.

Mais là ne devaient pas s'arrêter les mauvaises nouvelles. Elles étaient cruellement rapportées à Artur, au fur et à mesure des événements, par Thomas Burton, gouverneur du château. Sans être méchant, cet homme, dans son orgueil d'Anglais, semblait prendre plaisir à faire savoir à son prisonnier tous les succès de l'Angleterre, tous les malheurs de la France.

Un jour, il entra dans la chambre d'Artur et lui dit : « Votre connétable d'Armagnac, ce prudent capitaine qui avait eu soin de se tenir dans ses terres du Midi pendant la campagne qui a amené notre grande victoire d'Azincourt, a essayé de reprendre Harfleur. Les gentilshommes qu'il avait amenés avec lui ont lâché pied ; ils les a fait pendre comme vilains. Notre vaillante armée l'a bientôt forcé à lever le siège de la place. »

Peu de temps après, il lui apprenait que « son noble roi »

Henri V s'était emparé de la ville de Caen. Il n'omettait même pas de lui dire que la population tout entière, hommes, femmes et enfants, en avait été chassée. Il ajoutait : « Voilà maintenant Caen ville anglaise, aussi bien qu'Harfleur, que Bayeux et Calais. Nous sommes maîtres de la basse Normandie, bonne province pour nourrir nos hommes. »

Ne cachant pas d'ailleurs à Artur les nouvelles politiques, surtout lorsqu'elles pouvaient le frapper au cœur, il lui disait un jour que le duc de Bourgogne, après avoir fait alliance avec le roi d'Angleterre, était parvenu à rentrer dans Paris, grâce au concours d'un traître nommé Perrinet Leclerc. Cet homme, dans la nuit du 14 mai 1418, avait dérobé les clefs de la porte Saint-Germain à son père, qui en avait la garde, et avait fait entrer dans la ville une troupe de Bourguignons, commandés par le sire de l'Isle-Adam, avec lequel il s'était entendu.

Il raconta que les bandes d'écorcheurs, l'écume des halles, accoururent se joindre à eux et que les massacres s'étendirent dans tous les quartiers de la ville. Les demeures avaient été envahies ; les prisons, qui servaient de refuge aux hommes, aux femmes et aux enfants, avaient été forcées ; tout y avait été massacré. Le Châtelet essaya de résister, on y mit le feu.

Tannneguy du Chatel, prévôt de Paris, courut à l'hôtel Saint-Pol où reposait le dauphin Charles, enveloppa l'enfant dans une couverture, parvint à sortir de Paris et le mit en sûreté.

Burton termina en disant que le connétable d'Armagnac avait été arraché du lieu d'asile où il s'était réfugié, et avait été mis à mort. Son corps était resté exposé pendant trois jours aux insultes de la populace. Une large bande de peau fut découpée sur son cadavre et promenée par les rues, pour figurer la bannière blanche qu'il arborait.

A l'angoisse qui saisissait les malheureux prisonniers de Fotheringay, en écoutant ces horribles détails de la guerre civile qui déchirait leur patrie, détails dont Burton était prodigue, venaient s'ajouter les visites que le roi d'Angleterre ne manquait jamais de leur rendre entre deux campagnes.

Henri V était aussi grand politique qu'il était grand capitaine. Ce prince des prêtres, — « princeps presbyterorum » comme l'appelle un auteur anglais, — tout en faisant la guerre négociait la paix, parlementant avec les princes, exploitant tous les intérêts, flattant toutes les espérances. Il n'avait garde, à ce point de vue, de négliger ses prisonniers. Aussi, chaque fois qu'il venait en Angleterre, il allait, comme nous l'avons dit, rendre visite tantôt à l'un, tantôt à l'autre de « ses cousins d'Orléans et de Bourbon ».

Il s'efforçait de leur démontrer que la France était perdue; il était maître de la Normandie presqu'en entier; le royaume était divisé, les partis s'entre-déchiraient; aucun pouvoir n'était assez fort pour prendre en mains le gouvernement. Le roi était fou et le dauphin n'était qu'un enfant. Tous devaient donc se rallier à lui, seul capable de rendre la paix et la prospérité à la France.

Après avoir vu les princes d'Orléans et de Bourbon, Henri V allait voir Richemont. Il lui parlait des dangers que faisait courir à la Bretagne la prise de la Normandie et du Cotentin, si proches des États de son frère Jean V. Il lui représentait, dans ses insinuations perfides, que déjà en 1417 le duc de Bretagne, sentant le danger, avait jugé prudent de conclure une trêve avec le roi d'Angleterre et avait même rappelé tous ceux de ses sujets qui étaient au service de la France.

Henri V chercha un jour à démontrer à Richemont

combien il serait avantageux pour son frère de s'allier avec lui et d'abandonner entièrement la cause du dauphin, et il l'engagea à le servir auprès de Jean V. Richemont demanda aussitôt sa liberté.

Le roi ne lui opposa pas un refus formel, mais ne lui voulut rien accorder aussitôt. Il le tentait par l'espérance d'une liberté prochaine, subordonnée toutefois à bien des conditions, à bien des événements.

Artur, après les visites du roi d'Angleterre, n'en restait que plus affligé, plus incertain sur l'avenir qui lui était réservé. Malgré son vif désir de recouvrer la liberté, il sentait qu'il lui fallait surtout éviter les pièges que lui tendait Henri V, sans nul doute. Sa douleur s'augmentait des périls qui menaçaient la France; il les voyait grandir de jour en jour, et Thomas Burton était là pour les lui rapporter, sans en omettre aucun.

En effet, quelques jours après le départ du roi, Burton vint annoncer à Richemont que Rouen venait de tomber au pouvoir des Anglais.

Mais, s'il lui annonça la prise de Rouen, il se garda bien de lui raconter les détails du siège : car ils faisaient plus d'honneur aux habitants de la ville et à la garnison qu'aux vainqueurs eux-mêmes.

Le 30 août 1418, en effet, Henri V, après s'être emparé des hauteurs de Sainte-Catherine, faisait investir la place, afin de la réduire par la famine. On dut faire sortir douze mille vieillards, femmes et enfants; et ces malheureux, repoussés par les assiégeants, mouraient de faim et de froid dans les fossés, pendant que les Anglais regorgeaient de vivres et faisaient bombance sous leurs yeux. « Des femmes accouchaient sans secours dans les fossés; les habitants de la ville hissaient à eux les enfants dans des paniers pour les faire baptiser et les rendaient ensuite à leurs mères, pour mourir avec elles. »

Aucun secours n'arriva aux assiégés, malgré les députations qu'ils envoyèrent au roi et au duc de Bourgogne. Aussi la population, épuisée, voyant qu'elle ne pouvait résister plus longtemps, demanda-t-elle à capituler. Le roi d'Angleterre exigea que six notables lui fussent livrés comme otages, et il frappa la ville d'une énorme contribution.

Le 19 janvier 1419, il entrait en vainqueur à Rouen et, moins généreux qu'Édouard III après la prise de Calais, il faisait décapiter Alain Blanchard, capitaine de la milice.

Lorsque la place dut se rendre, beaucoup de gens du peuple et de la bourgeoisie, plutôt que de se soumettre aux vainqueurs et de devenir Anglais, sortirent de la ville avec la garnison, abandonnant leur demeure et leurs biens, n'emportant que « deux sols avec eux ».

Burton eut bien soin également de cacher à Artur que, pendant sa campagne en Normandie, Henri V confisqua les biens de ceux qui refusaient de lui prêter serment, et que bon nombre de bourgeois et de nobles préférèrent la perte de leurs biens à la honte de se soumettre.

S'il lui parla de Gui le Boutellier, gouverneur de Rouen, qui prêta serment pour conserver sa charge, il ne dit pas à Artur que la veuve du sire de la Roche-Guyon abandonna son riche domaine et partit avec ses trois enfants, dénuée de tout, plutôt que d'épouser ce traître, que le roi d'Angleterre voulait lui imposer.

Cependant, le duc de Bretagne, voyant le grand péril de la France, avait déjà cherché à réconcilier les princes avec le duc de Bourgogne. Les progrès que faisait le roi d'Angleterre le décidèrent à étendre jusqu'à lui ses projets de médiation; il lui demanda une entrevue.

Henri V, de son côté, avait pour système politique de ne jamais se dérober et de se prêter à toutes les négociations, cherchant à user ses ennemis autant par la paix que par la guerre. Il sembla donc disposé à écouter les propositions du duc de Bretagne et le reçut à Rouen au mois de février, quelques jours après la prise de la ville.

Jean V profita de ses entrevues avec le roi d'Angleterre pour parler de son frère Artur, et demanda sa liberté contre rançon. Henri V écouta tranquillement la demande, fit une réponse évasive, et rien ne fut décidé.

Au mois d'avril suivant, il permit cependant à Artur de se rendre en France et d'aller en Normandie pour y traiter de sa liberté. Ce ne fut toutefois que le 5 septembre que Humphrey de Lancastre, duc de Glocester, sur l'ordre de Henri V, remit son prisonnier à sir W. Meryny pour le conduire en France. Richemont s'embarqua à Southampton et débarqua à Honfleur; il y avait près de quatre ans qu'il n'avait revu la terre de France.

Sa joie eût été grande, en foulant le sol de la patrie, s'il s'était senti libre. Mais il se savait toujours enchaîné ; et il connaissait trop les sentiments du roi d'Angleterre pour croire que ses entraves allaient être facilement brisées.

CHAPITRE II

QUATRE PRISONNIERS

Richemont n'était que depuis quelques jours sur le continent, essayant toujours de communiquer avec son frère et de fléchir Henri V, quand un événement terrible acheva de bouleverser la France et de ruiner ce malheureux pays, déjà si cruellement éprouvé : le duc de Bourgogne Jean sans Peur fut assassiné sur le pont de Montereau, par les amis et les conseillers du dauphin.

Poursuivant ses conquêtes, le roi d'Angleterre s'était avancé dans la direction de Paris et s'était emparé de Pontoise, dont il avait chassé les habitants. Les malheureux vinrent se réfugier dans la capitale, où ils jetèrent l'effroi, en accusant le duc de Bourgogne de pactiser avec les Anglais.

Il n'en était rien cependant : car Jean sans Peur, offensé par la morgue d'Henri V, qui le traitait et lui parlait comme s'il était déjà le maître de la France, cherchait alors à se rapprocher du dauphin Charles. Mais il n'osait s'engager tout à fait, car le roi d'Angleterre le tenait en menaçant d'envahir les terres de Flandre.

Les gens de l'entourage du dauphin, Armagnacs pour la plupart, manœuvraient de leur côté pour mettre à exécution leur projet de vengeance. Voyant décliner la puissance du duc de Bourgogne et croître les embarras que lui causait la politique astucieuse du roi Henri V, ils crurent le moment favorable pour agir. Profitant des ouvertures que Jean sans Peur venait de faire, ils l'invitèrent à une entrevue, sous prétexte de délibérer sur les affaires du royaume et de prendre les mesures nécessaires pour arrêter la marche des Anglais. Cette entrevue n'était qu'un piège. Les conseillers du dauphin, Jean Louvet et Maçon, qui gouvernaient le faible et égoïste adolescent, avaient résolu la mort du meurtrier du duc d'Orléans.

Bien des avis parvinrent à Jean sans Peur de ne pas se rendre à l'entrevue. Il se décida néanmoins. Le jour fixé, les princes attendaient impatiemment sous leur tente, dressée sur le pont de Montereau. Le duc de Bourgogne tardait; Tanneguy du Chatel alla le chercher. Jean sans Peur, le voyant venir à sa rencontre, lui frappa sur l'épaule.

« Voilà, dit-il, celui en qui je me fie. » Il marcha en avant et arriva près du dauphin, accompagné seulement du sire de Navailles. Quelques paroles amères furent échangées. Le dauphin, d'après Monstrelet, lui aurait reproché d'avoir mal tenu sa parole, lors de la guerre civile, et ajouta que le devoir eût été de s'unir avec lui contre les Anglais.

Ce fut alors que le sire de Navailles aurait porté la main à son épée en menaçant le dauphin. Les seigneurs de l'entourage de celui-ci se jetèrent aussitôt sur Jean sans Peur et le percèrent de coups. Le Boutellier se vanta plus tard d'avoir dit au malheureux prince : « Tu as coupé le poing au duc d'Orléans, mon maître, je vais te couper le tien.»

Pendant ce temps, Tanneguy du Chatel séparait le dauphin de la mêlée et le mettait à l'abri.

Le duc d'Orléans, traîtreusement assassiné douze ans auparavant, était vengé; mais c'était maintenant à Jean sans Peur de l'être à son tour. En attendant, qui devait payer pour tous deux ? la France.

L'indignation fut générale dans le royaume, et le guet-apens dont le duc de Bourgogne venait d'être victime ne fit qu'exciter la haine contre le dauphin et ses partisans. La reine Isabeau s'allia au nouveau duc de Bourgogne, Philippe le Bon, pour perdre le dauphin son fils.

Elle entama des négociations avec le roi d'Angleterre, et le fils de Jean sans Peur reconnut celui-ci comme héritier de la couronne de France à la mort de Charles VI. Ainsi se préparait le traité de Troyes, qui faisait passer le royaume en des mains étrangères.

Henri V était donc désormais tranquille. La Bourgogne était avec lui. Il lui restait à s'assurer la Bretagne. Jean V avait écouté les avances du dauphin et avait promis de lui envoyer des troupes ; il s'agissait pour le roi d'Angleterre de paralyser cet ennemi, de s'en faire un allié peut-être.

L'habile joueur, qui avait bien des cartes en main du reste, manœuvra avec son adresse ordinaire. Ce fut lui-même qui informa, à Rouen, son prisonnier Richemont du drame du pont de Montereau. L'indignation d'Artur fut aussi vive que sa douleur. Il se sentait révolté dans son honneur de chevalier par un crime qui se doublait d'une trahison, et la victime était précisément le père de Marguerite, de celle que dans son cœur, depuis la mort du duc de Guienne, il nommait sa fiancée.

Il demanda de nouveau au roi d'Angleterre de lui rendre la liberté ; mais celui-ci lui fit sentir qu'il avait trop à redouter du duc de Bretagne, allié du dauphin, pour lui donner un auxiliaire. Artur eut beau témoigner en toute sincérité de son horreur du meurtre et des meurtriers. Henri V ne voulut rien entendre et le renvoya en Angleterre, où, pour l'avoir plus sous sa dépendance, il le fit enfermer à la tour de Londres.

Un otage contre Jean V ne suffisait pas encore au roi Henri V; il voulut en avoir deux. Il fit arrêter et conduire en prison Jeanne de Navarre, la mère des deux princes bretons. La raison, ou plutôt le prétexte de cette odieuse mesure, était une vague accusation de sorcellerie portée contre la reine, accusation basée sur la réputation laissée par son père Charles le Mauvais, roi de Navarre. Jeanne aurait, disait-on, préparé des maléfices dans le but de faire périr son beau-fils le roi d'Angleterre.

Henri V connaissait l'esprit de famille de la maison de Bretagne. Jean V, en effet, pénétré de douleur et d'épouvante en apprenant la captivité de sa mère, se hâta d'envoyer en Angleterre une ambassade conduite par Jean de Malestroit, évêque de Nantes, afin d'obtenir la délivrance de la malheureuse reine. En outre, pour plaire à Henri V, il refusait au dauphin de lui envoyer les secours qu'il lui avait promis, et même de se déclarer contre le nouveau duc de Bourgogne.

Le plan d'Henri V réussit donc au delà de ses espérances. Bientôt il allait voir le duc de Bretagne dans l'impossibilité absolue de s'opposer aux projets qu'il méditait contre la France.

Le dauphin, en effet, et ses conseillers, irrités du manque de parole de Jean V, formèrent contre lui un complot avec ses anciens ennemis réconciliés, les Penthièvre.

Marguerite de Penthièvre, on s'en souvient, avait du vivant de son père, le connétable de Clisson, rêvé de voir l'un de ses enfants hériter du trône ducal au détriment des fils de Jean IV. A la fin de l'année 1419, elle crut le moment favorable et chercha l'appui du duc de Bourgogne en négociant le mariage de son fils Olivier de Blois avec l'une des filles de Philippe le Bon. Le duc de Bretagne vit les conséquences d'une telle union et envahit aussitôt les terres de Penthièvre. Le roi de France intervint, et Jean V ne poussa pas plus loin son expédition.

L'accord entre les deux maisons semblait assuré lorsque, à l'instigation des Armagnacs, Olivier de Blois et sa mère Marguerite, sous prétexte de sceller la réconciliation avec le duc de Bretagne, l'invitèrent à une partie de chasse dans leur domaine de Chantoceaux.

Confiant dans la parole d'un gentilhomme, Jean V partit de Nantes le 12 février 1420, emmenant avec lui son frère Richard et ne se faisant accompagner que d'une faible escorte.

Au moment où il allait traverser la Divette, le pont se rompit; soudain une troupe d'hommes armés, cachée dans un petit bois, fit irruption et, avec l'aide des gens du comte de Penthièvre, eut bientôt raison des chevaliers qui cherchaient à défendre le duc de Bretagne. Jean et son frère Richard furent liés sur un cheval et placés tous deux au milieu de l'escorte du comte Olivier. Ils furent conduits au château de Chantoceaux, et enfermés dans l'une des tours de la forteresse.

Au lieu d'un prisonnier de la maison de Bretagne, il y en avait quatre maintenant. Henri V n'avait donc plus rien à craindre de ce côté. Il voulait davantage cependant; il voulait, comme il l'avait fait pour la Bourgogne, s'attacher la Bretagne, croyant pouvoir gagner à sa cause les États du duché pendant la détention de Jean V.

Mais à la Bretagne il restait une femme. Tandis que Jean V, aux mains des Penthièvre, faiblissait, craignant pour sa vie, prêt à sacrifier même sa couronne, la duchesse résista, vaillante et fière. Dès qu'elle apprit la trahison des Penthièvre et le guet-apens dans lequel son mari était tombé, elle convoqua les États à Vannes et vint à leur assemblée tenant par la main ses deux jeunes enfants, François et Pierre, comme l'avait fait autrefois Jeanne de Montfort, l'aïeule de son mari. Les seigneurs furent émus; ils jurèrent de rester fidèles à leur duc et de tout mettre en œuvre pour le délivrer.

Mais il leur fallait un chef pour cette sainte croisade. La duchesse écrivit alors au roi d'Angleterre pour le supplier, sinon de rendre la liberté au comte de Richemont, du moins de le« prêter pour un temps à elle et à la Bretagne».

Artur joignit ses instances aux prières de sa belle-sœur. Il était au désespoir : il voyait sa mère et ses deux frères prisonniers, comme lui-même; et ses deux patries, la Bretagne et la France, étaient aux abois.

Il conjura Henri V de lui permettre d'aller le trouver pour traiter de sa délivrance. Il lui écrivit pour lui demander de le laisser « s'emploier au service de son dict seigneur et frère le duc de Bretaigne et au repparement de la mauvaisté qui li a esté faite, et si Dieu plaist, ajouta-t-il, quand je seray par devers vous, je ferai tout, mon honneur gardé, que vous devrez être content, en vous suppliant avoir mon dict seigneur et frère pour recommand, et en desplaisance la mauvaise traïson qui li a esté faitte ...Vostre humble parent et prisonnier, le Conte de Richemont, Artur ».

Il écrivit également au dauphin Charles pour se plaindre de la trahison des Penthièvre, ne sachant ou feignant d'ignorer que le dauphin avait participé à cette trahison. Il terminait sa lettre en disant: « Au cas que celui des Painthèvres scroît trové en votre segnorie et soubz votre puissance, qu'il vous plaise en faire justice. »

Ni le roi d'Angleterre ni le dauphin ne répondirent à Artur; Henri V n'accorda pas la liberté au frère de Jean V. Toujours hanté par la même crainte, il n'avait garde de laisser échapper le prince promis par Merlin à la conquête de l'Angleterre.

Toutefois, il n'opposa pas un refus formel à la duchesse de Bretagne; il gagnait ainsi des jours, des mois, en la leurrant de belles promesses.

Henri V était alors à son apogée; il venait de conclure avec le duc de Bourgogne et la reine Isabeau de Bavière, au nom de Charles VI, le traité de Troyes, qui lui assurait la main de la princesse Catherine, fille du roi de France, et le déclarait héritier du trône à la mort de Charles VI.

Ce honteux traité, dans lequel le descendant de saint Louis proclamait le déshonneur de sa famille et proscrivait son propre fils au profit d'un étranger, d'un ennemi, disposait, entre autres clauses : « Est assuré que tantôt après notre trépas, la couronne et royaume de France demeureront et iront perpétuellement à nostre dit fils le roy Henri et à ses hoirs.......... Considéré les horribles et énormes crimes et délits perpétrés au dit royaume par Charles, soi disant dauphin de Viennois, il est accordé que nous, notredit fils le roy et nostre cher fils Philippe, duc de Bourgogne, traiteront aucunement de paix et de concorde avec Charles..... »

Ce traité, que le roi d'Angleterre, aidé par la reine Isabeau, avait arraché à la folie de Charles VI, que le duc de Bourgogne avait signé pour servir ses projets ambitieux, il importait à Henri V de le faire accepter par Jean V. La duchesse de Bretagne était, en effet, comme sa sœur cadette Catherine, fille de Charles VI; elle pouvait, avant elle, revendiquer pour son mari ses droits à la couronne de France.

Les noces de Catherine et du roi d'Angleterre eurent lieu le 2 juin 1420, en l'église Saint-Jean de Troyes, « où là, rapporte Juvénal des Ursins, les espousa maistre Henry de Savoisy, soy disant archevêque de Sens, et furent les souppes au vin faites en la manière ordinaire et le lict béni ».

Ce n'était pas l'affection qui avait été le mobile du roi Henri V en recherchant la main de la princesse Catherine; l'ambition seule le guidait. Aussi le voyons-nous quitter sa jeune femme, dès le lendemain de son mariage, pour aller mettre le siège devant Sens; de là il courait à Montereau. Furieux de ne pouvoir s'emparer du château, « le roi d'Angleterre fit dresser un gibet, où les dessus dits prisonniers furent tous pendus, voyant ceux du chastel ».

Il se rendit alors à Melun; mais devant cette ville il fut arrêté pendant quatre mois par la résistance des habitants, guidés par l'intrépide Barbazan. Pendant ce siège mémorable, le roi d'Angleterre avait fait venir à Corbeil, d'où il dirigeait les opérations, sa jeune femme Catherine, le roi et la reine Isabeau. Il reçut à Corbeil une nouvelle ambassade de la duchesse de Bretagne, sollicitant plus ardemment que jamais la délivrance du comte de Richemont.

Connaissant les mauvais traitements dont son mari était victime, craignant même que les Penthièvre n'attentassent à sa vie, la duchesse n'avait pas cessé un moment de déployer la plus grande activité. Tout en intercédant auprès du roi d'Angleterre pour obtenir la liberté de son beau-frère, elle avait pressé le dauphin son frère de renier et d'abandonner la cause des Penthièvre. Elle feignait en cela, comme l'avait fait Artur, d'ignorer que c'était lui qui les avait excités et les avait en quelque sorte aidés dans leur trahison.

Les conseillers du dauphin avaient intérêt à ménager la maison de Bretagne, dans la crainte qu'elle n'adhérât au traité de Troyes. Leur premier acte fut donc de retirer leur appui aux Penthièvre. Ceux-ci, ayant déjà perdu les places de Lamballe, Guingamp, La Roche-Derrien et Châteaulin, rendirent leur prisonnier le 12 juillet 1420.

Jean V, aussitôt libre, envoya au roi d'Angleterre, qui était toujours à Corbeil, deux ambassadeurs, Olivier d'Ust et le héraut d'armes Hermine, pour lui notifier sa délivrance et l'informer de son intention d'aller sous peu le trouver lui-même, pour traiter de la liberté de son frère Artur.

Le duc de Bretagne allait-il ratifier le traité de Troyes?... Il fallait l'y décider. Henri V songea qu'en repoussant sa demande il pourrait s'en faire un ennemi et que, libre de ses actions, il était à craindre qu'il ne s'alliât avec le dauphin contre lui. Il consentit donc à l'élargissement de Richemont: mais cette liberté n'était encore que provisoire.

Par le traité passé à Corbeil le 22 juillet 1420, le comte de Richemont promettait et jurait sur l'Évangile et sur son honneur que dans deux ans, « à la Saint-Michel de l'année 1422, il comparaîtrait en personne et publiquement à Londres et se présenterait devant lui, ou son héritier, ou son lieu-tenant ou au maire, pour tenir prison ».

Pendant toute la durée de son élargissement et jusqu'à ce qu'il se fût de nouveau rendu prisonnier, il jurait de ne faire aucune alliance avec « celui qui se disait dauphin »; il n'entreprendrait rien, directement ou indirectement, contre le roi d'Angleterre ou ses héritiers, ou contre le duc de Bourgogne, ni contre aucun de ceux qui obéiraient au roi de France, et au roi d'Angleterre, héritier et régent du royaume de France.

Par ce traité, Richemont recouvrait la liberté; mais il restait toujours moralement prisonnier; il n'était libre que sur parole. Obligé de subir cette douloureuse condition et de se contenter d'une demi-délivrance, il se trouvait heureux cependant de ne plus vivre derrière les murs d'une prison. Un mois et demi après le traité de Corbeil, en septembre 1420, il quittait définitivement l'Angleterre pour rentrer en France.

Les deux frères allaient être enfin réunis et pouvoir échanger leurs pénibles pensées comme leurs espérances. Mais Henri V gardait contre eux un gage terrible. Au moment où il élargissait Artur, il resserrait les liens de sa mère. Jeanne de Navarre, enfermée au château de Tevensey, entendait, en outre, la sentence qui la dépouillait de tous ses biens et voyait s'accumuler de plus en plus contre elle les prétendues preuves de maléfices et de sorcellerie.

Elle était, plus que jamais, à la merci du roi d'Angleterre ; d'un mot, d'un geste il pouvait l'envoyer à la mort. Henri V savait que les mesures de rigueur prises contre la malheureuse reine étaient d'une excellente politique vis-à-vis le duc de Bretagne, et que celui-ci ferait tous les sacrifices possibles pour éviter à sa mère les mauvais traitements dont elle était menacée.

CHAPITRE III

Henri V se trouvait sous les murs de Melun, dont il n'avait pas encore pu s'emparer, lorsque Artur de Richemont, arrivant d'Angleterre, se présenta devant lui. Il le reçut avec une apparente bienveillance, et son prisonnier sur parole lui confirma de vive voix les engagements qu'il avait pris par le traité de Corbeil.

Artur était fermement résolu, d'ailleurs, à les tenir. Tout l'y invitait : son honneur de chevalier, la menace du procès capital que le roi d'Angleterre tenait suspendue sur la tête de sa mère, son amour pour Marguerite, la sœur de Philippe le Bon, l'allié actuel d'Henri V. La jeune veuve pouvait refuser d'épouser un prisonnier ; c'était là une raison de plus pour obliger Richemont à mettre tout en œuvre pour que sa liberté provisoire devînt bientôt une liberté définitive.

Après la capitulation de Melun, Henri V se fit suivre par Artur, partout où l'appelaient les soins de sa politique, à Rouen, à Paris. Pourtant, il lui permit une fois de rester en Normandie, mais sous la garde du comte de Suffolk et à la condition de ne pas s'en écarter sans la permission du roi.

La loyauté de Richemont fut un jour mise à l'épreuve : Suffolk l'avait amené pour tirer de l'arc dans les environs de la petite ville de Pontorson, sur les confins de la Normandie et de la Bretagne. Quelques seigneurs bretons, ayant appris la présence du frère de leur duc dans leur voisinage, passèrent la frontière pour lui rendre hommage. Se voyant plus nombreux que les gens de Suffolk, ils proposèrent à Richemont de l'enlever et de le délivrer; il refusa.

Devant cette preuve de loyauté, Suffolk conçut une grande estime, une grande confiance en celui qui, en réalité, était son prisonnier. Aussi, quelques jours après, permit-il à Artur d'avoir une entrevue avec Jean V.

L'entrevue des deux princes fut des plus touchantes. Que de malheurs s'étaient abattus sur eux depuis le jour où ils s'étaient vus pour la dernière fois! Ils pleurèrent dans les bras l'un de l'autre, pensant à l'avenir encore bien sombre pour la France et pour la Bretagne; Jean V avait rompu ses liens, mais Artur restait toujours sous la domination du roi d'Angleterre.

La tentation était grande encore pour Richemont de rester avec son duc, avec son frère. D'autant plus qu'en ce moment le duc de Bretagne, sollicité par le dauphin, penchait à se rapprocher de la cause française. Mais, fidèle à ses engagements, Richemont retourna auprès du roi d'Angleterre.

Henri V avait eu connaissance des tentatives faites auprès d'Artur; il le félicita d'avoir tenu sa parole, et pour l'en remercier lui donna le comté d'Ivri, en Normandie, pour lequel il reçut le serment d'hommage dans la grande salle du château de Rouen.

Le roi retourna en Angleterre et consentit à ne pas emmener Richemont. Il lui demanda seulement d'employer toute son influence auprès de Jean V pour l'empêcher de faire alliance avec le dauphin, son beau-frère.

Artur connaissait les dispositions de son frère ; aussi doutait-il fort du résultat de son intervention.

« Je ferai tous mes efforts, dit-il au roi, pour obtenir au moins la neutralité du duc de Bretagne, mais à une condition, c'est que, si je ne réussis pas, vous ne me contraindrez jamais à marcher contre mon frère. »

Richemont avait eu raison de prendre cette précaution. En effet, après le départ du roi, le dauphin reçut d'Écosse cinq à six mille hommes. Cette petite armée, réunie aux troupes françaises commandées par La Fayette, gagna la bataille de Beaugé sur le duc de Clarence, qui fut tué dans la mêlée (22 mars 1421). Ce succès fit cesser la dernière hésitation du duc de Bretagne ; il conclut à Sablé un traité d'alliance avec le dauphin.

La première condition du traité fut que le dauphin se séparerait de Jean Louvet et de tous ses conseillers funestes, auteurs du complot des Penthièvre. Le dauphin promit de les renvoyer ; mais ce jeune homme sans volonté, sans énergie, ne savait ni penser ni agir par lui-même. Au risque de mécontenter son nouvel et précieux allié, il garda les conseillers.

Cependant, Henri V était revenu en France avec des troupes fraîches et avait aussitôt repris l'avantage sur les Armagnacs. L'habile monarque croyait maintenant pouvoir compter sur Richemont. Il lui permit donc d'aller, pour un assez long temps, auprès de son frère, lui demandant de chercher à le détacher de l'alliance du dauphin et de faire rompre le traité de Sablé, dont les clauses avaient été si mal exécutées, quant aux justes réclamations formulées par le duc Jean.

Artur partit pour la Bretagne, et, dans toutes les villes qu'il traversa, il reçut le meilleur accueil. Il trouva le duc Jean à Vannes, d'où il se rendit à Rennes avec lui.

Malgré les raisons qu'il donna à son frère, il échoua dans

ses négociations. La population bretonne tout entière et les États de Bretagne étaient absolument hostiles aux Anglais; le duc n'osa pas leur résister. Malgré le peu de succès de ses négociations, le roi d'Angleterre ne rappela pas Artur. Celui-ci trouva dans son séjour en Bretagne l'occasion d'employer au service de son pays son génie militaire et cette activité qui était sa qualité principale.

Depuis longtemps la ville de Rennes avait étendu ses faubourgs bien au delà de son enceinte fortifiée. C'était pour la ville une source de prospérité en temps de paix, mais ce pouvait être un grave danger en temps de guerre. Richemont projeta d'enfermer les faubourgs dans la ville et, en agrandissant l'enceinte, d'agrandir le territoire.

Mais il fallait bâtir des murs, élever des tours; c'était là un travail considérable et qui devait demander plusieurs années. Artur traça le plan des fortifications futures. En attendant, il fit creuser de larges fossés, aligner les palissades, et, secondé par le zèle des habitants, il mit en quelques mois la ville nouvelle à l'abri d'un coup de main et même d'un siège. Rennes doubla en peu de temps sa population et sa richesse.

Tout en surveillant l'exécution de ces travaux et en les poussant avec l'ardeur qui était en lui, Richemont ne négligeait pas d'appuyer auprès de Jean V les desseins d'Henri V, ainsi qu'il l'avait promis au roi d'Angleterre. En exhortant son frère à rompre la convention de Sablé et à ratifier le traité de Troyes, il lui représentait qu'il ne dégageait ni n'engageait sa parole que pour un temps et parce que les intérêts et les circonstances l'exigeaient ainsi. Il fallait s'inspirer de la politique du roi Henri V et attendre ce que l'avenir déciderait.

Les traités des princes n'avaient pas en ces temps-là, il

faut le dire, beaucoup de valeur et surtout beaucoup de durée ; ce n'était, à proprement parler, que des traités provisoires. Le dauphin avait juré au duc de Bretagne qu'il allait renvoyer tous ses conseillers, et il n'en avait renvoyé aucun. Les alliances, de leur côté, étaient aussi peu solides. Artur lui-même n'avait-il pas combattu autrefois avec les Armagnacs contre les Bourguignons soutenus par le roi de France et, deux mois après, combattu avec le roi contre ces mêmes Bourguignons ?

Dans le moment présent, de sérieuses raisons de famille invitaient le duc de Bretagne à ménager et même à servir Henri V. Sa mère était prisonnière, et le roi d'Angleterre la tenait sous le coup d'un procès criminel ; son frère était prisonnier également et le roi pouvait mettre obstacle à son mariage avec la sœur de Philippe le Bon ; c'est-à-dire empêcher une alliance fort utile aux intérêts de la Bretagne et de la France. Toutes ces raisons finirent par convaincre Jean V. Richemont retourna auprès du roi d'Angleterre, emportant la parole de son frère, sinon sa signature.

Sa signature, Jean V n'avait pas encore osé la donner. Les États de Bretagne se refusaient toujours à accepter l'alliance avec l'Angleterre. Car, tandis que les princes et les rois ne consultaient, pour leurs traités, plus ou moins passagers et menteurs, que leurs convenances et leur intérêt personnel, le peuple, le fond de la nation, n'écoutait que ses intérêts de race, ses répugnances de tradition et son amour du sol natal. C'est ce profond sentiment national qui allait bientôt aider Jeanne d'Arc et sauver la France.

Avant d'aller rejoindre le roi d'Angleterre, Artur, en quittant Rennes, se rendit auprès de Philippe le Bon, qui lui fit le meilleur accueil. Il lui proposa même l'une de ses sœurs en mariage, en exceptant toutefois la princesse Marguerite, veuve du duc de Guienne, à moins qu'elle ne désirât cette union.

Richemont n'était venu en Bourgogne que dans le but d'obtenir la main de Marguerite; il envoya auprès d'elle Raoul Gruel, son écuyer. La princesse, malgré le tendre attachement qu'elle avait conservé pour son ami d'enfance, répondit qu'elle n'épouserait jamais un prisonnier; mais qu'elle lui accorderait sa main dès qu'il aurait recouvré la liberté.

Richemont quitta alors les États de Philippe le Bon et retourna auprès de Henri V, occupé alors au siège de Meaux, héroïquement défendu par le bâtard de Vauvin, comme Melun l'avait été par le sire de Barbazan. La place tint pendant de longs mois. C'est pendant ce siège que la reine Catherine mettait au monde, au château de Windsor, le 6 décembre 1421, l'enfant qui devait nominalement porter, pour un temps, les deux couronnes d'Angleterre et de France.

Cette nouvelle, loin de réjouir le roi, ne sembla lui donner que de tristes pensées. Voyait-il l'avenir s'assombrir tout à coup, ou songeait-il à sa fin prochaine? Toujours est-il que, répondant au messager qui lui annonçait la naissance de son fils, il dit, d'après l'auteur anglais Hollenhed : « Henri, né à Monmouth, aura régné peu et conquis beaucoup; Henri, né à Windsor, régnera longtemps et perdra tout. La volonté de Dieu soit faite ! »

Sur l'ordre du roi d'Angleterre, Richemont resta dans le camp anglais pendant les opérations du siège, mais n'y prit aucune part. Il était prisonnier et obligé d'être avec le roi partout où celui-ci voulait l'emmener. Il fut également forcé de le suivre, lorsque le roi d'Angleterre, accompagné par Charles VI, par la reine Isabeau et par Catherine, fit son entrée solennelle à Paris le 30 mai 1422.

Quinze jours après, le 13 juin, Henri V, poursuivant sa

politique, rendait à Jeanne de Navarre les biens dont il l'avait dépouillée, et s'il ne lui rendait pas encore sa liberté, pas plus qu'à son fils Artur, il lui faisait du moins la captivité plus douce et plus honorable.

C'est qu'il attendait les envoyés de Jean V, c'est qu'il savait que le duc de Bretagne allait enfin faire adhésion au traité de Troyes. Il envoya un sauf-conduit aux ambassadeurs bretons qui devaient venir à Paris au nom de leur maître. Ils n'arrivèrent que le 7 juillet, n'apportant que la procuration du duc Jean, signée seulement par ses commensaux et ses créatures. Les États de Bretagne avaient formellement refusé leur adhésion.

Henri V allait-il se contenter de leur déclaration ? Il ne put même pas les recevoir. En effet, lors de leur arrivée, il était malade depuis trois semaines au château de Vincennes, où il mourut dans la plénitude de ses facultés, le 31 août 1422, à l'âge de trente-quatre ans.

Le 19 du mois suivant, Charles VI rentrait à Paris, et le 8 octobre, il recevait les ambassadeurs chargés d'apporter l'adhésion du duc de Bretagne au traité de Troyes.

Le roi moribond, sous la fatale influence de la reine Isabeau, répéta aux ambassadeurs que le dauphin avait dirigé le complot des Penthièvre, et même qu'il avait eu le dessein de faire assassiner le duc Jean. Il leur fit promettre, au nom de leur maître, de ne jamais traiter avec lui, ni avec les gens de son parti. Il accorda 15.000 livres de rente viagère à Jean V, en considération des dépenses qu'il avait faites pour consentir au traité de Troyes.

Pauvre roi insensé, qui bientôt allait rejoindre dans la tombe celui dont il croyait sentir encore la puissante domination ; et qui, dans sa terreur, reniait son fils et livrait la couronne de France à un prince étranger !

La mort d'Henri V était pour Richemont la délivrance. « Il en fut bien joyeux, dit Gruel, son historien, car cette fois il fut quitte et homme n'avoit plus que lui demander. »

Quoi qu'en dise Gruel, Artur de Richemont ne se considérait pas comme libre. Il avait jusqu'alors loyalement tenu le serment juré sur l'Évangile et sur son honneur; la mort du roi Henri ne l'en relevait pas. Il était décidé à tenir jusqu'au bout ce serment, qui le liait encore envers l'héritier du roi d'Angleterre et n'était pas arrivé à son terme.

Mais s'il ne se trouva pas quitte et ne crut pas que « homme n'avoit plus que lui demander », il se sentait moins esclave maintenant. Il n'avait plus à compter avec la superstition d'Henri V, qui voyait toujours en lui le prince prédit par Merlin pour conquérir l'Angleterre.

Deux mois après Henri V, le 21 octobre 1422, Charles VI mourait à l'hôtel Saint-Pol, à l'âge de cinquante-quatre ans.

Jamais, peut-être, sous aucun roi le peuple de France n'avait autant souffert; mais le pauvre roi fou n'avait pas moins souffert que le peuple.

Aussi sa mort causa-t-elle à Paris et partout une affliction profonde. « Tout le peuple, qui estoit dans les rues et aux fenestres, pleuroit et crioit, comme si chacun eût vu mourir ce qu'il aimoit le plus, criant : Ah! cher prince, jamais plus ne te verrons; tu vas en repos et nous demeurons en tribulations et douleurs. »

Lorsque le corps de Charles VI fut porté à Saint-Denis et descendu dans les caveaux auprès de ses aïeux, le roi d'armes Berri s'écria : « Dieu veuille avoir pitié et merci de très haut et très excellent prince Charles, sixième du nom, notre naturel et souverain seigneur, » et il ajouta : « Dieu donne bonne vie à Henri, par la grâce de Dieu roi de France et d'Angleterre, notre souverain seigneur. » (Monstrelet.)

CHAPITRE IV

L'ÉPÉE DE CONNÉTABLE

Aussitôt après la mort de son père, le dauphin Charles prenait, au château de Mehun-sur-Yèvre le titre de roi de France. D'autre part, le duc de Bedfort et le duc de Glocester s'étaient déclarés, dès la mort d'Henri V, l'un régent du royaume de France, l'autre régent du royaume d'Angleterre, pendant la minorité de leur neveu.

Le pouvoir redoutable d'Henri V, représenté par un enfant, était désormais aux mains de ses deux frères, esprits médiocres, jaloux l'un de l'autre et peu disposés à s'entendre, malgré la lourde charge qu'ils avaient l'un et l'autre. Si le vainqueur d'Azincourt, le conquérant de la Normandie, eût vécu quelques années encore, nul doute qu'il ne se fût bientôt rendu maître de la France entière, affaiblie et divisée. Elle pouvait espérer maintenant; d'ailleurs Jeanne d'Arc allait venir et la sauver.

Il semble qu'aussitôt après la mort d'Henri V le comte de Richemont ait eu le sentiment de cette situation. Il avait été d'ailleurs mêlé de trop près aux événements qui venaient de se produire pour ne pas comprendre que la puissance des Anglais ne pouvait tarder à s'affaiblir et qu'une ère nouvelle allait se lever pour la France. Il sentait qu'elle allait se ressaisir, et qu'elle saurait profiter de la désunion des deux frères pour secouer le joug qui pesait sur elle depuis de si longues années.

Aussi, ses aspirations secrètes tendent-elles dès lors plus que jamais à se rapprocher du dauphin et de la cause française. Mais il avait encore bien des obstacles à vaincre, bien des difficultés à surmonter. Sa liberté définitive, il ne l'avait pas encore recouvrée : il fallait l'obtenir du duc de Bedfort ; et elle lui était bien nécessaire pour pouvoir agir ouvertement. De plus, sans cette liberté, il ne pouvait prétendre obtenir la main de la duchesse de Guienne.

De leur côté, Philippe le Bon et Jean V, depuis que la forte main du roi Henri V ne pesait plus sur eux, se sentaient de moins en moins portés vers l'alliance anglaise. Ils considéraient tous deux la situation qui leur serait faite par la mort prématurée du dauphin, si elle venait à se produire. Et tout pouvait le faire supposer : le prince avait, en effet, le même amour du plaisir que le duc de Guienne ; il pouvait mourir comme étaient morts ses trois frères. Dès lors, le duc de Bourgogne et le duc de Bretagne avaient bien plus de droits que le petit roi Henri d'Angleterre à la couronne de France.

Aussi, n'étaient-ils pas éloignés de se réconcilier avec le dauphin ; mais il fallait pour cela que celui-ci consentît à renvoyer ses favoris, les véritables auteurs du meurtre de Jean sans Peur, les instigateurs du complot des Penthièvre. C'est dans cette situation toute nouvelle que nous allons voir Richemont donner désormais pour but à sa patiente et infatigable volonté l'expulsion de ces favoris indignes.

D'autre part, les secrètes visées d'Artur, dont l'ardent désir était de détacher le duc de Bourgogne de l'alliance anglaise, afin de le rapprocher du dauphin, furent favorisées par l'imprévoyante conduite du duc de Glocester. Le régent d'Angleterre venait, en effet, d'épouser Jacqueline de Bavière, comtesse de Hainaut, de Hollande et de Zélande, après

avoir fait annuler le mariage de cette princesse avec le duc
de Brabant par l'antipape Benoît XIII. Le roi Henri V ne
l'eût certainement pas permis ; il était trop grand politique
pour mettre Glocester en rivalité flagrante avec le duc de
Bourgogne, qui convoitait ce riche héritage.

Philippe le Bon, prévoyant les conséquences d'une telle
union, se plaignit amèrement en effet au duc de Bedfort. Le
régent de France sollicitait alors la main de la princesse Anne,
sœur du duc de Bourgogne. Celui-ci, voulant maintenir, pour
un temps du moins, ses bons rapports avec le duc de Bedfort,
ne se pressa nullement de lui accorder sa demande, sans
toutefois lui opposer un refus formel. En même temps, pour
resserrer les liens qui l'attachaient au duc de Bretagne, il
passait avec Richemont le contrat aux termes duquel il assurait à ce dernier la main de la princesse Marguerite, sa sœur.

Cependant, le moment n'était pas venu de rompre avec le
duc de Bedfort. Le duc de Bourgogne invita même le régent
à venir à Amiens et lui donna des fêtes magnifiques. Un
traité fut signé le 17 avril 1423, stipulant une triple alliance
entre les ducs de Bedfort, de Bourgogne et de Bretagne. Il
est vrai que le lendemain était conclu entre Philippe le Bon
et Jean V un traité secret, dans lequel les deux princes, prévoyant la possibilité d'une réconciliation avec le dauphin, se
détachaient de l'alliance avec le duc de Bedfort.

Preuve nouvelle de ce que valaient, au XVe siècle, les
contrats et les signatures.

Dans ces amicales entrevues d'Amiens, Richemont, au
moment de se marier, avait vainement sollicité de son futur
beau-frère sa liberté définitive. Bedfort ne se souciait pas de
se dessaisir d'un si précieux otage ; il répondit à Artur
d'une manière évasive. Il continuait le jeu d'Henri V, mais
n'avait pas l'habileté de celui-ci. Artur, vivement irrité de

cette sorte de refus, résolut de passer outre et décida Philippe le Bon, ainsi que Marguerite, à n'en pas tenir compte.

Le mariage de Richemont et de la duchesse de Guienne, depuis si longtemps désiré par tous deux, n'en fut pas moins retardé de plusieurs mois. Il fut enfin célébré à Dijon le 10 octobre 1423, et la bénédiction nuptiale fut solennellement donnée aux époux par l'archevêque de Besançon. Dans le contrat de mariage, il avait été stipulé que si Philippe le Bon mourait sans héritiers, le duché de Bourgogne reviendrait à la princesse Marguerite ; belle et haute perspective pour l'ambitieux Richemont.

Les nouveaux époux restèrent quelque temps à Dijon, auprès de Philippe le Bon ; puis ils allèrent à Montbars où le comte de Richemont laissa sa femme pour suivre son beau-frère, qui partait pour les Flandres.

Poursuivant le but qu'il s'était proposé, Artur, aussitôt après son mariage, usa de son influence pour agir sur les esprits vacillants de Philippe le Bon et de Jean V, et les incliner peu à peu vers le parti du dauphin.

Il était secondé dans ses vues auprès du duc de Bourgogne par le duc de Savoie, petit-fils du duc de Berri ; auprès du duc de Bretagne par Yolande d'Aragon, duchesse d'Anjou, reine douairière de Sicile et belle-mère de Charles VII. Grâce à ses efforts, une convention fut signée à Nantes le 18 mai 1424, convention par laquelle furent posées les premières bases d'un traité entre le dauphin et Philippe le Bon.

On avait encore une fois arraché à l'indolent Charles la promesse du renvoi de Louvet et de ses conseillers. La duchesse d'Anjou et le duc de Bretagne avaient même été désignés comme les médiateurs de la paix, et la convention stipulait que la duchesse d'Anjou, après entente avec le duc de Bretagne, pouvait mettre auprès de Charles VII, « en son hôtel et en son service, de leurs gens bien notables et en si bon nombre qu'il devra suffire à son Conseil ».

C'était là une double victoire remportée sur le roi. Elle resta malheureusement sans effet. Avec son esprit toujours versatile, le prince ne devait pas tarder à oublier sa promesse.

Pendant ce temps Richemont ne restait pas inactif. En réalité, il était toujours prisonnier du duc de Bedfort, et son attitude à l'égard de ce dernier comme à l'égard du parti anglais avait été jusqu'alors prudente et réservée; il attendait les événements. Un accès de colère du régent détermina la rupture.

Depuis la mort d'Henri V, les hostilités s'étaient singulièrement ralenties; elles avaient cessé pour ainsi dire, bien que Français et Anglais fussent toujours dans l'attente d'une prochaine reprise des armes. Richemont, las de son inaction et impatient de montrer ce qu'il valait comme capitaine, cherchait une occasion de guerroyer sans porter les armes contre la France.

Or, en ce temps, les environs de Paris étaient infestés de routiers, gens d'armes congédiés par le dauphin. Ils vivaient de rapines et de pillage, au grand détriment des populations. Richemont demanda au régent de lui confier le commandement d'une petite troupe d'Anglais avec laquelle, en y joignant un corps de volontaires bretons, il se chargeait de délivrer Paris de ces dangereux aventuriers.

Le duc de Bedfort avait sans doute des motifs pour se méfier actuellement d'Artur. Non seulement il repoussa sa demande, mais encore il le fit sans ménagement et même avec des paroles brutales et offensantes. Richemont n'était pas moins violent que lui; une vive altercation s'éleva entre eux, et le régent s'emporta jusqu'à oser frapper le prince breton. « Il lui donna une buffe, » dit une ancienne chronique. Artur se retira exaspéré, bien résolu à tirer vengeance d'un si sanglant affront.

Il commença par s'enfuir et partit pour la Bretagne; mais, voulant éviter de traverser les pays occupés par les Anglais, il gagna les Flandres, où il s'embarqua pour Saint-Malo. Il trouva auprès de son frère la reine Yolande, toujours ardente à plaider la cause du dauphin.

Pendant ce temps, les conseillers armagnacs avaient reconquis leur pouvoir auprès de Charles VII. Ils laissaient volontiers le faible jeune homme prendre l'engagement de les renvoyer, certains d'avance qu'il ne saurait se passer d'eux. Mais ils allaient bientôt se compromettre eux-mêmes.

Leur intérêt personnel était que le dauphin ne se réconciliât jamais avec leurs ennemis, les ducs de Bourgogne et de Bretagne. Or, pour faire la guerre au duc de Bedfort sans l'alliance des princes français ils durent faire appel aux princes étrangers. Avec les routiers licenciés, ils rassemblèrent une armée composée d'Écossais, de Lombards et d'Espagnols. Ce fut cette troupe que Bedfort attaqua près de Verneuil avec toutes ses forces.

La victoire, vivement disputée, demeura cette fois encore aux Anglais; sept mille hommes des gens de Charles VII restèrent sur le champ de bataille et parmi eux, avec nombre de seigneurs et de chevaliers, le comte de Buchan, connétable de France. Charles VII avait aussi son Azincourt : 17 août 1424.

La défaite de Verneuil remplit le cœur du jeune prince d'amertume et de douleur. Le duc de Bedfort allait-il continuer les succès du roi Henri V et achever la conquête de la France tout entière? Cette défaite était surtout un désastre pour les favoris qui l'avaient préparée. C'est ce que comprit tout d'abord l'infatigable zèle de la reine Yolande, que cet échec n'avait pas découragée. Elle vit le parti qu'elle pourrait tirer de la faute commise par les favoris. Le connétable de France était mort ; il fallait faire nommer le comte de Richemont connétable de France. Elle obtint de Charles VII que ce grand poste lui fût confié.

Cette haute dignité, la plus belle que pût souhaiter un homme de guerre, était bien faite pour tenter la légitime ambition d'Artur. Mais l'acquiescement de son frère lui était nécessaire. Une malheureuse intervention de Louvet faillit d'abord compromettre les négociations entamées à ce sujet. Un autre favori de Charles VII, le Breton Tanneguy-Duchâtel, répara la faute commise et gagna le consentement de Jean V, ratifié par les États de Bretagne, toujours fidèles à la cause française.

Il fut décidé que le comte de Richemont se rendrait auprès de Charles VII pour recevoir l'épée qui lui était offerte. Mais au préalable, il lui fallait aussi avoir l'approbation de son beau-frère le duc de Bourgogne. Les circonstances étaient d'ailleurs favorables. Philippe le Bon était plus irrité que jamais contre le régent Glocester, qui, malgré les instances du duc de Bedfort, menaçait le Hainaut. Une alliance avec Jean V et avec le dauphin pouvait servir utilement ses intérêts. Il accepta donc l'ambassade de Richemont et celui-ci, confirmant les conventions de Nantes, jeta les bases de la paix entre la France et la Bourgogne.

L'entrevue de Charles VII et du comte de Richemont eut lieu le 20 octobre 1424, à Angers, chez la reine de Sicile. Artur, escorté de deux cents hommes d'armes, était accompagné des principaux seigneurs bretons. Le dauphin avait amené, de son côté, une suite nombreuse. Il reçut Artur dans les jardins de l'abbaye de Saint-Aubin, avec une grande affabilité.

Richemont, très ému, prononça devant le roi, en présence des grands dignitaires du royaume, des paroles où il nous est permis de chercher et de voir quelle avait été de tout temps sa véritable pensée. Il dit à Charles VII « qu'il » s'offrait à son service comme celui auquel le courage et » la volonté n'avoient jamais onecques changé ou mué, » depuis le jour qu'il avoit esté pris à la bataille d'Azincourt; » quelques feintes que sagement il eust faites pour procurer » sa délivrance, et comme contraint. »

Charles offrit alors à Artur la charge de connétable. Il se récusa d'abord, prétextant sa jeunesse et son inexpérience; mais, tout aussitôt, s'appuyant sur les consentements qu'il avait obtenus des ducs de Bourgogne et de Savoie ainsi que de son frère le duc de Bretagne, il accepta. C'est ce consentement qui devait assurer à la cause royale de si puissants alliés.

Artur ne resta pas longtemps à la cour de France; il quitta le roi plein de joie et d'espérance. Il se rendit alors auprès de Philippe le Bon, où, poursuivant, avec son habileté ordinaire, le plan qu'il s'était tracé, il prépara le mariage du duc de Bourgogne avec la princesse Bonne d'Artois, sœur du comte d'Eu, l'un des prisonniers d'Azincourt, compagnon de captivité d'Artur. Les noces eurent lieu le 30 novembre 1424. La nouvelle duchesse de Bourgogne allait devenir une précieuse alliée pour Richemont et pour Charles VII.

On put alors arranger à Mâcon une réunion où Philippe le Bon consentit à recevoir les envoyés du roi de France. Le duc de Savoie y assistait, et le comte de Richemont y représenta le duc de Bretagne. Philippe accueillit les envoyés de Charles VII avec courtoisie; mais il déclara que toute réconciliation était impossible, aussi longtemps que le roi conserverait près de sa personne les favoris qui avaient été les meurtriers de Jean sans Peur.

C'étaient aussi ces favoris qui, tout-puissants sur l'esprit du faible prince, s'opposeraient, sans aucun doute, à ce que la nomination du comte de Richemont devînt définitive. Ils y mirent du moins une condition qui, dans leur pensée, ne pouvait être acceptée par Artur. Ils demandèrent qu'il s'engageât non seulement « à laisser et assurer au roi le libre et entier exercice de son pouvoir, mais encore à aimer, soutenir et protéger ses serviteurs, à savoir : Tanneguy-Duchâtel, le président Louvet, le sire de Giac, Guillaume d'Avangour et Pierre Frotier ».

Or, ces hommes étaient précisément les complices des Penthièvre, comme ils avaient été les assassins de Jean sans Peur. Richemont pouvait-il les tolérer et les soutenir ? Il comprenait cependant que jamais on ne parviendrait à vaincre leur obstination et la faiblesse du roi en les combattant en face.

Il avait appris à l'école d'Henri V que, dans ces temps grossiers, la ruse était tout aussi nécessaire que le courage et l'énergie. Conseillé par la reine Yolande, il promit et jura solennellement tout ce qu'on voulut. On verrait plus tard, quand il serait connétable.

Le 7 mars 1425, dans la prairie de Chinon, le roi, entouré des seigneurs, des évêques et de toute sa cour, remettait aux mains d'Artur, comte de Richemont, l'épée de connétable de France. Richemont fit le serment au roi et au royaume en la forme ordinaire. « Il jura le Dieu créateur, par la la foi et la loi, et sur son honneur, qu'il serviroit le roi envers et contre tous, qu'il obéiroit en toutes choses, sans rien épargner, jusqu'à la mort inclusivement. » Ce serment, Richemont allait religieusement le tenir.

En lui offrant l'épée de connétable, Charles VII voulut

lui donner le duché de Touraine. Richemont refusa, disant qu'il lui restait beaucoup à faire encore : qu'il avait à chasser les Anglais du royaume. Alors seulement il aurait mérité l'apanage que le roi lui offrait.

Sa grande ambition était enfin réalisée ; le but de toute sa vie était atteint : il avait le pouvoir, et le pouvoir qu'il désirait le plus, le pouvoir militaire. Il était connétable de France.

Le titre de connétable faisait de lui l'égal et quelquefois même le supérieur du roi dans les choses de la guerre. Sans parler des avantages matériels de sa charge : logement à la cour, dépenses et pertes de guerre payées, large part dans le butin, prélèvement d'une journée de solde sur le paiement des troupes, le connétable avait à l'armée des droits et des honneurs royaux. Un crime contre le connétable était crime de lèse-majesté.

Sa bannière était portée à côté de celle du roi, et si, comme il arrive le plus souvent, le roi était absent à la prise d'une ville, c'était la bannière du connétable que l'on arborait sur les murs conquis. A l'armée enfin, le connétable, même quand le roi était présent, commandait en chef, dressant le plan de bataille, ordonnant les mouvements, assignant à tous leur rang et leur place.

Richemont pouvait se dire que désormais il représentait véritablement la France armée. Aussi allons-nous le voir la servir toujours, sans réserve et sans la moindre défaillance. Il connaissait les droits que lui donnait sa nouvelle charge ; mais il en savait aussi les devoirs. C'est maintenant que va commencer son action prépondérante dans les événements dont le résultat fut la délivrance de la France au milieu du XVe siècle.

CHAPITRE V

LUTTE CONTRE LES FAVORIS

Le premier soin de Richemont, dès qu'il fut investi de la dignité de connétable de France, ne fut pas de reprendre la guerre contre les Anglais, mais de chercher les moyens de la faire tourner au profit de la France. Or, pour relever cette pauvre France abattue, pour la reprendre aux Anglais, il fallait lui assurer d'abord l'appui des princes français, ses alliés naturels, les ducs de Bretagne et de Bourgogne. Richemont était le frère de l'un et le beau-frère de l'autre! il allait s'y employer de toute son ardeur.

Il fallait aussi trouver de l'argent pour lever et entretenir les troupes et réorganiser l'armée. Mais là se dressait le plus grand obstacle, la néfaste influence des favoris. En même temps que l'ennemi du dehors, il fallait combattre et vaincre l'ennemi intérieur. Richemont n'était pas homme à reculer dans cette guerre, pas plus dans l'autre; mais il devait y trouver contre lui le roi lui-même qu'il avait mission de défendre.

Charles VII eut, dans les dernières années de son règne, de la sagesse et une certaine grandeur, il faut le reconnaître; mais c'était, dans sa jeunesse, le plus funeste roi qui pût échoir à la malheureuse France ruinée et vaincue. Ce n'est pas qu'il manquât d'intelligence, mais sa mollesse le rendait absolument incapable de penser, de vouloir et d'agir. Son esprit indolent n'avait de goût que pour le plaisir ; il ne voyait de la royauté que les avantages et les privilèges ; il en redoutait les devoirs.

Il avait besoin d'être dirigé ; mais il n'acceptait de l'être que par des guides complaisants, par des gens qui allaient au-devant de ses désirs, flattaient ses mauvais penchants et prenaient à tâche de lui cacher les embarras, comme de lui épargner tout souci qui pût le troubler dans ses plaisirs.

Aussi, le roi eut-il bientôt pris en aversion son nouveau connétable, grave tuteur et conseiller sévère qui ne lui parlait que de travail, d'ordre et d'économie. Il le comprenait et l'estimait, mais il le craignait et l'évitait. Bientôt il fut contre lui avec les faux amis dont il s'était entouré.

Le plus écouté, le plus dangereux d'entre ces favoris, était Jean Louvet, seigneur de Mérindol, dit le Président de Provence. Il avait eu soin de placer à la cour toutes ses créatures ; il avait marié une de ses filles à Dunois, le bâtard d'Orléans, tandis que son autre fille Jeanne de Joyeuse était en grande faveur auprès du roi. Il engagea et soutint hardiment la lutte contre le connétable.

Richemont avait négocié un emprunt et fait une ordonnance pour licencier les soldats étrangers « et aultres pillards, larrons et robbeurs », qui désolaient le pays. Louvet empêcha l'exécution de cette sage mesure et détourna l'argent pour les plaisirs du roi. Il excita le prince contre son fidèle serviteur et alla même, dit-on, jusqu'à essayer de le faire tuer.

Le connétable tint tête à l'orage, secondé par la reine Yolande, et se dirigea sur Bourges pour adjurer le roi de repousser les perfides conseils de son ministre. Lorsqu'il arriva dans la ville, Louvet en était déjà parti, emmenant Charles VII.

Richemont, furieux, fit alors une chose hardie : en dehors des États généraux, il s'adressa directement au peuple ; c'est-à-dire qu'il écrivit aux villes, aux « bonnes villes de France », aux gens d'église, bourgeois et manants ; les faisant juges entre Louvet et lui ; leur demandant de l'aider à « débouter le mauvais traître Président de Provence de la compagnie et conversacion du roy ». L'élan fut unanime en faveur du connétable ; toutes les villes, les plus grandes surtout, Tours, Bourges, se déclarèrent pour lui ; la noblesse tout entière embrassa sa cause.

De son côté, la reine Yolande enjoignit aux villes de la Touraine, dont elle était duchesse, de ne pas ouvrir leurs portes au roi lui-même, si Louvet était avec lui. Le duc Jean V réunit ses meilleures troupes pour les joindre à celles de Richemont.

Pendant ce temps, Louvet et les favoris enrôlaient des étrangers, Écossais, Lombards et autres, et parlaient de marcher sur Bourges. La guerre civile allait-elle s'ajouter, pour le pays ruiné, à la guerre étrangère ?

Dans cette extrémité, celui des conseillers du roi qui gardait encore au cœur le sentiment de la patrie, Tanneguy-Duchâtel, refusa d'aller plus loin dans cette lutte impie. Il se rendit auprès de la reine de Sicile, l'aida à voir le roi son gendre, réfugié à Selle-sur-Cher, et contraignit les autres favoris à se retirer, comme il était décidé à le faire lui-même.

Louvet seul résista ; mais il dut bientôt s'éloigner comme les autres, non sans s'être préparé un retour qu'il espérait prochain. En effet, il se fit donner par le roi des lettres patentes qui lui conféraient des pouvoirs excessifs. Il eut entre autres l'administration des finances du Languedoc et du Dauphiné, et se retira à Avignon presque triomphant encore.

Il connaissait mal son jeune maître. Dès qu'il fut loin, son influence tomba. Charles VII rentra dans Bourges, ayant à sa droite la reine Yolande et le connétable à sa gauche. Là, devant l'assemblée des seigneurs, devant les capitaines et les représentants des villes, le roi déclara « qu'il connaissait bien le mauvais conseil qu'il avait eu au temps passé et que dorénavant il ne voulait faire que ce que son loyal frère de Bretagne et son connétable lui voudroient conseiller ». Il annula les lettres accordées au Président de Provence, afin d'obvier aux « dangers irréparables » qui en pouvaient résulter. Louvet dut se soumettre et, accompagné de sa femme, de ses deux filles et du bâtard d'Orléans, son gendre, il se retira dans sa terre de Mérindol, riche d'ailleurs, plus riche assurément que le roi.

Quant à Charles VII, vaincu et humilié, en condamnant son favori il s'était condamné lui-même. Forcé de plier sous la loi du plus fort, il ne pardonna pas au connétable d'avoir si rudement malmené son roi.

Richemont semblait enfin avoir triomphé; mais, dans le désarroi financier et militaire de la France, sa situation n'en était pas moins difficile. Depuis qu'il était connétable, cinq grands mois avaient été perdus à sa lutte contre Louvet. Les coffres étaient vides et les troupes, mal payées, pillaient les campagnes, vivant aux dépens des habitants.

Le connétable avait laissé auprès de Charles VII, incapable de la moindre volonté, celui de ses favoris qui lui avait paru le moins dangereux, le sire de Giac, qui n'était pourtant pas sans antécédents fâcheux. Il avait eu un rôle ambigu, lors du crime de Montereau; mais il affirmait que, s'il avait trompé Jean sans Peur, c'est qu'il avait été trompé lui-même.

D'autres bruits couraient sur son compte. On assurait

qu'il avait empoisonné sa première femme, Jeanne de Naillac, afin de pouvoir épouser Catherine de l'Isle-Bouchard, comtesse de Tonnerre. Il repoussait ces rumeurs avec indignation, il est vrai, et avait juré à Richemont que, si on le laissait auprès du roi, il « feroit de la bonne besogne ».

Il ne tint guère sa parole. C'était un homme de ruse et d'audace que rien ne pouvait arrêter. Cette audace, il la puisait dans une croyance qui marque bien la superstition du temps. Il avait offert et donné sa main droite au diable, à la condition que celui-ci le ferait triompher dans toutes ses entreprises. De là cette assurance qui le portait à tout risquer et l'aidait à réussir.

Les Anglais avaient mis à profit les graves embarras dans lesquels se trouvait la France. Le comte de Salisbury s'était emparé d'Étampes et de Rambouillet, et il était venu mettre le siège devant la ville du Mans, — juillet 1425. — Richemont, délivré des favoris, eut beau déployer la plus grande activité, réunir le plus de troupes possible, convoquer les chevaliers bretons, toujours disposés à servir la France, appeler les gens d'armes du comté de Foix : le temps et surtout l'argent manquaient. Il ne put envoyer au Mans que des secours insuffisants. Les Anglais firent capituler la place le 2 août et y entrèrent le 10.

La France ne pouvait pas décidément se suffire à elle-même ; il fallait à tout prix lui regagner ses alliés naturels, la Bourgogne et la Bretagne. Artur pressa son frère Jean V de tout son pouvoir, afin qu'il se ralliât à la cause de Charles VII. C'était l'exposer aux représailles des Anglais, car il avait adhéré au traité de Troyes. Artur fit tant qu'il parvint, malgré cela, à amener une entrevue entre le roi et le duc de Bretagne.

Les deux princes se rencontrèrent à Saumur, accompagnés

des principaux seigneurs de leur cour. La reine de Sicile s'y rendit de son côté. Des fêtes brillantes furent données tant au château de Saumur qu'à l'abbaye de Saint-Florent, résidence de la duchesse de Guienne. Un traité fut signé ensuite, traité qui consacra l'alliance de la France et de la Bretagne contre les Anglais.

Le connétable, après ce grand service rendu, pouvait espérer être désormais sans conteste en possession du pouvoir. Par malheur Jean Louvet avait laissé « de la mauvaise semence » à la cour, car le sire de Giac commençait à prendre sur le roi un empire excessif.

La première nécessité pour Richemont, c'était de trouver de l'argent afin de continuer la guerre. Il convoqua successivement les États du Languedoc à Poitiers, en octobre, et à Mehun-sur-Yèvre, en décembre. Mais, tandis qu'il promettait, au nom du roi, de sages réformes, le favori mécontentait les députés par son arrogance. Les États votèrent néanmoins, à Poitiers, un subside de 800.000 livres et 250.000 livres à Mehun.

C'était là de précieuses ressources, si elles avaient été mises sur-le-champ à la disposition du connétable. Mais les provinces ruinées avaient réclamé des termes, et la levée des impôts rencontrait de grandes difficultés. D'autres part, le sire de Giac prélevait pour le service du roi les premières sommes versées. Le reste devait aller au connétable; mais le nouveau favori, usant de son influence grandissante auprès du roi, était maintenant en guerre ouverte avec Richemont.

La situation de celui-ci devenait, dans ces conditions, de plus en plus critique. Les Anglais, de leur côté, pour punir Jean V d'avoir fait alliance avec Charles VII, attaquaient la Bretagne. Ils avaient déjà pris Pontorson, et ils se fortifiaient dans Saint-James-de-Beuvron, position importante d'où ils pouvaient s'élancer sur le duché. Il fallait à tout prix arrêter leurs progrès.

Sans argent, et avec des recrues de la veille, comment combattre leurs troupes bien disciplinées, bien exercées ? Richemont fit un effort désespéré : pendant que Jean V convoquait le ban et l'arrière-ban de ses États, il appelait du Maine et de l'Ile-de-France les dernières forces disponibles. Il s'agissait pour lui de relever, par un coup d'éclat, le moral des siens et de fonder sa propre autorité sur un succès militaire.

Il vint prendre à Antrain le commandement de sa petite armée. Elle était encore pleine d'ardeur et ses débuts furent couronnés de succès. Richemont reprit aux Anglais Pontorson, marcha sur Saint-James-de-Beuvron et refoula dans la ville, après un vif combat, les troupes qui tentaient de l'arrêter. Il investit alors la place et repoussa les vigoureuses sorties de la garnison anglaise.

Mais le siège se prolongeait; la solde des troupes commençait à manquer : car le sire de Giac différait, de parti pris, l'envoi des subsides. Les gens d'armes mal nourris murmuraient, se mutinaient même, et la désertion commençait à se mettre dans leurs rangs.

D'autre part, on annonçait que Suffolk accourait au secours de la garnison avec de puissants renforts. Tout retard pouvait donc être funeste, et les brèches étant suffisantes, Richemont se décida à donner l'assaut. Il prit toutes ses précautions et envoya une troupe du côté d'Avranches pour surveiller l'arrivée de Suffolk : 6 mars 1426.

La brèche avait été pratiquée sur deux points, la ville et le boulevard dominant un étang profond. Richemont se porta vers la position la plus difficile et envoya vers le boulevard ses troupes les moins solides, les Bas-Bretons. La double attaque fut simultanée, et l'on combattait depuis trois ou quatre heures avec acharnement lorsque tout à coup les assiégés, du haut des murailles, aperçurent au loin une troupe en marche : c'étaient les gens envoyés par Richemont en reconnaissance. Les assiégés crurent que c'était l'armée de Suffolk et, pleins de joie, ils s'élancèrent par une poterne sur le boulevard en criant: Suffolk!

Les Bas-Bretons épouvantés abandonnèrent leurs positions et prirent la fuite vers le camp, poursuivis par les Anglais qui les criblèrent de flèches et leur tuèrent 600 hommes. Richemont, pendant ce temps, faisait merveille de son côté; mais, à la nouvelle de la déroute, il comprit qu'il n'y avait qu'à sonner la retraite et à rallier les fuyards.

Rien ne semblait perdu cependant; les Anglais avaient été très éprouvés et la journée du lendemain pouvait tout réparer. Mais, pendant la nuit, il se produisit dans le camp français une inexplicable panique; l'alarme fut donnée sans cause, on ne sait d'où; le feu prit aux tentes : ce fut de tous côtés une fuite éperdue.

Richemont, réveillé en sursaut, s'élance à cheval et s'efforce d'arrêter les siens; il crie, il supplie même, il ordonne : tous ses efforts restent impuissants. Il ne peut même pas obtenir que l'on retourne au camp reprendre son artillerie et il n'arrive qu'au jour à Antrain, désespéré de cette défaite sans qu'il y ait eu combat. Il congédia les troupes qui lui étaient restées fidèles, et les paya en vendant sa vaisselle d'or et d'argent.

L'échec de Richemont fut un triomphe pour le sire de Giac, qui l'avait en partie causé. Voilà donc ce que valaient les qualités militaires de ce connétable qui devait ramener la victoire dans le camp français! Il ne cessait de le railler et de déprécier auprès du roi ce rival, dont la faveur allait croissant.

Les événements, du reste, ne lui donnaient que trop raison contre Richemont. A la suite de leur succès à Saint-James-de-Beuvron, les Anglais enhardis s'étaient avancés jusqu'à Dol et Jean V, effrayé, avait demandé et obtenu une trève de trois mois. Le bénéfice du traité de Saumur se trouvait dès lors gravement compromis.

Mais Richemont ne s'abandonnait pas. Avec sa ténacité bretonne, il refaisait son armée et reprenait vaillamment la campagne. En cette année 1426, il occupait Fougères et Pontorson, s'emparait de la forteresse de Galerande, puis de Rennefort et de Malicorne. Il menaça Verneuil et mit le siège devant la Ferté-Bernard. Malheureusement, les subsides que les États convoqués à Angers lui avaient accordés avaient été détournés de nouveau par Giac et les gens de sa suite.

En outre, Richemont, qui avait toujours à cœur la réconciliation du roi de France et du duc de Bourgogne, n'avait pas cessé un instant d'y travailler. Cette réconciliation ne pouvait plaire au sire de Giac, qui se savait suspect à Philippe le Bon, à cause de sa participation au meurtre de Jean sans Peur. Or, à cette époque où rien ne se faisait dans les conseils qu'il n'approuvât ou du moins qu'il ne sût, il se produisit un acte d'hostilité de nature à faire rompre les négociations entamées par Richemont auprès de Philippe, ou même à faire déclarer la guerre à la France par ce prince.

Un jour, en dépit de la trève, le bâtard de la Baume et quelques autres capitaines français se jetèrent inopinément sur la place de Mailly-le-Château en Auxerrois, appartenant au duc de Bourgogne, et s'en emparèrent : 10 décembre 1426. A la nouvelle de cet audacieux coup de main, Richemont, effrayé des conséquences qui en pouvaient résulter, courut à Moulins, où se trouvait Philippe le Bon. Il lui offrit toutes les réparations qu'il pouvait demander, promit de faire rendre Mailly et fut assez éloquent pour obtenir la continuation de la trêve si indignement rompue.

Mais le connétable avait compris qu'il fallait en finir avec le favori, et ce fut sans doute dans l'entrevue de Moulins que la perte du sire de Giac fut décidée. Il trouva pour le seconder un auxiliaire précieux dans un seigneur que Giac avait fait chasser de la cour, Georges de la Trémoïlle. Celui-ci avait lui-même un complice dans la propre femme du favori, Catherine de l'Isle-Bouchard.

Au commencement du mois de février 1427, le connétable se rendit à Issoudun, où le roi se trouvait avec Giac. Le jour même de son arrivée il se présenta à Charles VII et lui demanda justice des crimes dont son favori s'était rendu coupable. Le roi ne daigna pas lui répondre.

« Sire, dit-il à son souverain, j'agirai sans vous; et, malgré vous, je vous délivrerai de ceux qui vous perdent, vous et votre royaume. »

Pour détourner les soupçons, il alla le lendemain, au point du jour, entendre la messe, hors de la ville, à Notre-Dame de Déol, et se fit remettre les clefs des portes. La messe était à peine commencée qu'on vint lui dire que tout était prêt. Laissant le prêtre continuer sa messe, il rentra à Issoudun.

Dom Lobineau rapporte que Richemont, « dès la pointe du jour, s'en alla avec ses gens et archers à la maison où estoit couché Giac. Il fit lever Giac, qui n'eut que le temps de prendre une robe de nuit et ses bottes. Il le fit monter sur un méchant cheval et conduire à la porte de la ville. Le roi, ayant appris cela, se leva pour y mettre ordre ; mais le connétable lui fit dire que c'estoit uniquement pour son service. Giac fut conduit à Dun-le-Roi, où le procès fut fait par des gens de justice».

Au moment où le favori fut saisi dans son lit, sa femme, qui était couchée à ses côtés, se leva, non pas pour chercher à le défendre, mais pour sauver sa vaisselle d'or et d'argent. Après la mort de son mari, elle épousa Georges de la Trémoïlle, qu'elle avait aidé, dit-on, dans cette expédition.

Le sire de Giac était accusé de concussion; il avoua d'autres crimes. Il dit avoir non seulement empoisonné sa première femme qui était enceinte, mais que, dès qu'elle eut bu le poison, il l'avait fait monter derrière lui à cheval et l'avait traînée ainsi pendant quinze lieues jusqu'à ce qu'elle en mourut. Il déclara avoir donné sa main au diable, afin d'en obtenir la réalisation de ses projets ambitieux.

Il offrit à Richemont, s'il voulait lui sauver la vie, cent mille écus, sa femme en otage, et la promesse dé quitter la cour; le connétable ne se laissa pas fléchir. Giac fut condamné à être brûlé vif; il demanda en grâce qu'on lui coupât la main, de peur qu'en la réclamant, comme c'était son droit, le diable n'emportât le reste du corps avec elle. Richemont, cependant, lui fit grâce du bûcher, mais le fit enfermer dans un sac et jeter dans l'Aure avec ces mots : « Laissez passer la justice du connétable. »

Charles VII se montra très courroucé du meurtre de Giac. La reine de Sicile se joignit aux princes pour le calmer. On n'eut pas de peine d'ailleurs à lui démontrer combien la conduite de son favori compromettait les intérêts du royaume, et qu'il avait mérité mille fois la mort. Il ne fut pas long à se consoler et remplaça le sire de Giac par Le Camus de Beaulieu, petit écuyer d'Auvergne, qui ne semblait pas avoir une bien grande importance.

CHAPITRE VI

SUITE DE LA LUTTE CONTRE LES FAVORIS

Après la chute et la mort du sire de Giac, le connétable se crut tranquille et délivré des intrigues qui ne cessaient de l'entraver dans son action. Il songea alors à reprendre la campagne contre les Anglais.

A ce moment, le duc de Bedfort venait de rentrer en France avec de nouvelles troupes, et avait envoyé le comte de Warwick assiéger Pontorson. La garnison, commandée par Bertrand de Dinan, sire de Châteaubriant, n'était pas en état de résister bien longtemps. Le connétable se rendit auprès du duc de Bretagne, afin d'obtenir des troupes qui lui permissent d'aller au secours de Pontorson. Il ne réussit pas, se heurtant contre le mauvais vouloir de son frère qui craignait les représailles du duc de Bedfort. Richemont dut se retirer, et se dirigea vers Poitiers où la cour se tenait alors.

Il trouva l'entourage du roi tel qu'il était lorsque Giac y régnait en maître. Le Camus de Beaulieu avait suivi les errements de son prédécesseur; lui et les favoris passaient le temps en fêtes, pillant le trésor pour leurs plaisirs et ceux du roi, pendant que le peuple mourait de faim. Richemont, avec sa hardiesse habituelle, n'hésita pas à se plaindre au roi et à lui reprocher de ne songer qu'au plaisir, tandis que le peuple souffrait et que les Anglais s'avançaient de plus en plus au cœur du royaume.

Charles VII ne sembla pas s'émouvoir des paroles du connétable. Celui-ci ne put alors se contenir.

« Sire, dit-il au roi, vous voulez perdre la France : cela ne sera pas ; ou du moins les traîtres périront avant elle. »

Et, ouvrant l'une des fenêtres du salon où le roi se tenait, il lui fit voir Le Camus de Beaulieu que plusieurs hommes d'armes égorgeaient.

Le favori, en effet, se promenait le long de la rivière du Clain, en compagnie du sire de la Granche. Arrivé en un pré, au pied même du château, il fut assailli par des hommes embusqués derrière une haie, qui lui fendirent la tête et lui coupèrent la main. Après s'être assurés qu'il était bien mort, ils prirent la fuite et ne purent être rejoints ; les recherches ordonnées par le roi n'eurent aucun résultat.

C'était le maréchal de Boussac qui, à la tête des seigneurs mécontents des exactions du ministre de Charles VII, avait résolu de le faire périr. Le connétable de Richemont, quoi que semblent dire quelques historiens, fut étranger à cette exécution ; elle eut lieu en dehors de lui et sans qu'il en eût été informé. Il ne la désapprouva pas ; et tout ce qu'on peut dire, c'est qu'il l'aurait peut-être provoquée, si elle n'avait pas été décidée par d'autres avant lui.

Charles VII se mit fort en colère et jura de venger la mort de son ministre ; mais il ne tarda pas à reconnaître qu'il avait mérité son sort. Il se calma, comme il l'avait fait lors du bannissement du président Louvet, et lors de la condamnation du sire de Giac.

Après la perte de Le Camus de Beaulieu, Charles VII demanda au connétable de lui donner de sa main un nouveau ministre. Richemont lui désigna Georges de la Trémoïlle, « qui estoit un homme puissant et qui le pourroit bien servir ».

« Beau cousin, lui dit Charles VII, vous me le baillez, mais vous vous en repentirez : car je le connois mieux que vous. »

Cette parole ne tarda pas à se réaliser. Jamais Richemont n'eut à la cour de plus mortel ennemi que La Trémoïlle, qui, dès son arrivée au pouvoir, commença contre le connétable une lutte acharnée, incessante, alors qu'il aurait dû s'unir à lui pour combattre les Anglais.

Georges de la Trémoïlle fut le ministre le plus néfaste qu'eût jamais pu avoir Charles VII. Nous verrons, par la suite, comment ce ministre sacrifia tout à ses intérêts personnels, à son monstrueux égoïsme. Traître envers Jeanne d'Arc qu'il abandonna et laissa odieusement sacrifier, il fut traître envers la patrie en éloignant ceux qui venaient offrir leurs services, dans la crainte de se voir arracher le pouvoir.

Le duc de Bedfort, au moment où le nouveau ministre disposait des faveurs royales, avait envoyé le duc de Warwick mettre le siège devant Montargis, — juillet 1427. Richemont se porta aussitôt au secours de la ville, après avoir réuni les gens d'armes qu'il put rassembler et que commandait le bâtard d'Orléans, le connétable d'Écosse, La Hire, Xaintrailles et une foule de gentils-hommes.

Malgré ses demandes réitérées, le roi, sur les conseils de la Trémoïlle, refusait de lui envoyer la solde de ses troupes, et des défections menaçaient de se produire dans leurs rangs. C'est alors qu'il dut, comme il l'avait fait lors du siège de Saint-James-de-Beuvron, mettre ses joyaux au service de la patrie. Il engagea, pour la somme de 10.000 écus une couronne d'or enrichie de pierreries, et put payer ses troupes.

Le connétable était à quelque distance de la place qu'investissait l'armée anglaise, lorsqu'il résolut d'envoyer un convoi de ravitaillement aux assiégés. Il s'agissait de traverser les lignes ennemies et d'empêcher le convoi de tomber aux mains des Anglais. L'expédition était périlleuse : aussi voulut-il la conduire en personne.

Lorsqu'il fit connaître son projet, « tous les capitaines et gens de grand estat l'en destournèrent et luy dirent que ce n'estoit pas le faict d'un homme de telle maison et connestable de France d'aller avitailler une place ; et, quand il iroit, ce debvoit estre pour attendre la bataille, et il n'avoit pas de gens pour ce faire ». Il se rendit à ces raisons et confia l'expédition à Dunois et à La Hire.

La ville de Montargis était protégée par le Loing et par le Vernisson ; les abords en avaient été inondés. L'ennemi, contrarié dans ses mouvements par les deux rivières, ne put soutenir le choc de la garnison accourue à la rencontre du convoi, et qui attaqua à l'improviste. Dunois et La Hire profitèrent du désarroi des Anglais et pénétrèrent dans la place avec le convoi. Le duc de Warwick dut lever le siège.

Apprenant l'heureux résultat de cette expédition, le connétable rassembla ses troupes afin de poursuivre les Anglais et de les arrêter dans leur marche sur le château de Gravelle, près de Laval. Il envoya Guillaume Vendel au secours de la place, et se rendit à Loudun rejoindre les comtes de Clermont et de la Marche. Il reçut à Loudun une dépêche des princes lui donnant rendez-vous à Châtellerault pour se concerter sur les moyens de renverser La Trémoïlle.

Le nouveau favori avait déjà mécontenté non seulement le connétable, mais aussi bon nombre de seigneurs, en mettant obstacle à tout ce qu'ils voulaient entreprendre dans l'intérêt du royaume. Le roi le laissait faire, s'occupant de ses plaisirs et nullement des affaires de l'État.

Dès que la Trémoïlle apprit l'entrevue qui devait avoir lieu entre le connétable et les princes, il fit défense de par le roi, « que homme ne fust si hardy de les mettre en ville, ny chasteau, ni de leur faire ouverture en nulle place que ce fust ». Aussi, quand Richemont arriva aux portes de Châtellerault, il s'en vit refuser l'entrée. Il dut se retirer, non sans avoir jeté sa masse d'armes par-dessus la barrière pour protester.

S'en retournant du côté de Chauvigny, il rencontra les comtes de Clermont et de la Marche. Ils convinrent de se rendre à Chinon pour délibérer sur ce qu'il leur restait à faire. Quelques jours après, l'archevêque de Tours et René de Gaucourt vinrent de la part du roi leur représenter les torts qu'ils faisaient au pays en résistant à ses ordres.

Le connétable pouvait continuer la lutte et, avec l'appui de la noblesse, il aurait eu raison des intrigues de la Trémoïlle. Il ne voulut pas susciter une guerre civile ; il fit taire ses rancunes et n'écouta que son patriotisme. Il laissa les princes et se rendit dans son domaine de Parthenay.

Rappelons que le comte de Richemont, quelques jours avant la bataille d'Azincourt, faisait le siège de Parthenay, et qu'il fut obligé d'en confier les opérations à son frère Richard de Bretagne, pour aller rejoindre l'armée royale. Jean l'Archevêque, seigneur de Parthenay, avait su résister aux attaques de Richard ; il avait pu même reprendre les places que Richemont lui avait enlevées. Il passa néamoins avec le duc de Bretagne un traité par lequel il s'engageait à rendre à sa mort la terre et le domaine de Parthenay au comte de Richemont. Jean l'Archevêque mourut au commencement de l'année 1427 et reconnut le connétable comme son héritier, recommandant à ses vassaux de bien servir leur nouveau seigneur, « de lui être bons et loyaux ».

La retraite de Richemont n'assouvit pas la haine de La Trémoïlle. Il obtint du roi que le connétable fût banni de la cour et que défense fût faite à toute ville ou place de le recevoir, lui et ses partisans. Il lui fit retirer sa pension, mais ne put lui faire enlever son épée.

Le duc de Bretagne parut alors vouloir venir au secours de son frère. Non pas qu'il fût touché de ses malheurs, mais à ce moment La Trémoïlle venait d'appeler à la cour et de faire admettre dans le conseil Jean de Blois, fils de Jeanne de Penthièvre, l'ennemi personnel de Jean V. Celui-ci chargea son frère Richard de se rendre auprès de Richemont pour lui porter des paroles d'encouragement et des consolations. Il lui envoya même quelques troupes, mais à la condition qu'elles ne serviraient qu'à combattre Jean de Blois.

Pendant ce temps La Trémoïlle continuait ses menées contre le connétable. Au mois de mars 1428, il alla, se faisant accompagner du roi, assiéger Chinon, qui appartenait à Richemont et où Mme de Guienne se trouvait à ce moment. En présence des forces royales, Guillaume Bélier, capitaine de la place, ne crut pas devoir résister ; il ouvrit les portes de la ville au roi de France.

Dès son entrée, Charles VII se rendit auprès de Mme de Guienne et lui permit de résider à Chinon ou dans toute autre ville du royaume, à la condition qu'elle ne recevrait pas le connétable. La comtesse de Richemont répondit avec indignation « que jamais elle ne voudroit demeurer en place où elle ne peust voir monseigneur son mary ». Et, malgré les remontrances que l'archevêque de Troissi vint lui faire de la part du roi, elle resta inébranlable dans sa résolution de quitter Chinon. Elle alla aussitôt rejoindre le connétable à Parthenay.

La Trémoïlle avait dicté au roi sa conduite à l'égard de Mme de Guienne. Il cherchait tout, comme on le voit, pour lasser la patience de Richemont. Il échoua devant son patriotisme. Il le trouva résolu à supporter les injures plutôt que de rallumer la guerre civile. Bien au contraire, le connétable continua à servir son pays dans la mesure des moyens dont il pouvait disposer en l'état de disgrâce où on le tenait.

Ne pouvant mettre son épée au service de la France, il s'efforçait de paralyser les alliances qui pouvaient servir les intérêts des Anglais. C'est ainsi que, sentant combien était utile la trève conclue avec le duc de Bourgogne, il s'assura le concours du comte de Clermont et du duc de Savoie et parvint ainsi à faire prolonger la trève jusqu'au 1er novembre 1428. Peu après, il obtint qu'elle ne prît fin que trois ans plus tard.

A cette époque, c'est-à-dire au moment où le duc de Bedfort venait d'appeler d'Angleterre le comte de Salisbury avec de nouvelles troupes, le connétable, les comtes de Clermont et de Pardriac, à l'instigation de la reine Yolande de Sicile, adressèrent au roi un long mémoire, dans lequel ils lui exposèrent combien la France souffrait des dissentiments qui existaient entre lui et les princes du sang. Ils le suppliaient d'oublier tout dissentiment et demandaient qu'il les réconciliât avec La Trémoïlle, le seigneur de Trèves et les autres seigneurs, « déposant leurs ires ou malveillances vers les dessusdiz, à l'oneur de Dieu et du roy, en compacion du poure peuple ». Ils terminaient en demandant la convocation des États généraux à Poitiers.

La Trémoïlle vit dans la convocation des États généraux

un grand danger pour son influence; il savait bien qu'ils ne manqueraient pas de se prononcer contre lui. C'était alors la rentrée au pouvoir de tous ceux qu'il avait opprimés et du connétable avec eux. Aussi décida-t-il le roi à ne pas répondre au mémoire. Par représailles, il poussa activement son expédition dans le Poitou.

C'est alors que le connétable, les comtes de Clermont et de Pardriac résolurent de se rendre à Bourges, dont la population leur était tout acquise, afin de provoquer un mouvement contre le favori du roi.

La Trémoïlle fit aussitôt défense, de par le roi, aux habitants de Bourges de recevoir les seigneurs qui s'y présenteraient. Malgré cette défense, ils ouvrirent leurs portes aux comtes de Clermont et de Pardriac et promirent de les aider. Les princes écrivirent alors à Richemont de venir les rejoindre.

Le connétable se mit en marche sans tarder, et, dans la crainte d'être arrêté par les troupes de La Trémoïlle, qui tenaient la campagne dans le Poitou, il se rendit à Bourges par l'Auvergne et le Limousin.

La Trémoïlle sut profiter du retard de Richemont à rejoindre les princes, et s'avança avec le roi vers Bourges. Arrivé devant la place, il fit sommation aux princes de se rendre. Ils opposèrent un refus formel à cette sommation. Le roi envoya alors le héraut d'armes Montjoie pour leur montrer le danger de leur situation, et l'impossibilité dans laquelle ils se trouvaient de résister sans le secours du connétable, dont les troupes royales sauraient bien arrêter la marche. Montjoie promit, au nom du roi, rémission aux princes et à leurs alliés, s'ils voulaient se soumettre. Ne voulant pas prolonger la lutte, ils ouvrirent les portes de Bourges à Charles VII.

Le connétable se trouvait à Limoges pendant ces négociations. C'est là qu'il apprit que, malgré les lettres de rémission accordées aux princes et à leurs partisans, La Trémoïlle était plus que jamais décidé à empêcher son retour. Il reprit avec ses troupes le chemin de Parthenay, ne cherchant pas à lutter davantage contre son ennemi, mais réservant ses efforts pour une cause meilleure et attendant l'occasion de combattre les Anglais.

CHAPITRE VII

Au moment où Richemont, chassé de la cour, se retirait dans son domaine de Parthenay, l'armée de Salisbury, que le duc de Bedfort avait appelé d'Angleterre, venait de s'emparer de Laval et du Mans. Maîtres de Meung et de Beaugency, les Anglais s'avançaient vers Orléans. La perte de cette ville, c'était le coup fatal à la patrie.

La situation était critique ; le roi et son ministre le comprirent. Ils convoquèrent les États généraux, et l'assemblée se réunit à Chinon au mois de juillet 1428. Jamais, pendant le règne de Charles VII, assemblée ne fut aussi nombreuse ; tous sentaient combien le moment était solennel, quels efforts il fallait faire pour arrêter les progrès de l'ennemi.

L'assemblée vota une aide de 500.000 livres pour secourir Orléans, et demanda des réformes dans les finances et dans l'administration. En outre, les députés supplièrent le roi de rappeler et « de recevoir en bon amour et obéissance et en son service Monseigneur le connestable ». Le roi promit, mais son favori était là pour l'empêcher de tenir sa promesse.

Bien plus, La Trémoïlle, au lieu de réunir toutes les forces disponibles afin de les opposer à la marche des Anglais, entretint des troupes considérables pour continuer les hostilités contre le connétable dans le Poitou. Il voulait ainsi le réduire à l'impuissance et l'empêcher de venir au secours de la France.

Jamais inaction ne fut plus cruelle à Richemont qu'à cette époque. Son rôle se bornait à rester sur la défensive, à écarter les lieutenants de son ennemi dans leurs incursions sur ses domaines. Aussi quelle fut sa désolation lorsqu'il apprit que Salisbury venait d'arriver sous les murs d'Orléans et se disposait à en faire le siége, — 14 octobre 1428. — Combien regretta-t-il son inaction, lorsqu'il sut que son neveu le duc d'Alençon, que le comte de Clermont, le bâtard d'Orléans, La Hire, Xaintrailles et tant d'autres capitaines avaient été appelés par le roi pour marcher au secours d'Orléans ! Sa douleur fut grande à la nouvelle de la défaite de l'armée royale, vaincue à Rouvray par Falstoff. Tout semblait perdu alors, et Charles VII songeait déjà à abandonner son royaume et à se réfugier en Espagne.

Richemont s'abandonnait au désespoir, avec la rage dans l'âme de ne pouvoir aller au secours de la France, lorsqu'une nouvelle extraordinaire parvint jusqu'à lui. Dans tous les coins de la France se répandait le bruit que, des Marches de la Lorraine, une humble fille du peuple était accourue au secours de la Patrie. La renommée de la sainte fille s'étendait de tous côtés, dans les villes et dans les moindres villages des rives de la Loire. Jeanne d'Arc, la Pucelle, comme tous la nommaient, avait quitté sa famille, son pays, pour aller trouver le roi à Chinon et l'avertir qu'elle était envoyée par Dieu pour sauver la France et le faire sacrer à Reims.

Grâce à l'appui de la reine Yolande et malgré La Trémoïlle, elle parvint jusqu'au roi, et une petite armée fut mise à sa disposition. Accompagnée d'une faible escorte, que devait bientôt rejoindre le reste des troupes, elle arriva sous les murs d'Orléans le 29 avril 1429. Elle put s'introduire dans la place avec un convoi de vivres, et sa présence dans les murs de la ville ranima le courage des habitants.

Le reste des troupes n'arriva que le 4 mai, et l'on savait que Falstoff était en route, amenant des renforts aux Anglais. Jeanne demeurait chez l'argentier du duc d'Orléans ; elle avait expressément recommandé à Dunois de la prévenir dès l'arrivée de Falstoff. Mais le bâtard d'Orléans et les chevaliers avaient résolu de se passer de son concours ; dès que le capitaine anglais apparut, ils se précipitèrent sur les troupes ennemies. La Pucelle reposait à ce moment ; mais elle eut l'intuition qu'un combat s'engageait. Elle s'équipa à la hâte et arriva au camp pour être témoin de la déroute des Français. Elle rallia les fuyards, les ramena au combat, et bientôt les Anglais furent à leur tour mis en fuite. La bastille Saint-Loup et la bastille des Augustins qu'ils occupaient furent emportées d'assaut.

Jeanne engagea alors les chefs à se porter contre le fort des Tournelles. Ils en décidèrent autrement. Jaloux des premiers succès de la Pucelle, ils résolurent de l'empêcher de sortir de la ville et chargèrent le sire de Gaucourt de garder en personne la porte de Bourgogne.

Ils comptaient sans la ferme volonté de la jeune fille. En effet, dès la première heure, elle harangua les bourgeois et le peuple, se mit à leur tête et se rua sur la porte que Gaucourt croyait pouvoir si bien garder. Elle passa outre et partit rejoindre les troupes qu'elle avait laissées de l'autre côté de la rivière. Elle attaqua la forteresse des Tournelles et ordonna l'assaut, malgré les pierres, le plomb fondu, la poix et l'huile bouillante que les assiégés lançaient du haut des remparts.

Les troupes faiblirent un instant ; mais Jeanne, pour les

entraîner sauta dans les fossés, saisit une échelle et l'appliqua à la muraille. Les Français, animés par son exemple, escaladèrent les remparts, sans souci des projectiles qui pleuvaient sur eux. C'était une véritable muraille humaine qui grimpait à l'assaut de la forteresse. Les Anglais furent pris de vertige ; ils tombaient les uns sur les autres sous les coups dont ils étaient accablés. Fuyant éperdus, ils croyaient voir saint Aignan, patron d'Orléans, et l'archange Saint-Michel à la tête des assaillants.

Après la prise des Tournelles, Talbot et Suffolk, ne pouvant continuer le siège, abandonnèrent leurs positions autour de la ville, laissant leurs malades, leurs prisonniers et leur matériel de guerre. Ils ordonnèrent la retraite, qui s'effectua, dès le lendemain, — 8 mai 1429. — Les Français voulaient les poursuivre ; Jeanne s'y opposa.

Les Anglais se replièrent sur Jargeau ; Jeanne les en délogea. De là elle se porta sur Meung, dont elle s'empara, et vint mettre le siège devant Beaugency. La garnison anglaise évacua la ville et se réfugia dans le château, afin d'attendre les secours que Talbot avait promis d'amener.

Dès que le connétable apprit la levée du siège d'Orléans, il ne put rester plus longtemps indifférent à ce qui se passait et demeurer dans l'inaction, alors qu'une femme tenait l'épée de la France. Il ne croyait pas cependant à la mission divine de la jeune fille : peut-être n'était-elle qu'une aventurière. Quoi qu'il en soit, tout lui commandait d'aller au-devant d'elle. Si elle n'est pas une envoyée du diable, il est prêt d'ailleurs à reconnaître son erreur et à s'incliner devant elle. C'est en réalité une femme, une enfant dont l'audace est étrange, et qui ne craint pas d'affronter les périls des champs de bataille pour sauver son roi et son pays.

Richemont, sans plus hésiter, se rendit en Bretagne pour

lever quelques troupes. Il réunit 400 lances et 800 archers et, accompagné par le comte de Pardriac, le sire de Rostrenen, Robert de Montauban et d'autres seigneurs restés fidèles à sa cause, il partit pour rejoindre la Pucelle.

La Trémoïlle, apprenant le départ du connétable et sa résolution, envoya le sire de La Jaille pour lui intimer l'ordre de retourner dans ses terres et le combattre au besoin. Le sire de La Jaille rencontra Richemont à Loudun et lui dit : « Monseigneur, le roi vous ordonne de retourner à la maison et, si vous êtes si hardi de passer outre, il vous combattra.

— Ce que j'en fais, répondit simplement Richemont, est pour le bien du royaume et du roi, et je verrai qui me voudra combattre.

— Il me semble, monseigneur, que vous ferez très bien, » ajouta le sire de La Jaille.

Et il le laissa passer. Le connétable reprit sa route; il traversa la Vienne et fut bientôt à Amboise. C'est dans cette ville qu'il apprit que la Pucelle s'était emparée de Meung et qu'elle venait de mettre le siège devant le château de Montargis. Il activa sa marche, et en peu de temps il arriva en vue de la ville. Il envoya alors le sire de Rostrenen aux capitaines de l'armée royale pour annoncer son arrivée et les informer de son désir de se joindre à eux. Mais la Trémoïlle avait envoyé des ordres pour le repousser : aussi Rostrenen revint-il lui dire que Jeanne d'Arc et le duc d'Alençon s'avançaient pour le combattre.

Jeanne d'Arc, en effet, voulant obéir aux ordres du roi, était décidée à repousser le connétable, et le duc d'Alençon, malgré les liens de parenté qui l'unissaient au prince breton, avait promis de marcher avec elle. Cependant d'autres capitaines de l'armée, connaissant la valeur de celui qu'on voulait éloigner, se rendirent auprès de Jeanne pour la faire revenir sur sa détermination. La Hire, dans son rude langage de guerrier, lui dit « que si elle y alloit, elle trouveroit bien à qui parler et qu'il y en avoit en la compaignie qui seroient plutôt à luy qu'à elle et qu'ils aimeroient mieux luy et sa compagnie que toutes les pucelles du royaume de France ».

D'autres seigneurs se joignirent à La Hire. Jeanne comprit qu'on n'écoutant pas les avis des meilleurs capitaines de l'armée, c'était faire naître la division dans le camp. Elle sut lever les derniers scrupules du duc d'Alençon et obtint qu'il accueillit le connétable et acceptât les secours qu'il amenait.

Pendant ce temps Richemont s'avançait en bel ordre; il fut bien accueilli par le duc d'Alençon, Dunois et les autres chevaliers. La Pucelle était, de son côté, entièrement gagnée à sa cause. Dès qu'ils furent en présence, ils descendirent tous deux de cheval et Jeanne embrassa les genoux de celui qu'un instant auparavant elle voulait combattre. Après l'avoir relevée, Richemont lui dit: « Johanne, on m'a dit que vous vouliez me combattre. Je ne sçay si vous estes de par Dieu ou non. Si vous estes de par Dieu je ne vous crains pas, car Dieu sçayt mon bon vouloir. Si vous estes de par le diable, je vous crains encore moins. » Il ajouta qu'elle voulût bien le recevoir, pour le roi, au service du royaume, puisque le roi lui avoit donné le pouvoir de pardonner les offenses commises envers lui.

Jeanne d'Arc se rendit à sa prière, après avoir reçu son serment qu'il servirait fidèlement le roi. Le connétable, ayant réuni ses troupes à celles de Jeanne d'Arc, se prépara à entrer avec elle dans Beaugency. Il dut obéir à la coutume qui obligeait les nouveaux venus à faire le guet hors des remparts. Il passa la nuit avec quelques hommes sous les murs du château. Dès le lendemain la garnison anglaise, ayant appris sa présence, demanda à capituler.

Après la reddition du château de Beaugency, Richemont crut nécessaire de renforcer la garnison laissée par la Pucelle au pont de Meung. Il envoya Charles de La Ramée et le sire d'Angé avec vingt lances et quelques archers. Le lendemain il apprenait que les Anglais, après avoir quitté le château de Beaugency, s'étaient effectivement dirigés vers le pont de Meung. Craignant que la garnison ne pût résister, malgré les secours qu'il venait d'envoyer, il se mit en marche dans cette direction, accompagné par Jeanne d'Arc et quelques chevaliers. Mais ils rentrèrent bientôt à Beaugency, car les Anglais s'étaient détournés de leur chemin et venaient de gagner les plaines de la Beauce.

Les capitaines et leurs troupes allaient rentrer dans leurs cantonnements, lorsque le sire de Rostrenen vint dire au connétable que beaucoup d'entre eux regrettaient de ne pas poursuivre les Anglais. « Si vous faites tirer votre étendard, lui dit-il, en avant, tout le monde vous suivra. » Richemont, de son côté, avait vu avec peine l'armée royale laisser les Anglais s'éloigner sans chercher à les poursuivre ; il se rallia à l'opinion de Rostrenen. Bientôt, suivi par la Pucelle, par le duc d'Alençon et toutes les troupes, il s'élança dans la direction que l'ennemi venait de prendre.

Cette détermination était d'autant plus nécessaire que Falstoff venait d'accourir avec des renforts se joindre aux troupes de Talbot, afin de reprendre Beaugency. Toutefois, Falstoff, en rejoignant Talbot, lui conseilla de se retrancher dans les forteresses que les Anglais possédaient encore sur les rives de la Loire et d'y attendre que leurs hommes « déjà moult amatis et effrayés » par leurs récents revers eussent repris leurs forces. Mais Talbot voulait réparer sa défaite devant Orléans. Ayant appris que la Pucelle et le connétable étaient partis de Beaugency pour marcher à sa rencontre, il résolut d'aller les combattre sans retard, disant, « que s'il n'avoit que sa gent et ceux qui le vouloient suivre, il yroit combattre à l'ayde de Dieu et de Monseigneur saint Georges ». Il imposa sa volonté et Falstoff dut le suivre.

Talbot, avant que les Français ne fussent en vue, chercha un endroit favorable pour les attendre et disposer ses lignes de bataille. Il ne doutait pas de la victoire; car si les Français avaient pu déloger les Anglais des forteresses, ils ne pourraient pas certainement tenir en rase campagne. En attendant, il prit position dans un petit bois près du village de Patay.

Pendant ce temps, l'armée royale s'avançait à marche forcée. Le connétable, le maréchal de Boussac, La Hire, Xaintrailles, étaient à l'avant-garde, tandis que la Pucelle, le duc d'Alençon, le bâtard d'Orléans et le maréchal de Raiz suivaient avec le gros de l'armée.

Les troupes d'avant-garde ignoraient l'endroit où campaient les Anglais. Elles l'eurent bientôt découvert, en entendant les cris qu'ils poussèrent à la vue d'un cerf qui vint donner dans leur camp. Les plaines de la Beauce où se trouve le village de Patay, étaient en partie couvertes de forêts, à cette époque.

Jeanne d'Arc ne perdit pas un instant : elle vint rejoindre le connétable et tous deux donnèrent l'ordre d'attaquer l'ennemi. Puis, se tournant vers Richemont : « Beau cousin, lui dit-elle, vous n'estes pas venu de par moi, mais, puisque vous estes venu, soyez le bienvenu. » La Hire avait déjà obligé les Anglais à sortir de leur embuscade et les avait fortement entamés. Jeanne et les chevaliers, par une charge vigoureuse, tombèrent sur l'arrière-garde qui accourait à leur secours, et la déroute fut complète dans leurs rangs. Talbot fut enveloppé et Falstoff, au lieu de chercher à le dégager, prit la fuite.

Deux mille cinq cents Anglais restèrent sur le champ de bataille et beaucoup de prisonniers tombèrent aux mains des Français. On comptait Talbot parmi eux. Xaintrailles, auquel il fut amené, lui rendit la liberté quelque temps après en l'échangeant contre Ambroise de Loré.

Monstrelet dit en parlant de la fuite de Falstoff: « Johan Fastoq, qui estoit un grand capitaine de l'armée anglaise, qui s'estoit enfui, fut désapprouvé par le duc de Bedfort et par conclusion luy fust osté l'ordre du blanc Jartière, qu'il portoit en tour la jambe. »

La journée de Patay fut désastreuse pour les Anglais. Tout l'honneur en revient à Jeanne d'Arc; mais elle fut puissamment secondée par le connétable de Richemont. Il sut, par la promptitude de ses décisions, par la sûreté de ses attaques, empêcher les Anglais de rallier leurs troupes et profita du désarroi qui se produisit dans leurs rangs, au moment où les Français leur portèrent les premiers coups. Talbot, tout grand capitaine qu'il était, se laissa surprendre par les troupes de Richemont. Il ne put résister à une attaque aussi soudaine, aussi impétueuse; elle déconcerta ses plans et le livra sans force à la *furia* française.

Le prestige des armées anglaises, qu'avaient consacré Crécy, Poitiers et Azincourt, déclinait devant la victoire de Patay. Depuis la levée du siège, qu'avait décidée la prise du château des Tournelles, ils ne se trouvaient plus en sûreté derrière les remparts. La journée de Patay leur montrait qu'ils pouvaient maintenant être battus en rase campagne.

Jeanne d'Arc avait paru pour la première fois sous les murs d'Orléans le 29 avril 1429; moins de deux mois après, le 18 juin, elle mettait en déroute cette fière armée anglaise dans la plaine de la Beauce. Falstoff avait tourné le dos, avait fui devant une femme. Talbot, habitué à vaincre, n'avait réussi qu'à se faire prendre. Et tout cela s'était accompli sans que les Français eussent éprouvé des pertes sensibles. Tout s'était passé comme l'humble fille de Domrémy l'avait prédit, lorsqu'en parlant des Anglais elle disait : « Nous les aurons quasi sans perte de nos gens; mon Conseil m'a dit qu'ils sont tous nostres. »

Après la victoire de Patay, Jeanne se rendit au château de Sully auprès du roi, pour chercher à vaincre son courroux contre le connétable et le faire rentrer en grâce. Elle fit ressortir combien son concours avait été précieux à Beaugency et déclara qu'il avait décidé de la victoire à Patay. Elle implora pour lui la faveur de servir loyalement le roi et la France. Elle ne fut pas écoutée.

Richemont attendait à Beaugency ce que déciderait le roi. Mettant de côté son amour-propre de guerrier et de grand dignitaire du royaume, il envoya le sire de Rostrenen auprès de La Trémoïlle pour le supplier de le laisser se joindre aux troupes qui allaient accompagner le roi jusqu'à Reims. Il s'humilia jusqu'à lui faire dire « qu'il feroit tout ce qu'il luy plairoit et fust jusqu'à le baiser aux genoux ». La Trémoïlle lui fit répondre de se retirer.

Le favori, jaloux de tout ce qui pouvait porter ombrage à sa puissance, ne voyait pas sans dépit, en effet, l'ascendant irrésistible qu'exerçait Jeanne d'Arc autour d'elle, et l'estime que le connétable et l'héroïne avaient l'un pour l'autre. C'en était assez pour augmenter sa haine contre le chevalier.

Aussi, lorsqu'il fut décidé que le roi se rendrait à Reims

pour le sacre, La Trémoïlle le détourna de passer par Orléans, où il était attendu et où la Pucelle avait ménagé une entrevue avec le connétable. Cette ville d'ailleurs n'était-elle pas le témoin des hauts faits de Jeanne d'Arc ! Il fallait écarter tout ce qui pouvait rappeler des services autres que ceux rendus par La Trémoïlle.

Charles VII laissa donc les Orléanais tendre leurs rues et parer la ville ; l'armée prit la route d'Auxerre. Quant à Richemont, le roi lui fit répondre qu'il aimerait mieux ne jamais être couronné que de le voir assister à la cérémonie.

Le caractère de La Trémoïlle est tout entier dans cette réponse. Le connétable assistant au sacre aurait figuré au premier rang, tandis que le favori n'aurait marché qu'après lui. En lui intimant l'ordre de se retirer et en lui défendant de rentrer dans l'armée, il voulait l'empêcher de s'associer à Jeanne d'Arc, dont il enviait les succès, et leur enlever à tous deux l'occasion d'en remporter de nouveaux.

A cette époque, bien que la France fût presque entièrement encore sous la domination des Anglais, les échecs successifs que Jeanne d'Arc leur avait fait subir ébranlaient leur puissance. Il était nécessaire de profiter de l'élan patriotique soulevé par la Pucelle, il était urgent de réunir toutes les forces vives de la nation pour les opposer aux troupes que rassemblait le duc de Bedfort, dans un effort suprême. Mais La Trémoïlle n'écouta que sa haine personnelle et ne songea nullement aux intérêts de la France.

CHAPITRE VIII

CHUTE DE LA TRÉMOÏLLE

Lorsque La Trémoïlle fut délivré du connétable, il s'achemina vers Reims avec le roi. De son côté, Richemont reprit la route de Parthenay avec ses troupes; « il retourna en son ostel, lie et joyeulx de la journée de Patay, que Dieu lui avoit donnée pour le Roy et très marry de ce que le Roy ne vouloit prendre en gré son service ».

Il ne resta pas toutefois longtemps dans ses terres; il se rendit bientôt en Normandie pour combattre les Anglais, pendant que la Pucelle, après le sacre du roi, reprenait le cours de ses exploits. C'est alors, plus que jamais, que son concours eût été utile. S'il avait pu, en effet, joindre ses troupes à celles de Jeanne d'Arc et profiter de l'enthousiasme qu'elle soulevait dans les populations, nul doute que Bedfort n'eût succombé. Au lieu de cela, La Trémoïlle empêcha Jeanne de se rendre en Normandie, pour s'unir au connétable, dans une action commune contre les Anglais.

Bien plus, à ce moment, le duc de Bourgogne, mécontent du duc de Bedfort, penchait à se rapprocher de la France. Le ministre du roi ne comprit pas les dispositions de Philippe le Bon ou n'en voulut pas profiter. Au lieu d'un allié, il s'en fit un ennemi implacable. Où il fallait de la diplomatie, ce fut l'intrigue qui régna. Le régent d'Angleterre fut plus habile; il resserra les liens qui l'unissaient au duc de Bourgogne, en lui donnant la garde et le gouvernement de Paris.

Après avoir échoué devant Fresnay-le-Vicomte, fortement défendu par la garnison anglaise, Richemont reprit sa route pour rentrer à Parthenay. Il traversait ses terres du Poitou, lorsqu'il remarqua un jour, au milieu de son escorte, un homme au visage suspect et qui paraissait s'attacher à ses pas sans le perdre de vue. L'ayant fait approcher, il l'interrogea et, par la promesse du pardon, il apprit toute la vérité. Cet homme lui avoua que La Trémoïlle l'avait chargé de le tuer. Richemont lui pardonna et lui fit même remettre un marc d'argent, en l'invitant à ne plus se charger à l'avenir de semblable besogne. Il continua sa route et ne tarda pas à arriver à Parthenay.

La Trémoïlle, comme on le voit, au lieu de s'occuper des intérêts du royaume, n'avait d'autres préoccupations que d'assouvir sa haine contre le connétable. Si la tentative d'assassinat avait échoué, il espérait réussir en attirant le prince breton dans un guet-apens. Sous prétexte de conclure une alliance avec la Bretagne, il envoya, au commencement de l'année 1430, une ambassade au duc Jean V, et demanda qu'une entrevue eût lieu avec Richemont. Celui-ci, craignant un piège, refusa. Il fit envoyer à sa place Louis d'Amboise, vicomte de Thouars, Antoine de Vivonne et le seigneur de Lézay.

Le favori regretta l'absence du connétable, mais fut heureux de la présence du vicomte de Thouars, contre lequel il avait une grande animosité. Ce dernier venait de refuser de donner sa fille Françoise d'Amboise en mariage au fils aîné du ministre.

Les ambassadeurs furent reçus avec de grands honneurs; mais quelques jours après, La Trémoïlle, les ayant invités à une partie de chasse, se saisit de leurs personnes. Sous prétexte qu'ils conspiraient contre le roi, le favori obtint du Parlement leur condamnation. Le seigneur de Lézay et Antoine de Vivonne eurent la tête tranchée. Quant au vicomte de Thouars, ses biens furent confisqués, et il fut condamné à la détention.

Marie de Rieux, sa femme, accourut auprès du connétable, lui demandant vengeance du lâche attentat commis contre son mari. Richemont la fit conduire dans son château de Parthenay et la plaça sous la garde de seigneurs dévoués. Il emmena Françoise d'Amboise, sa fille, auprès du duc de Bretagne et négocia le mariage de la jeune princesse, qui n'avait alors que quatre ans, avec son neveu Pierre, second fils du duc Jean V, âgé de treize ans.

Il marcha ensuite contre les places appartenant au vicomte de Thouars, que La Trémoïlle avait fait confisquer. La guerre désola de nouveau le Poitou, le roi ne voulant pas abandonner la cause de son favori.

C'est pendant ces démêlés que se terminait à Rouen la lugubre tragédie qui fut la honte de Charles VII et de son indigne conseiller. Jeanne d'Arc, qui avait porté le coup fatal aux Anglais et avait fait sacrer le roi à Reims, était tombée au pouvoir de Jean de Luxembourg, du parti de Philippe le Bon, et avait été vendue aux Anglais. Lâchement abandonnée par Charles VII, elle avait expié sur le bûcher son grand amour pour la France. La Trémoïlle, trop occupé à poursuivre Richemont, n'avait fait aucune tentative pour la délivrer, et il n'est pas bien certain qu'il ne l'ait pas trahie, lorsque, au siège de Compiègne, elle fut prise par les Bourguignons.

Richemont connut sa captivité, mais ne put aller à son secours. En apprenant sa mort, il ne put que pleurer sur celle qui, autant que lui, avait au cœur la haine des Anglais et mourait victime de son dévouement pour son pays et de l'ingratitude de son roi.

Au mois d'août 1431, deux mois à peine après la mort de celle qui avait rendu l'espérance à Charles VII et à la France, Richemont chercha à poser les bases d'une réconciliation entre le roi et le duc de Bretagne.

Uni avec la reine douairière de Sicile dans un même sentiment patriotique, il pensait avec elle que l'œuvre de Jeanne d'Arc ne devait pas périr et que, pour continuer cette œuvre avec succès, il importait avant tout de réconcilier le roi avec les grands feudataires de la couronne.

Le mariage de la princesse Yolande d'Anjou, fille de la reine de Sicile, avec François, comte de Montfort, fils aîné du duc Jean et héritier présomptif du trône ducal, devait contribuer à cette réconciliation. Il fut décidé, le duc de Bretagne ne pouvant qu'approuver cette union qui faisait entrer son fils dans l'une des premières et des plus illustres familles du royaume. François devenait, en outre, beau-frère du roi de France.

Aussitôt après les cérémonies du mariage et les réjouissances qui furent données, la reine de Sicile se rendit à Saumur auprès de Charles VII, pour tenter de faire rentrer en grâce le connétable. Elle échoua devant l'opiniâtreté du roi et le mauvais vouloir du favori.

Toutefois, quelque temps après, elle obtint, sinon une réconciliation entre le ministre et le connétable, du moins une trêve et un traité d'échange. La Trémoïlle rendit Chatellaillon et Richemont rendit la citadelle de Gençay. Mais la paix ne pouvait être de longue durée; ils étaient trop animés l'un contre l'autre, et la haine du favori contre son ennemi était trop grande pour que leurs querelles prissent fin.

A peine le traité d'échange était-il signé que La Trémoïlle alla mettre le siège devant Marans, appartenant à Richemont. Celui-ci se rendit en Bretagne pour demander secours à son frère. Jean V envoya l'amiral de Penhoët avec quelques vaisseaux débarquer des troupes à l'île de Ré, où le connétable décida d'établir le centre de ses opérations. A cette nouvelle, La Trémoïlle leva le siège de Marans.

Pendant ce temps le duc de Bedfort continuait ses armements contre la France, sachant bien que le ministre de Charles VII était trop occupé de ses affaires personnelles pour songer à l'entraver. Il voulut aussi faire sacrer le jeune roi Henri VI à Paris. Jeanne d'Arc, l'ennemie ou plutôt la terreur des Anglais, n'était plus. Charles VII avait été sacré par ses soins; mais n'était-ce pas le diable qui avait revêtu la forme d'une femme pour conduire le dauphin à Reims? Ce sacre, aux yeux des Anglais, n'avait aucune valeur. Il fallait placer la couronne de France sur la tête d'Henri de Lancastre, et entourer la cérémonie de toutes les pompes de l'Église, rendre le sacre bien orthodoxe.

Le jeune prince fit son entrée à Paris le 2 décembre 1431. Quand il passa devant l'hôtel Saint-Pol, la reine mère Isabeau de Bavière se trouvait à la fenêtre, entourée de ses dames d'honneur.

Dès qu'il l'aperçut, il ôta son chaperon et la salua; elle s'inclina et se retourna en versant quelques larmes. Regrettait-elle à ce moment l'action infâme qu'elle avait commise quelques années auparavant, en dépossédant son propre fils Charles de France au profit de son gendre, le père de cet enfant?

Au moment où Bedfort formait le projet de faire sacrer le roi Henri VI, le duc d'Alençon vint en Bretagne réclamer à son oncle Jean V trente mille livres qui restaient dues depuis longtemps sur la dot de sa mère Marie de Bretagne, et qu'elle n'avait pas reçues, malgré les promesses maintes fois faites. Jean V chercha encore à éloigner le moment de tenir ses engagements. Pour l'y obliger, le duc d'Alençon profita du moment où Jean de Malestroit, évêque de Nantes, chancelier de Bretagne, revenait à Nantes d'une ambassade auprès de Charles VII, pour se saisir de sa personne et le maintenir comme otage dans la citadelle de Pouancé.

A cette nouvelle, Richemont accourut auprès du duc de Bretagne et chercha à rétablir la paix; il ne put réussir; les hostilités commencèrent. Jean V envoya auprès du roi d'Angleterre le sénéchal de Fougères, le bailli du Maine et Malo, roi d'armes, pour demander des secours. Il s'engageait en échange à ne faire aucun traité avec le roi de France sans l'assentiment d'Henri VI. Ce dernier lui envoya quelques troupes sous le commandement de Jean Falstoff, de Willoughby et du bâtard de Salisbury. Le duc d'Alençon, de son côté, demanda l'appui du roi de France qui mit à sa disposition un corps de deux mille hommes sous le commandement du bâtard d'Orléans et du sire de Gaucourt, « pour secourir le duc d'Alençon à l'encontre des Anglois et Bretons qui estoient à siège devant ses ville et chastel de Pouencey où estoient mesdames sa mère et sa femme ».

Richemont avait embrassé la cause de son frère le duc de Bretagne, tout en déplorant cette funeste guerre. Il voyait la main de La Trémoïlle et sentait l'esprit astucieux du ministre dans cette querelle. Il accompagna son frère au siège de Pouancé, mais sans vouloir y prendre une part active; aussi n'emmena-t-il que quinze hommes d'armes avec lui. Il pensait à l'action salutaire que sa présence pourrait exercer pour ramener la paix entre Jean V et le duc d'Alençon. Son affection pour la duchesse douairière d'Alençon, sa sœur, et pour son neveu était trop grande pour qu'il ne mît pas tout en œuvre pour rapprocher les adversaires.

Lorsque l'armée bretonne arriva devant la place de Pouancé, le 5 février 1432, l'hiver était si rigoureux que les chariots et le matériel de guerre purent traverser la rivière sur la glace avec les troupes. Le duc d'Alençon, à l'approche des Bretons, se retira à Château-Gonthier, d'où il envoya quelques gentilshommes renforcer la garnison de Pouancé. Plusieurs engagements eurent lieu sous les murs de la forteresse et les troupes du duc d'Alençon furent mises en complète déroute.

Richemont crut alors le moment favorable pour entamer des négociations. Il envoya Guillaume de Saint-Aubin auprès du duc d'Alençon, qui se laissa convaincre et chargea Ambroise de Loré de se rendre à Châteaubriant auprès du duc de Bretagne pour faire sa soumission. Pendant ce temps, Richemont avait pu gagner son frère, qui pardonna à son neveu.

Un traité de paix fut conclu le 19 février 1432 et la place fut rendue le 22 du même mois. Le duc d'Alençon donna la liberté au chancelier de Bretagne, ainsi qu'à tous les prisonniers bretons et anglais, sans exiger la moindre rançon. Il fit amende honorable, dans la cathédrale de Nantes, du sacrilège qu'il avait commis envers l'évêque. Le duc Jean s'engagea, de son côté, à donner à son neveu quatre mille livres par an, jusqu'à complet paiement de la dot de la duchesse douairière d'Alençon.

Les troupes anglaises, qui avaient été envoyées au duc de Bretagne pour l'aider dans cette expédition, furent mécontentes de cette paix, au sujet de laquelle elles n'avaient pas été consultées. Elles s'étaient flattées d'ailleurs de piller la ville après sa reddition. Les Anglais croyaient même qu'elle resterait en leur pouvoir, ainsi que cela avait été promis au duc de Bedfort; qu'enfin, avec leur appui, le duc de Bretagne ferait la guerre au roi de France pour se venger de ce qu'il avait secouru le duc d'Alençon. Jean V chercha à les apaiser ; il donna 10,560 salutz d'or au régent et récompensa tous les capitaines qui l'avaient aidé dans cette campagne.

Le duc de Bedfort, en soutenant le duc de Bretagne contre le duc d'Alençon, avait d'autres visées que de réduire le neveu de Jean V. C'était La Trémoïlle et Charles VII qu'en réalité il voulait combattre. Il sentait combien lui serait précieuse l'alliance définitive de la Bretagne et faisait depuis longtemps tout pour y arriver. Dans ses projets contre la France, il avait déjà l'appui de Philippe le Bon; Jean V combattant avec lui, c'était la conquête de la France entière assurée.

Il voulait aussi s'attacher la maison de Bretagne, en rallier tous les membres à la cause anglaise, et principalement le comte de Richemont, dont il connaissait la vaillance et les talents militaires. Attentif à toutes les phases de la lutte entre La Trémoïlle et le connétable, il espérait que celui-ci ne tarderait pas à se lasser de cette lutte, à maudire l'injustice du roi et à saisir l'occasion de se venger du maître et du favori.

D'après un document authentique, que Cosneau nous donne en entier, le duc de Bedfort, dans le courant du mois de décembre 1431, chargea Philippe le Bon de faire tous ses efforts pour former une étroite union entre l'Angleterre, la Bourgogne et la Bretagne, en vue d'une action commune contre la France. On donnait le Poitou à Jean V, et on promettait à Richemont la Touraine, la Saintonge, l'Aunis et la ville de La Rochelle, s'il consentait à abandonner sa charge de connétable de France pour devenir connétable d'Angleterre.

Le duc de Bedfort comptait sur la trahison et la félonie : il se heurta au patriotisme de Richemont. Le prince breton ne daigna pas répondre aux propositions du régent d'Angleterre. Il se rappelait trop qu'il avait combattu avec Jeanne d'Arc à Beaugency et à Patay pour renier la cause de celle dont il comptait bien achever un jour l'œuvre de délivrance. Il préféra la disgrâce à la trahison.

Heureusement pour lui et pour la France, cette disgrâce allait bientôt prendre fin. Au mois d'octobre 1432, la ville de Montargis fut prise par les Anglais ; mais aussitôt les sires de Graville et Guillaume de Chaumont, seigneur de Quitry, envoyés par le roi de France, reprirent la place et attaquèrent le château où les Anglais s'étaient réfugiés. L'armée royale s'épuisa sans succès contre cette forteresse et attendit vainement, pendant cinq semaines, l'artillerie et la solde des troupes que La Trémoïlle avait promis d'envoyer.

Le siège dut être abandonné et les chefs revinrent à la cour, où leur colère fut partagée par tous les seigneurs, qui depuis longtemps déjà avaient à se plaindre de la tyrannie et des exactions du favori.

Un complot ne tarda à se former. Secondés par Marie d'Anjou, reine de France, par la reine douairière de Sicile et par son fils Charles d'Anjou, Jean de Bueil, le propre neveu de La Trémoïlle tout dévoué à la maison d'Anjou, Pierre d'Amboise, Le Prigent de Coëtivy, Raoul de Gaucourt et Pierre de Brézé s'entendirent pour déposer l'indigne ministre du pouvoir qu'il détenait depuis trop longtemps. Le connétable fut averti du complot, mais il resta dans sa terre de Parthenay ; il se contenta d'envoyer Jean de Rosnivinen aux conjurés.

La cour se trouvait à Chinon; on était aux derniers jours du mois de juin 1433. Olivier Frétard, lieutenant du sire de Gaucourt, introduisit pendant la nuit dans le château du Couldray, où le roi habitait avec La Trémoïlle, les sires de Bueil, de Brézé, de Coëtivy et quelques hommes d'armes. Ils pénétrèrent dans la chambre du ministre et se saisirent de sa personne. Un écuyer lui enfonça sa dague dans le ventre; « mais, rapporte Lobineau, la dague était courte et le favori extrêmement gras », ce qui lui sauva la vie. La blessure fut légère; d'ailleurs, on ne voulait pas le tuer, mais le mettre hors d'état de nuire.

Le roi, entendant du bruit, demanda ce qui se passait. Lorsqu'il apprit l'attentat qu'on venait de commettre, il demanda si le connétable y avait participé; on lui répondit que Richemont était à Parthenay. Il se calma alors; la reine, d'ailleurs, sœur du principal instigateur du complot, lui démontra que les conjurés avaient mille raisons pour agir comme ils venaient de le faire.

La Trémoïlle fut conduit au château de Montrésor, appartenant au sire de Bueil. Celui-ci lui rendit peu de temps après la liberté, contre une rançon de six mille écus et la délivrance du vicomte de Thouars, qui était toujours détenu dans le château de Châtillon-sur-Loire. Charles d'Anjou, sur la recommandation de sa sœur la reine de France, succéda à La Trémoïlle dans ses charges et honneurs. Quant à lui, il se retira dans ses terres et alla grossir le rang des mécontents, pour conspirer avec eux contre le roi et la France.

LIVRE III

LA FRANCE DÉLIVRÉE

CHAPITRE PREMIER

RÉCONCILIATION DU ROI ET DU DUC DE BOURGOGNE. TRAITÉ D'ARRAS

La Trémoïlle était renversé. Le grand, l'insurmontable obstacle qui avait jusqu'alors arrêté l'action du connétable n'existait plus. Richemont allait enfin pouvoir développer librement ses hautes facultés dans la paix comme dans la guerre, continuer sans entraves l'œuvre laborieuse de Jeanne d'Arc et marcher avec sécurité au but qui avait été celui de toute sa vie : l'expulsion des Anglais, la délivrance de la Patrie.

Pour atteindre ce but, il fallait d'abord obtenir la réconciliation du duc de Bourgogne avec le roi de France. Il y avait bien des années déjà que Richemont travaillait à ce rapprochement. Il avait maintenant de grandes chances pour réussir.

En effet, la chute de La Trémoïlle n'était pas le seul événement heureux qui dût favoriser les desseins du connétable. L'indigne conseiller avait été remplacé dans ses charges auprès du roi par Charles d'Anjou, le frère de la reine, le fils de la généreuse Yolande. C'étaient là des amis sur lesquels Richemont pouvait compter, et il était certain désormais de ne plus être désavoué ni gêné dans tout ce qu'il pourrait entreprendre.

Malgré la disgrâce de La Trémoïlle, Richemont n'avait pas voulu reparaître aussitôt à la cour, où il n'avait pas d'ailleurs été rappelé encore. Au mois de septembre 1433, il se rendit à Vannes pour assister aux obsèques de Jeanne de France, femme de Jean V, cette princesse qui servait avec tant d'ardeur les intérêts de la France en Bretagne.

Ne pouvant rester inactif, et voulant signaler par quelque coup d'éclat la reprise de son autorité, il résolut de prendre part à la guerre qui continuait toujours avec les Anglais.

A la fin de l'année 1433, le comte d'Arundel, capitaine au service du roi d'Angleterre, était venu mettre le siège devant la forteresse de Saint-Céneri, défendue par Ambroise de Loré. Richemont, après avoir réuni quelques troupes à Saumur, rejoignit le duc d'Alençon, et ils marchèrent tous deux au secours de la forteresse. Ils arrivèrent trop tard. A quelques pas de la place, ils apprirent qu'Ambroise de Loré, malgré sa vive résistance, avait été obligé de capituler, et que le comte d'Arundel venait de se porter sur Sillé-le-Guillaume. C'est devant cette ville que le connétable allait prendre sa revanche.

Le capitaine anglais était arrivé sous les murs de la place à la tête de 8,000 hommes. Aimeri d'Anthénaise, capitaine de la garnison, voyant que la ville très mal fortifiée n'était pas en état de résister, avait été obligé de traiter avec Arundel et de lui livrer des otages. Il avait été stipulé toutefois qu'ils lui seraient rendus si, dans un délai de six semaines, les Français venaient défier les Anglais à un ormeau situé dans la lande à une lieue et demie. Si, par contre, les Français ne se présentaient pas au rendez-vous, ou s'ils étaient vaincus dans la rencontre, la ville serait remise aux Anglais.

Aimeri d'Anthénaise accourut trouver le connétable et réclama son secours. Richemont n'hésita pas et eut bientôt réuni autour de lui les plus illustres chevaliers et seigneurs, parmi lesquels on comptait le duc d'Alençon et Charles d'Anjou.

La veille du jour assigné pour le rendez-vous, le connétable vint camper près de la lande du grand ormeau, le long d'un ruisseau, au delà duquel le comte d'Arundel avait fait camper son armée.

Richemont n'avait pas oublié le désastre d'Azincourt ; il prit les plus sages mesures pour bien faire reposer ses troupes pendant la nuit qui allait précéder l'attaque.

Dès les premières heures du jour, il les fit ranger en belle ordonnance, en face des Anglais. L'action ne s'engagea pas et, après de longues heures d'attente de part d'autre, le comte d'Arundel, bien que ses adversaires ne fussent qu'au nombre de 6.000, se retira dans un village voisin pour s'y fortifier.

Le connétable le fit sommer alors de rendre les otages ; il les rendit aussitôt. C'était là une victoire morale, peut-être, mais qui fit grand honneur à Richemont. Il y avait trop longtemps que les Français n'en avaient remporté une semblable : « Ils avoient fait ce qu'on n'avoit pas entendu dire de mémoire d'homme : qu'ils s'estoient trouvez ponctuellement à un rendez-vous marqué par les ennemis. »

L'autorité du connétable était déjà prépondérante. Dans la nuit d'attente des deux armées face à face, Charles d'Anjou avait prié Richemont de lui conférer la chevalerie. Celui-ci s'était modestement récusé ; le duc d'Alençon, prince du sang, n'était-il pas présent ? Mais Charles insista et ne voulut être armé chevalier que de sa main. Le connétable dut se rendre au désir du jeune prince, qui à son tour conféra la chevalerie à plusieurs seigneurs qui étaient au camp.

Le connétable pouvait maintenant se présenter devant Charles VII la tête haute. Le roi était alors à Vienne en Dauphiné : Richemont s'y rendit et reçut le meilleur accueil.

Les États du Dauphiné se tenaient en ce moment. On y prit de sages résolutions et on traça un plan de campagne. Les États du Dauphiné votèrent une aide de 30.000 florins, tandis que les États du Languedoc en votaient une autre de 170,000 moutons d'or.

Le connétable, rentré en grâce auprès du roi, avait alors trois ennemis à combattre : les routiers ou gens d'armes insoumis et pillards, qui parcouraient et désolaient les campagnes ; les Anglais, auxquels il fallait reprendre le plus de places possible ; enfin les Bourguignons, avec lesquels la trêve était expirée. Contre les routiers et les Anglais, il n'y avait aucun ménagement à prendre ; il y avait à réduire les premiers et chasser les autres hors du royaume. Quant aux Bourguignons, il s'agissait bien plutôt de les gagner que de les vaincre. C'est à cette triple tâche que s'appliqua Richemont.

Cette campagne de 1434 fut signalée pour le connétable par de brillants succès. Il purgea la Champagne des bandes de pillards, nettoya les environs de Châlons et fit pendre H. Bourges, le plus redouté des capitaines routiers.

Il secourut contre les Anglais Laon et Beauvais, et leur prit en Champagne les villes de Maure, de Hans, de Vitry-en-Puthois. Ils tenaient garnison à Ligny-en-Barrois et ravageaient le pays jusqu'à Bar-le-Duc; Richemont marcha contre eux. Ses troupes rencontrèrent l'ennemi ramenant des chariots chargés de butin. A la vue des Français, les

Anglais, bien que supérieurs en nombre, s'enfuirent, poursuivis jusqu'à Ligny, en abandonnant leurs prises.

La guerre contre les Bourguignons fut autrement clémente : Richemont reprit bien sur Philippe le Bon la ville de Ham, mais avec quels ménagements il usa de la victoire ! Il délivra tous les prisonniers qui n'étaient pas Anglais et fit rendre aux habitants la plus grande partie de leurs biens. En outre, il conclut avec le comte d'Étampes, lieutenant du duc de Bourgogne, une nouvelle trêve de six mois.

Ce n'était pas assez : le connétable consentit à rendre Ham moyennant le paiement d'une somme de 60.000 saluz — le salu valait environ 24 sols. — Il employa cet argent à payer ses troupes et partagea le reste entre ses capitaines, ne se réservant que 150 saluz pour lui-même.

Il se trouvait à Châlons, lorsque Robert de Sarrebruck, damoiseau de Commercy, assiégé dans sa ville par René d'Anjou, duc de Lorraine et de Bar et par le comte de Vaudémont, implora son secours. Richemont envoya Xaintrailles et La Hire, qui eurent bientôt dégagé la place.

Il fit alors signer un traité par Charles d'Anjou et Robert de Sarrebruck. Peu de temps après, ce dernier ayant refusé de tenir ses engagements, Richemont dut le faire arrêter : le damoiseau se soumit et fit amende honorable à son suzerain.

La modération du connétable en tout ce qui pouvait toucher, de près ou de loin, aux intérêts du duc de Bourgogne « fust l'espérance de venir à paix finale entre le roi et Philippe le Bon ». Sa politique vers ce but devait s'accentuer bientôt ; les événements qui se précipitaient furent en partie son œuvre ; il sut d'ailleurs les faire tourner à ce rapprochement.

Dans une conférence tenue à Nevers, au mois de décembre 1434, entre les envoyés du Concile de Bâle, du pape, du duc de Bretagne et du duc de Savoie, on arrêta les bases de la paix générale. Une trêve avait du reste été signée à Pont-de-Veyle le 4 décembre entre le duc de Bourbon et le duc de Bourgogne. Bien plus, celui-ci envoyait, quelques jours après, des ambassadeurs pour assurer l'assemblée de ses bonnes dispositions.

Le connétable fut mandé à Nevers par le duc de Bourgogne et le duc de Bourbon. Il signa, le 5 février 1435, le traité qui réconciliait les deux beaux-frères.

Un grand pas était fait, mais le rapprochement entre Charles VII et Philippe le Bon était loin d'être assuré encore. Ce rapprochement, le connétable l'avait à cœur depuis trop longtemps pour laisser échapper les occasions d'y parvenir et ne pas profiter de la situation critique dans laquelle se trouvait alors le duc de Bourgogne.

Philippe le Bon, en effet, contre lequel Charles VII avait appelé toute la noblesse du Midi, ne pouvait plus guère compter sur l'appui des Anglais : car il voyait tous les jours l'attitude de Bedfort changer à son égard.

Le régent d'Angleterre, au lieu de le flatter, comme il le faisait autrefois, semblait s'attacher maintenant à le traiter avec hauteur, à lui montrer qu'il était le maître en France et que le duc de Bourgogne n'était que le vassal du roi d'Angleterre, qui avait ceint la couronne de France.

En outre, Philippe le Bon ne pouvait pas se fier aux promesses de Bedfort, quand bien même celui-ci lui en eût fait. Il avait entre les mains des lettres montrant la duplicité de son ancien allié. Dans ces lettres, « Glocester écrivait à Bedfort pour lui apprendre la liaison du duc de Bourgogne avec Artur de Bretagne, qui veut le rapprocher du dauphin ; il propose de le faire arrêter. Bedfort répond qu'il vaudrait mieux le tuer dans les joûtes qui auront lieu à Paris. Puis il écrit que l'occasion a manqué, mais qu'il trouvera moyen de l'attirer et de le faire enlever au passage ».

Mais, si Philippe se sentait de plus en plus porté à rompre l'alliance anglaise, il se croyait tenu, par de grands scrupules de conscience, d'y rester fidèle. Le traité de Troyes, qu'il avait juré autrefois, les promesses qu'il avait faites, le jetaient dans de continuels soucis. Aussi ne voulut-il pas, lors de l'ouverture des négociations entamées à Nevers, traiter en dehors du roi d'Angleterre.

Toutefois, sur les instances du connétable, aidé par le duc et la duchesse de Bourbon, Philippe consentit à ce que des conférences s'ouvrissent à Arras pour traiter de la paix générale et de sa réconciliation avec le roi de France, si celui-ci faisait « des offres raisonnables » au roi d'Angleterre, Philippe le Bon se réservant de traiter avec Charles VII dans le cas où Henri IV repousserait ses offres.

Richemont quitta le duc de Bourgogne, heureux des résultats qu'il avait obtenus, et se rendit à Chinon, auprès du roi de France, afin de lui faire part des négociations. Charles VII l'accueillit avec de grandes marques d'amitié. Il se plaignit même que son connétable « eût été si longtemps éloigné de lui ». Il le remercia de ce qu'il venait de faire pour la couronne et la France, mais ne voulut rien conclure sans avoir pris l'avis des princes du sang et des États. Il les convoqua, en conséquence, à Tours, pour les fêtes de Pâques. Tous furent favorables à la réunion d'Arras, et le connétable fut désigné comme ambassadeur du roi de France à cette réunion.

Richemont, aussitôt après l'acceptation de Charles VII, en avait informé le duc de Bourgogne. Celui-ci manda au roi d'Angleterre qu'il désirait un rapprochement avec le roi de France et lui demanda d'envoyer des ambassadeurs à la réunion d'Arras. Les puissances de la chrétienté furent également invitées à s'y faire représenter.

Dès le 8 juillet, le cardinal de Chypre, ambassadeur du Concile de Bâle, arriva à Arras, où il fut bientôt rejoint par le cardinal de Sainte-Croix, légat du pape. Les comtes de Flandres, de Hainaut, de Brabant, de Liége; les rois de Navarre, d'Aragon, de Danemark, de Portugal, y envoyèrent des délégués. Le cardinal de Winchester devait représenter le roi d'Angleterre.

Le duc de Bourgogne fit son entrée à Arras à la tête d'une suite nombreuse, au milieu de laquelle se trouvaient le roi de Sicile et une foule d'évêques, de prélats et de seigneurs de haut rang.

Mais le cortége qui, par l'autorité morale des personnages qui le composaient, surpassa tous ceux des autres envoyés, fut celui du connétable Artur de Richemont, arrivant dans la ville comme ambassadeur du roi de France. Le duc de Bourbon, le maréchal de La Fayette, le comte de Vendôme et les grands dignitaires de la couronne l'accompagnaient. Philippe le Bon alla au-devant de lui. Les princes et les seigneurs présents à Arras, tous, à l'exception des envoyés du roi d'Angleterre, tinrent à honneur de l'accompagner, voulant donner ainsi au connétable un témoignage de leur estime. La rencontre eut lieu au bois de Mouflaine, à une lieue d'Arras; le duc de Bourgogne embrassa ses deux beaux-frères, et le cortége reprit sa marche.

Lorsqu'on arriva aux portes de la ville, les rois d'armes cédèrent le pas à Montjoie, roi d'armes de France, qui prit la tête du cortége. Sur tout le parcours le peuple poussait des acclamations de joie; les rues étaient pleines; de tous côtés on entendait crier: Noël! aux ambassadeurs du roi de France.

Le congrès s'ouvrit le 3 août dans l'abbaye de Saint-Wast avec une grande solennité. Les cardinaux, rappelant les calamités de la guerre, conjurèrent les princes de conclure une bonne et solide paix. Le connétable et le duc de Bourbon posèrent comme base des négociations, que le roi d'Angleterre renoncerait à la couronne de France, qu'il conserverait le duché d'Aquitaine, mais à titre de fief, et qu'il rendrait tout ce qu'il possédait en France.

L'archevêque d'York protesta et déclara qu'il ne pouvait traiter dans de telles conditions. Le congrès dut attendre l'arrivée du cardinal de Winchester. Celui-ci n'arriva que le 23 août.

Dans l'intervalle les légats obtinrent des ambassadeurs du roi de France que le duché de Normandie serait également concédé au roi d'Angleterre, mais, comme pour le duché d'Aquitaine, à titre de pairie et de vassalité.

Le cardinal de Winchester déclara qu'il exigeait l'exécution du traité de Troyes dans son intégralité, « que les Anglais ne donneraient plus de réponse et protestaient contre tout ce qui pourrait toucher aux droits de leur maître sur la couronne de France ». L'accord, dans ces conditions, ne pouvait se faire. Le cardinal de Winchester se retira le 6 septembre.

La rupture des négociations avec l'Angleterre mettait en péril la conclusion de la paix, si on n'obtenait pas que le duc de Bourgogne se réconciliât avec le roi de France. Tous s'y employèrent.

Richemont ne fut pas un des moins ardents à user de son influence auprès de Philippe le Bon. Non seulement, pendant les réunions du congrès, il faisait ses efforts pour l'amener à se rapprocher du roi de France ; mais encore chaque nuit, quand tous s'étaient retirés, il allait le trouver dans sa chambre pour lui parler de l'esprit de paix qui régnait dans l'assemblée. Il insistait sur la haine qu'inspiraient les Anglais ; il appuyait enfin sur le désir que tous, grands et petits, avaient du rapprochement de Charles VII avec lui.

La nouvelle de la mort du duc de Bedfort, survenue à Rouen le 14 septembre, vint seconder les efforts de Richemont, en faisant disparaître les scrupules de Philippe le Bon. En effet, le duc de Bourgogne, dès qu'il l'apprit, déclara au congrès qu'il était prêt à se réconcilier avec le roi de France, si l'on maintenait les propositions qui lui avaient été faites autrefois.

Les membres de l'assemblée ne pouvaient reculer ; le salut de la France était en jeu ; ils s'inclinèrent devant les prétentions du duc de Bourgogne. Le 20 septembre, les conditions de la paix d'Arras furent arrêtées. C'était une victoire pour Richemont, dont la politique avait été des plus habiles dans toutes ces négociations. Mais il restait à faire accepter les conditions du traité par Charles VII, à obtenir sa signature.

Le roi pouvait la refuser, car ce traité contenait bien des articles froissants pour son amour-propre. Il s'engageait en effet à demander pardon au duc de Bourgogne du meurtre de Jean sans Peur, « à déclarer que la mort du feu duc fut mauvaisement dicte par ceux qui perpétrèrent le dict cas et par mauvais conseil, et lui en a toujours déplu et à présent déplaît de tout cœur ; et que s'il eût sçu le dict cas et en tel âge et entendement qu'il a à présent, il y eût obvié en son pouvoir ; mais il estoit bien jeune et avoit pour lors petite connoissance, et ne fut point si avisé que d'y pourvoir. Et pria monseigneur le duc de Bourgogne que toute rancune ou haine qu'il peut avoir à l'encontre de lui, à cause de ce, il l'oste de son cœur et qu'entre eux ait bonne paix et amour ».

Le roi de France s'engageait en outre à faire diverses fondations en mémoire du feu duc, et notamment à faire dire des messes. On érigerait une église en la ville de Montereau, ainsi qu'au monastère des Chartreux. On élèverait et entretiendrait une croix de pierre sur le pont, à l'endroit où l'attentat avait eu lieu.

Outre ces satisfactions d'amour-propre qu'exigeait Philippe le Bon, le roi de France devait lui céder en toute propriété et à perpétuité Montdidier et Péronne, ainsi qu'Amiens, Saint-Quentin et Abbeville ; ces dernières villes toutefois avec faculté de rachat par Charles VII. Enfin les redevances étaient abolies pour le comté d'Artois.

Lorsque Richemont revint à la cour pour présenter le traité à la signature du roi, celui-ci en repoussa énergiquement les clauses, comme trop dures et trop humiliantes pour la couronne. Le connétable lui représenta que ce qu'il pouvait y avoir de dur et d'humiliant était compensé par l'alliance précieuse du duc de Bourgogne, qui, dans les circonstances actuelles, pouvait seule rendre à la France les territoires qu'elle avait perdus.

Il fit ressortir que les Anglais, isolés maintenant, ne tarderaient pas à perdre une à une les places qu'ils détenaient depuis si longtemps. Ils allaient se heurter à l'alliance des puissantes familles de Bourgogne, de Bourbon et d'Anjou avec la maison de France. Le duc de Bretagne restait encore indécis, il est vrai, mais son frère n'était-il pas avec le roi, dont lui, Richemont, commandait les armées ?

Charles VII hésita quelque temps encore ; mais que

pouvait-il devant les raisons que lui donnait le connétable, devant son insistance énergique? Il n'avait qu'à donner son adhésion; c'est ce qu'il fit en apposant son sceau au bas du traité, — 10 décembre 1435.

Aussitôt après, le connétable retourna à Arras. Ce fut dans la cathédrale de Saint-Wast qu'eut lieu la cérémonie du pardon. Jean Tudert, doyen de Paris, donna lecture des déclarations du roi et se jeta aux pieds du duc de Bourgogne, criant merci pour l'assassinat de Jean sans Peur, au nom du roi de France. Philippe le Bon le releva, jurant la paix, que sanctionnèrent le duc de Bourbon et les ambassadeurs des puissances présents à l'assemblée.

Dès que la nouvelle se répandit dans la ville, la joie fut immense. Sur tout le parcours du duc de Bourgogne, rejoignant son hôtel, ce n'étaient que cris enthousiastes. Richemont, de son côté, était plus que tout autre l'objet de manifestations d'allégresse; car personne n'ignorait quels efforts il avait faits pour arriver à la conclusion de la paix entre la France et la Bourgogne; tous savaient que le traité d'Arras était vraiment son œuvre, par la part qu'il y avait prise, prépondérante entre toutes.

CHAPITRE II

La réconciliation du duc de Bourgogne avec le roi de France avait produit les résultats que Richemont en attendait. C'était le premier pas vers la grande délivrance; il y en avait un plus décisif à faire : la reddition de Paris. Tant que Charles VII n'était pas maître de la capitale, il restait le roi de Bourges; il n'était pas le roi de France. La rentrée dans Paris devait suivre et compléter le sacre de Reims.

Le moment paraissait d'ailleurs favorable pour tenter cette entreprise. Le roi d'Angleterre, furieux de la défection de son ancien allié le duc de Bourgogne, était décidé à « bouter loing la guerre et à mettre sus une très grosse et très puissante armée et la plus grosse qui, de mémoire d'homme, passa au delà des mers ». Il y avait donc urgence à agir avant qu'il ne mît son projet à exécution.

D'autre part, lorsque l'on apprit à Paris la ratification du traité d'Arras par le roi de France, et la confirmation de ce traité par le pape Eugène IV et par le concile de Bâle, la population, mécontente du rôle que les ambassadeurs du roi Henri VI avait tenu pendant les conférences, murmura contre les Anglais.

Ceux-ci d'ailleurs ne ménageaient guère les Parisiens maintenant, ne recrutant depuis quelque temps leurs garnisons que de pillards et de gens sans aveu qui ne respectaient rien.

Jamais les affaires des Anglais n'avaient été aussi mauvaises. De tous côtés, du reste, les révoltes ne faisaient que se multiplier contre leur domination. Harfleur, Tancarville, Lillebonne, avaient ouvert leurs portes aux Français qui, bientôt maîtres de Pontoise, de Meulan, de Corbeil et de Melun, tenaient l'Oise, la Seine et la Marne, interceptant ainsi l'arrivée des vivres dans la capitale.

La misère se faisait sentir davantage de jour en jour dans Paris, où il n'existait nul commerce, nul travail, et la famine était à craindre avant peu. Les habitants ne cessaient de faire entendre leurs plaintes, appelant de tous leurs vœux le jour de la délivrance, c'est-à-dire l'expulsion des Anglais.

Richemont s'était ménagé des intelligences avec les Bourguignons de Paris, tout dévoués maintenant à la cause française. Il leur avait donné connaissance des lettres de rémission du roi.

Le 8 mars 1436, il avait été nommé lieutenant général de Charles VII pour l'Isle-de-France, la Normandie, la Champagne et la Brie. Il voulut diriger en personne la campagne et s'occupa aussitôt de réunir les troupes nécessaires pour son expédition, dont la prise de Paris était le but principal.

Les garnisons de la Champagne et de la Brie reçurent l'ordre de venir le rejoindre à Pontoise, où le sire de l'Isle-Adam, rallié à la cause française, lui amena des renforts. Son armée se trouva bientôt composée de 6,000 hommes ; il pouvait commencer la campagne.

Les Anglais, voyant le danger, se mirent en état de défense. Lord Willoughby, commandant la place de Paris, disposait de 1,500 hommes de troupe anglaise, sans compter quelques Français, anciens Bourguignons, restés dévoués à la cause anglaise. Il pouvait compter aussi sur l'appui de Cauchon, le persécuteur de la Pucelle, et sur le prévôt de Paris. Il sentait qu'il lui fallait redoubler de fermeté, de sévérité même, pour maintenir dans l'obéissance cette population hostile. Il décida que l'on obligerait les habitants à prêter de nouveau le serment de reconnaître le traité de Troyes, et ordre fut donné de chasser de Paris quiconque s'y refuserait. Chacun fut forcé de porter la croix rouge ; mais la plupart ne le firent qu'à contre-cœur et pour obéir à la force, car on ne manquait pas de jeter les gens suspects à la rivière.

Ces mesures de rigueur ne firent qu'exciter les Parisiens. Ils agirent dans l'ombre et cherchèrent à correspondre avec les capitaines français. Le quartier des Halles, plus que tout autre, était prêt à secouer le joug, à faciliter l'entrée des troupes royales.

Dans la nuit du 10 avril, 800 Anglais sortirent de Paris et se dirigèrent vers Saint-Denis. Ils entrèrent dans l'abbaye au moment où les religieux célébraient la messe. Après l'avoir religieusement écoutée un instant, l'un d'eux monte à l'autel, renverse le prêtre et s'empare du calice et des ornements. Les autres l'imitent, font main basse sur les objets d'or et d'argent et sortent de l'abbaye chargés de butin.

A cette nouvelle, le connétable quitte aussitôt Pontoise et marche à la rencontre des Anglais.

« Vous connaissez le pays ? dit-il au maréchal de l'Isle-Adam.

—Oui, Monseigneur, répondit celui-ci, et par ma foi, dans la place qu'occupent les Anglais, vous ne leur ferez ni mal ni déplaisir, quand vous auriez dix mille hommes avec vous.

—Ah ! nous leur en ferons, répliqua Richemont, et Dieu nous aidera. Allez toujours devant, pour soutenir l'escarmouche. »

L'Isle-Adam et Rostrenen rencontrèrent les Anglais postés sur la route d'Épinay. Le connétable donna l'ordre de les attaquer, malgré l'avis de ses capitaines et les fit charger avec impétuosité. Les Anglais soutinrent vaillamment le choc et peu s'en fallut même qu'ils ne fissent prisonniers Rostrenen et l'Isle-Adam. Mais le connétable avait tourné l'ennemi à travers un champ de vigne, il parvint à les dégager et mit les Anglais en fuite en les repoussant jusqu'au pont de la Briche. Une partie se réfugia à Saint-Denis, dans la tour du Venin; les autres cherchèrent à gagner Paris. Richemont les poursuivit avec ses Bretons, jusque dans les fossés des remparts, près la porte Saint-Denis. De là il revint assiéger la tour du Venin, défendue par le neveu de Simon Morhier, prévôt de Paris.

Le connétable aurait pu, ce jour-là même, entrer dans la capitale; mais il craignit de ne pas avoir assez de troupes pour tenter une entreprise aussi audacieuse. Toutefois, il ne cessait d'y penser et ne voulait pas laisser passer l'occasion favorable qui pouvait se présenter. Aussi, confia-t-il la direction du siège de la tour du Venin à son lieutenant de La Suze et à Pierre du Pan, son maître d'hôtel, en leur laissant les bandes de routiers dont il craignait les désordres dans son entreprise sur Paris. Avec le reste de ses troupes il se dirigea, par Montmartre, vers le village d'Aubervilliers, — Auber-Villiers, — comme l'appelle Monstrelet.

Dès que la nouvelle de l'arrivée du connétable à Aubervilliers se répandit, le quartier des Halles, l'Université, les notables, les corps de métiers, s'entendirent avec Michel Laillier, maître des comptes, pour livrer une porte de la ville aux troupes royales.

Ils envoyèrent à Richemont un homme sûr pour lui en donner avis. Le connétable accueillit le messager avec joie.

Mais les Anglais ne lui tendaient-ils pas un piège? Il laissa donc le gros de ses troupes et, pour dépister l'ennemi, il se dirigea avec soixante archers seulement vers Pontoise, où il trouva les gens du duc de Bourgogne et le bâtard d'Orléans. Le soir même il les emmena à Aubervilliers, où ils arrivèrent vers le milieu de la nuit.

Il ne s'y arrêta pas. Au lever du soleil, le jour même, vendredi 13 avril 1436, accompagné par le bâtard d'Orléans, il prenait position derrière les Chartreux. Il dépêcha un officier vers la porte Saint-Michel. Celui-ci aperçut sur les remparts un homme qui lui fit signe avec son chaperon.

« Allez à la porte Saint-Jacques, lui cria-t-il, celle-ci ne s'ouvre pas; on travaille pour vous au quartier des Halles. »

En effet, au lieu indiqué, le connétable trouva Henri de Villeblanche tenant l'étendard royal qui l'attendait et lui dit qu'il était prêt à lui ouvrir la porte s'il jurait au nom de Charles VII que tout ce qui avait été fait contre lui serait pardonné. Richemont prêta le serment et déploya les lettres portant le sceau royal. On lui ouvrit aussitôt la poterne par où il put faire passer quelques hommes. En même temps, les ferrures furent brisées et le pont baissé. Le connétable, suivi de Dunois, de Philippe, comte de Ternant, et d'environ deux mille écuyers, pénétra dans la ville sans rencontrer la moindre résistance. Le sire de l'Isle-Adam monta alors sur le rempart où il arbora la bannière de France en criant : « Ville gagnée ».

Richemont avec sa suite descendit la rue Saint-Jacques et traversa le petit pont où l'attendait Michel Laillier portant l'étendard du roi. Il se rendit à Notre-Dame, où il entendit, tout armé, une messe d'action de grâces. Puis, sur l'invitation des notables qui l'avaient accompagné, il alla aux Halles où Jehan Asselin, son ancien épicier, au moment où il passa devant sa porte, vint lui présenter les épices et le vin. Il parcourut ainsi les rues tranquillement, sans obstacle, au milieu d'une foule joyeuse et enthousiaste.

Le connétable, on le voit, n'avait pas même eu à tirer l'épée. Qui donc avait combattu et vaincu les Anglais? Les Parisiens eux-mêmes. Lorsqu'en effet il fut décidé qu'on livrerait une des portes de la ville à Richemont, Michel Laillier, aidé de quelques notables, parmi lesquels étaient Jean de la Fontaine, Pierre de Lancras, Thomas Bidache et Nicolas de Louviers, avait réuni les gens des halles et les avait armés. La population des autres quartiers, voyant la résistance s'organiser contre l'ennemi commun, était accourue se joindre à Michel Laillier, et celui-ci se trouva en peu de temps à la tête d'une troupe imposante et pleine d'ardeur. Il se dirigea vers la porte Saint-Denis avec cette milice improvisée, à laquelle il fit prendre la croix blanche de France et la croix de Saint-André de Bourgogne.

Lord Willoughby, de son côté, réunissait son monde, qu'il divisa en trois compagnies. Il prit le commandement de l'une et remonta la rue Saint-Denis avec elle; le prévôt de Paris fut envoyé du côté des Halles et Jean Larcher suivit la rue Saint-Martin. D'autre part, Jean de Sainctyon, maître des bouchers de la grande truanderie et Laurent de Raye, son confrère de la porte Baudet, cherchaient de tous côtés à rallier des hommes au parti des Anglais. Ils parcouraient les rues en criant : Saint-Georges! Saint-Georges! traîtres Français, vous êtes tous morts. Mais leur appel restait sans écho. Les portes étaient closes sur leur passage.

Les Anglais avançaient cependant, et Jean Larcher rencontra à l'extrémité de la rue Saint-Martin les troupes de lord Willoughby, avec lequel il fit sa jonction. Ils marchèrent ensemble vers la porte Saint-Denis, où ils se trouvèrent en présence des milices de Michel Laillier. Celui-ci, sans les laisser approcher, fit tourner contre eux les canons des remparts et les accueillit avec les feux d'une artillerie formidable.

Les Anglais, surpris, cherchèrent à reprendre l'offensive, mais furent repoussés par la vigoureuse attaque des Parisiens. Ce fut une déroute complète, ils durent battre en retraite. Ils se replièrent alors vers la porte Saint-Antoine, afin de gagner la Bastille, assaillis par le peuple insurgé du faubourg, qui avait tendu les chaînes des rues sur leur passage et les poursuivait en leur jetant des pierres et des projectiles de toutes sortes. Des fenêtres et du faîte des maisons on leur lançait des bûches, des meubles, tables et tréteaux.

Ils purent atteindre cependant la Bastille Saint-Antoine, où il se précipitèrent en désordre. L'évêque de Thérouanne, qui s'y était déjà réfugié avec Morhier, Jean Larcher et Sainctyon, leur en ouvrit les portes avant qu'ils ne fussent rejoints par ceux qui les poursuivaient.

Ainsi, presque sans coup férir, le connétable était maître, au nom du roi, de Paris, délivré de l'étranger par les Parisiens eux-mêmes.

Une quantité considérable de vivres et de munitions était renfermée dans la Bastille, et les Anglais auraient pu tenir longtemps. Ils jugèrent prudent néanmoins de capituler. Le connétable, de son côté, pouvait les réduire à merci et exiger d'eux une forte rançon, et elle lui était bien nécessaire à ce moment, car il n'avait reçu du roi que mille francs pour son expédition.

Il préféra écouter les propositions qui lui étaient faites et suivre l'avis de notables et des grands corps de la ville, qui lui dirent: « Monseigneur, s'ils veulent se rendre, ne les refusez pas; ce vous est une belle chose d'avoir recouvré Paris. Maints connétables et maints maréchals ont été autrefois chassez de Paris; prenez en gré ce que Dieu vous a donné. »

Il écouta ce sage avis; et même, de peur que la population ne leur fît un mauvais parti, il fit conduire les Anglais, sous bonne escorte, jusqu'au Louvre, où ils s'embarquèrent sur la Seine pour rejoindre Rouen. Les habitants, qui les regardaient du haut des remparts, les huèrent et les accablèrent d'injures. Au renard! au renard! criait-on à l'évêque de Thérouanne. « Oncques gens ne furent autant moqués ni hués. »

Ainsi furent chassés les Anglais de Paris, qu'ils avaient occupé pendant dix-huit ans, et ces événements s'étaient passés sans qu'aucun Parisien fût tué. Le seigneur de Ternant fut nommé prévôt de Paris et Michel Laillier prévôt des marchands.

La principale préoccupation de Richemont, lors de son entrée dans Paris, fut d'empêcher ses troupes de commettre aucune déprédation dans la ville. Il fit défense aux gens d'armes, sous peine de mort, de se livrer à aucun pillage ou d'obliger le bourgeois à les loger. Il disait à tous : « Mes bons amis, le bon roi Charles vous remercie mille fois, et moi de par lui, de ce que si doucement vous lui avez rendu sa bonne ville. » Les biens des Anglais seuls furent confisqués, et s'il y eut quelques maisons pillées, ce furent celles des bourgeois qui s'étaient enfuis avec Simon Morhier. L'évêque de Thérouanne perdit ses joyaux et les richesses de sa chapelle.

On se souvient qu'au moment d'entreprendre sa tentative sur Paris, le connétable avait laissé les bandes de routiers à l'attaque de la tour du Venin. En entendant sonner les cloches de Paris, les routiers se doutèrent que la ville était prise. Ils laissèrent le siège et accoururent pour y entrer, afin de prendre leur part de butin. Mais le connétable, prévoyant les désordres qu'ils pourraient commettre, fit fermer les portes. Pendant ce temps les Anglais renfermés dans la tour, où ils ne pouvaient plus se défendre, s'en échappèrent; mais ils rencontrèrent les routiers arrêtés aux portes de Paris, et furent massacrés jusqu'au dernier.

Le lendemain de son entrée dans la capitale, le connétable fit publier devant l'église Notre-Dame les lettres d'abolition par lesquelles Charles pardonnait aux habitants de sa bonne ville, soit « absents soit autrement », et les maintenait dans leurs libertés et privilèges. Ces lettres furent publiées également dans les carrefours et sur la place de Grève, devant l'hôtel de ville.

Le lundi suivant, les membres du Parlement tinrent au Palais un conseil, dans lequel on décida d'envoyer une députation auprès du connétable pour lui dire qu'ils étaient prêts à obéir au roi et à s'employer à son service. Tous les corps de la ville, l'Université, les corps de métiers, le peuple, la bourgeoisie, lui envoyèrent une adresse pour le remercier de sa conduite et de sa modération, qui avaient gagné tous les cœurs. « Le peuple de Paris prit le connétable en si grand amour, qu'avant qu'il fût le lendemain, il n'estoit nul qui n'eût offert son corps et sa chevance pour détruire les Anglais. »

La capitale était délivrée; dès le lendemain les portes furent ouvertes aux paysans, qui purent apporter et vendre leurs denrées en toute sécurité. Les vivres arrivèrent en abondance.

Richemont n'eut plus alors qu'à s'occuper de réorganiser les services publics. Il rétablit la Cité dans son gouvernement et maintint provisoirement dans leurs fonctions les membres du Parlement et de la Chambre des Comptes, en attendant la sanction royale.

Le dimanche suivant, l'archevêque de Paris, Jacques le Chatelier, ordonna qu'à l'avenir une procession solennelle aurait lieu chaque année, au mois d'avril, en souvenir de l'entrée du connétable de Richemont dans la capitale. Cette procession, à laquelle prenaient part le prévôt des marchands, les échevins et les membres du parlement, eut lieu pendant trois siècles. Elle ne fut supprimée qu'en 1735.

CHAPITRE III

Le royaume avait recouvré sa capitale. Il restait à Richemont le soin de préparer la rentrée du roi. Sur son instigation, les habitants envoyèrent une ambassade à Charles VII,
pour lui demander de revenir dans sa bonne ville redevenue
à jamais française. Charles promit, tout en se demandant
quand il pourrait tenir sa promesse.

Si les Parisiens, en effet, désiraient le roi, le roi craignait
les Parisiens. La grande ville qu'il avait quittée enfant et
qu'il ne connaissait guère que par le récit de ses révoltes et
de ses turbulences, l'effrayait un peu. Comment y serait-il
reçu? Sa conscience se demandait peut-être aussi s'il était
digne d'être bien reçu.

Charles VII n'était plus à cette époque le même homme;
il avait alors 34 ans; la fougue du jeune âge était passée.
Il n'était plus entouré que par des conseillers sages, par des
amis sincères et dévoués. Dans toutes ces guerres qui avaient
ensanglanté le royaume, il n'avait pas fait œuvre de roi et de
chevalier. Ce fut à le relever dans sa propre conscience que
Richemont mit tous ses soins, toute sa persévérance.

Pour atteindre ce but, il résolut de l'intéresser à la campagne qu'il préparait, tant en Normandie que dans l'Ile-de-
France, afin de déloger les Anglais des villes et des places
qu'ils détenaient encore. C'était une entreprise considérable

que cette campagne, mais bien digne de tenter l'ambition du connétable. Lui seul pouvait réussir; car il fallait cette ténacité et cette patience qui faisaient le fond de sa nature.

Après avoir pourvu aux nécessités les plus urgentes, que réclamait l'état déplorable de Paris; après avoir réparé les murailles et mis la ville en état de défense dans le cas possible d'un retour offensif des Anglais, le connétable fit une courte excursion en Normandie pour se rendre compte de la position des ennemis. Au mois de septembre, il se rendit à Loches auprès du roi, qui le reçut avec empressement et lui promit de se rendre avant peu à Paris. En attendant, il l'invita à y conduire Mme de Guienne, voulant ainsi donner aux Parisiens une première marque de satisfaction.

Quelque temps après il lui donnait mission de rétablir à Paris le Parlement du roi, siégeant à Poitiers, et la Chambre des Comptes qui avait été transférée à Bourges. Richemont convoqua le Parlement pour le 1er décembre 1436.

Au commencement de l'année suivante, il reprit la campagne contre les Anglais. Après les avoir fait déloger de Beauvoir en Brie par son lieutenant Jean de Malestroit, il dégagea les routes de la Champagne des bandes qui interceptaient les communications avec la capitale.

A cette époque, Charles VII, emporté par une ardeur guerrière, avait pris part à une expédition dans le Midi contre des bandes de routiers et revenait victorieux avec une troupe nombreuse. C'était le moment de mettre à profit cette ardeur pour relever son prestige militaire. Richemont fut assez heureux pour décider le roi à ordonner le siège de Montereau et à diriger en personne les opérations. Il fut convenu qu'il concentrerait ses troupes à Gien, tandis que le connétable, accompagné des comtes de la Marche et de Pardriac, s'oc-

cuperait immédiatement des préparatifs d'investissement de
la place.

Dès le début de l'expédition, Richemont s'empara de
Charny et de Château-Landon. A la fin du mois d'août, tout
était prêt pour l'investissement. On fit élever sur la rive droite
de la Seine une forte bastille, à côté de laquelle le roi put
établir son camp. On entoura la ville d'une tranchée, et un
pont fut jeté sur la rivière, afin de faire communiquer le camp
du roi avec celui du connétable. On détourna une partie de
l'Yonne et l'assaut fut donné, mais sans succès.

La place résista pendant plus de six semaines. Le roi montra un grand courage pendant ce siège et s'exposa en personne. Il pénétra dans les fossés, sans souci de l'eau qui lui
montait au-dessus de la ceinture. Il prit part aux assauts et
fut l'un des premiers à planter son étendard au sommet des
murailles. Il pénétra dans la place à la tête de ses troupes,
l'épée au poing, suivi par le connétable.

La garnison anglaise, après avoir été délogée de la ville,
se réfugia dans le château; elle se rendit le 23 octobre 1437
devant les feux de l'artillerie de Jean Bureau, grand maître
de l'artillerie, qui faisait alors ses premières armes dans l'art
de battre en brèche les forteresses. C'est à lui que la France
est redevable de l'amélioration des pièces de campagne, de
l'art de pratiquer les mines et du système de batteries qui
fit à cette époque une si grande révolution dans le siège des
places.

Charles avait combattu, et combattu vaillamment; il avait
maintenant le prestige d'une victoire remportée; il pouvait
rentrer dans Paris.

Le 12 novembre 1437, il arriva à la Chapelle-Saint-Denis,
accompagné par le dauphin Louis, son fils, le connétable,
Charles d'Anjou et une foule de gentilshommes. Il fut reçu

par le prévôt des marchands et par les échevins, qu'accompagnait une députation des bourgeois et des notables. Tous avaient revêtu la tunique bleue et rouge aux armes de la ville de Paris. Ils étaient entourés par le corps des arbalétriers et des archers, au nombre de mille, sous le commandement du seigneur de Gaucourt.

L'évêque de Paris, à la tête de son clergé; Adam de Cambray, grand président, avec les membres du Parlement; la Chambre des Comptes; les notaires, ainsi que les procureurs et commissaires au Châtelet, l'Université, les docteurs en théologie, les étudiants et les clercs de l'Université étaient également venus au-devant du roi pour le recevoir. A la suite des membres du Parlement et des procureurs au Ch..let, marchaient des personnages figurant, par leur costume, les uns les sept péchés capitaux, les autres les sept vertus théologales et cardinales.

Après avoir reçu les hommages des corporations, Charles VII donna l'ordre de se mettre en marche vers Paris. En tête du cortège s'avançaient 800 archers, suivis immédiatement du roi d'armes Montjoie portant la cotte d'armes du roi; puis le grand écuyer portant le casque au bout de sa lance et un autre écuyer tenant l'épée royale.

Charles VII venait alors, monté sur un superbe cheval, tout caparaçonné de velours bleu d'azur semé de fleurs de lys d'or. Près de lui marchait Pothon de Xaintrailles portant le heaume surmonté de la riche couronne royale en or, au milieu de laquelle s'élevait une double fleur de lys. Un jeune gentilhomme, Jehan Daulon, tenait le cheval du roi par la bride.

A quelques pas en avant, le connétable de Richemont s'avançait, tenant le bâton de commandement à la main, et ayant à ses côtés les comtes de Vendôme et de Tancarville.

Derrière le roi se tenait le dauphin Louis, ayant à sa droite Charles d'Anjou et à sa gauche le comte de la Marche. Il était armé de toutes pièces, monté sur un cheval couvert de drap d'or flottant jusqu'à terre. Un écuyer, portant un étendard sur lequel était figuré l'archange saint Michel, était à ses côtés.

Le cortège parvint bientôt sous les murs de Paris. Il fit son entrée solennelle par la porte Saint-Denis, dont le couronnement était surmonté de l'écu de France maintenu par trois anges. Au-dessous de l'écu était écrit : « Très exélent Roy et Seigneur, les manants de vostre Cité vous repçoivent en tout honneur et très grant humilité. »

Charles VII fut reçu à l'entrée de la ville par le prévôt de Paris, entouré des sergents revêtus du chaperon bleu et rouge. Le prévôt lui présenta les clefs de la cité que le roi remit à Richemont, gouverneur de l'Ile-de-France. Le cortège reprit alors sa marche dans le même ordre, le roi marchant alors sous un dais soutenu par quatre échevins.

Sur tout le parcours du cortège, qui se dirigea vers l'église Notre-Dame, les rues étaient tendues d'un immense vélum parsemé de fleurs de lys d'or, et on avait dressé des échafauds richement ornés sur lesquels des mystères étaient représentés. Au Poncelet, à l'endroit où s'ouvre aujourd'hui la rue du Ponceau, se trouvait une fontaine surmontée d'une immense fleur de lys d'or, d'où s'échappait un flot de vin, de lait et d'hypocras.

Près du petit pont, derrière le Châtelet, était figuré le baptême de Jésus-Christ, auquel on faisait assister sainte Marguerite, représentée par « une moult belle jeune fille sortant du corps d'un dragon, au milieu des flammes que le monstre vomissait. Les autres quartiers de Paris ne furent pas exclus des réjouissances. En différents endroits de la ville, des mystères furent également représentés. Charles VII fut, du reste, accueilli partout avec un grand enthousiasme; tous criaient: Noël! sur son passage.

Le roi arriva vers quatre heures devant Notre-Dame, dont la porte était fermée. L'Université s'était réunie sur le seuil de l'église. Le recteur lui fit une courte harangue, pour le remercier d'avoir délivré sa bonne ville. Jacques le Chatelier, évêque de Paris, qui l'attendait entouré des archevêques de Toulouse et de Sens, de l'évêque de Clermont, des abbés de Saint-Denis, de Saint-Maur, de Saint-Germain-des-Prés, de Sainte-Geneviève, lui fit jurer sur l'Évangile de respecter les privilèges et prérogatives de l'Église. Après avoir prêté serment « qu'il tiendroit loyaument et bonnement tout ce que bon roi faire debvoit », Charles vit les portes de la cathédrale s'ouvrir devant lui. Il pénétra dans le sanctuaire et alla baiser les reliques.

En sortant de l'église, il se dirigea vers le palais des Tournelles où il logea, évitant de se rendre à l'hôtel Saint-Pol où son père Charles VI avait mené une si pénible existence, et qui lui rappelait de si tristes et si amers souvenirs.

Dès le lendemain, il lança une proclamation, par laquelle il ratifiait les promesses d'absolution faites en son nom par le connétable de Richemont, un an auparavant. Il confirma dans leurs charges de prévôt de Paris et de prévôt des marchands le seigneur de Ternant et Michel Laillier.

Enfin, sachant que Mme de Guienne se trouvait à Paris, et se rappelant les torts qu'il avait eus autrefois envers elle. il la fit venir auprès de lui et lui restitua les villes et domaines qu'il lui avait enlevés. Il scella ainsi de nouveau sa réconciliation avec le connétable de Richemont.

Charles VII ne resta pas longtemps à Paris. Il avait fait son entrée solennelle dans la capitale le 12 novembre; trois semaines après, le 3 décembre, il la quittait. Il sentait combien sa présence au milieu des Parisiens leur était inutile. En outre, les sentiments de faiblesse de ses premières années semblaient lui revenir, dès qu'il voyait les misères du peuple qu'il était impuissant à combattre.

L'hiver de 1438 fut, en effet, épouvantable; au froid et à la famine était venue se joindre la peste, qui ravageait la France, et Paris plus que toute autre ville du royaume. Beaucoup de demeures restaient abandonnées, la mort en ayant fauché les habitants. La famine achevait ceux que la peste avait épargnés et les loups, ne trouvant plus rien aux champs, pénétraient dans la ville, où ils faisaient de nombreuses victimes.

Charles VII « entrevit cette chose affreuse qu'on nommait encore Paris; il en eut horreur et il se sauva ».

CHAPITRE IV

Le duc de Bourgogne réconcilié, Paris délivré, c'étaient là certes des services considérables rendus par Richemont au roi et à la France. Mais les Anglais restaient encore maîtres d'une grande partie du royaume : de la Normandie, de la Guyenne. Pour les en chasser, pour achever la délivrance, Richemont savait, par l'expérience de toute sa vie militaire, que la première chose à faire, c'était de constituer une armée, une armée régulière réunissant ces deux conditions : l'unité dans le commandement, la discipline dans les troupes. C'est vers ce but qu'allaient tendre désormais tous ses efforts.

Pour y parvenir, il allait avoir de grandes luttes à soutenir, de grands obstacles à vaincre. A cette époque, les capitaines de compagnie étaient indépendants ; maîtres absolus des troupes qu'ils commandaient, ils les considéraient comme une sorte de fief, ils n'aimaient ni à se laisser diriger ni à rendre compte de leurs actes. Leurs hommes, recevant mal leur paye et souvent ne la recevant pas, se transformaient en routiers et n'étaient occupés qu'à piller les campagnes et les villes laissées sans défense. Les chefs, loin de les arrêter dans leurs courses, les aidaient souvent, afin d'avoir leur part du butin. Les meilleurs officiers du roi, La Hire, Xaintrailles, les deux bâtards de Bourbon, Louis de Bueil, commandaient ces compagnies de routiers, certains de ne pas encourir punition de leurs crimes : car le souvenir des services qu'ils avaient rendus dans les luttes contre les Anglais était là pour les protéger.

Le royaume était dans une situation déplorable ; quatre-vingts ans de guerre l'avaient ruiné. L'agriculture était abandonnée, le commerce nul et la misère générale. Ce que ni la famine ni la maladie n'avaient pu faire, le meurtre et l'incendie l'avaient achevé. De tous côtés partait un cri de désolation.

Richemont était impuissant à réprimer ces désordres ; malgré son énergie et sa vigilance, il ne pouvait faire rendre justice. Bien plus, le pays qui l'avait naguère acclamé comme un sauveur, semblait maintenant le rendre responsable des malheurs publics et incriminait ses meilleures intentions.

En présence du péril toujours croissant, Richemont résolut de procéder, sans plus tarder, à l'organisation militaire qu'il avait projetée depuis longtemps ; et cela sans souci des injustices et des calomnies dont il était l'objet. Le 22 décembre 1438, il fit rendre par le roi une ordonnance par laquelle « chaque capitaine doit répondre des gens qu'il a et tient en sa compagnie et gouvernement, pour en faire punicion et justice quant ils délinquent. ». Il ne s'en tint pas là ; il ordonna au prévôt de Paris de faire arrêter les malfaiteurs et leurs compagnons, et de les contraindre à réparer les dommages qu'ils auront causés, « par prinzes de leurs biens propres et détencion de leurs personnes ».

Mais cette mesure, qui fut le prélude de la grande Ordonnance rendue à Orléans quelque temps après, resta impuissante. Les capitaines n'en continuèrent pas moins leurs courses, et nous voyons les seigneurs eux-mêmes se joindre à eux, pillant les bourgeois et le peuple.

D'autre part, les Anglais avaient remporté quelques avantages dans les environs de Paris; si on les laissait avancer, bientôt la capitale pourrait être en péril. Richemont aurait voulu assiéger Meaux, et avait inutilement demandé au roi de lui envoyer de l'argent et des troupes. Se voyant sans pouvoir, par suite de l'apathie de Charles VII et par le mauvais vouloir de la cour, une sorte de découragement s'empara de lui : il éprouvait un grand dégoût des choses et des hommes. Aussi résolut-il d'abandonner son gouvernement de l'Ile-de-France, et il le déclara au conseil. Étant donné le caractère de Richemont, il est permis de croire que ce n'était là qu'une menace. Il se savait trop nécessaire pour penser qu'on le prendrait au mot.

Le lendemain, le prieur du couvent des Chartreux vint trouver le comte de Richemont dans sa chapelle, et lui dit qu'il venait d'apprendre son intention d'abandonner son commandement, que sa détermination était la perte certaine de la capitale et de l'Ile-de-France tout entière, par le retour de cette province sous la domination anglaise.

En écoutant le prieur, le connétable crut que le secret de la délibération avait été trahi par l'un des seigneurs qui assistaient au conseil. Il lui demanda donc comment il avait eu connaissance de sa détermination.

« C'est un solitaire du couvent qui en a eu révélation de Dieu, répondit le prieur. Ah! je vous prie, monseigneur, ajouta-t-il, ne faites pas cela; n'ayez point de souci, Dieu vous aidera.

— Hélas, mon père, comment cela se pourrait-il faire? s'écria Richemont; le roi ne me veut point aider; il ne me donne ni gens ni argent; les hommes d'armes me haïssent, parce que j'en fais justice, et ne veulent point m'obéir.

— Monseigneur, ils feront ce que vous voudrez; vous souhaitez mettre le siége devant Meaux : le roi vous mandera de le faire et vous enverra gens et argent.

— Mon père, Meaux est bien fort; le roi d'Angleterre y passa neuf mois.

— Monseigneur, n'ayez point de souci; vous n'y resterez pas si longtemps; ayez espérance en Dieu, il vous aidera. »

Le connétable demanda alors au prieur de le mettre en présence du moine, l'auteur de cette révélation. Le prieur les fit tous comparaître devant Richemont et lui dit: Vous venez de voir celui qui a reçu révélation de Dieu; qu'il vous suffise de l'avoir vu, sans que je vous le désigne plus particulièrement.

La prédiction du prieur du couvent des Chartreux devait s'accomplir. Quelques jours après, Richemont recevait, en effet, un exprès du roi, lui enjoignant d'aller assiéger Meaux. Il se rendit aussitôt à Corbeil, où vinrent le rejoindre les capitaines auxquels le roi avait donné l'ordre de se mettre sous son commandement. Le 20 juillet 1439, il arrivait avec ses troupes sous les murs de Meaux. Il divisa son armée en trois corps, fit construire deux forts, l'un dans un champ de vignes où il campa, l'autre du côté de la Brie. Les batteries furent ensuite dressées contre les murailles.

Après trois semaines d'attaque, Richemont ayant appris que lord Talbot et lord Scales, sous les ordres du duc de Somerset, accouraient au secours de la place, résolut de s'en emparer avant leur arrivée. L'artillerie de Jean Bureau avait du reste fait une brèche praticable aux murailles. Le 13 août l'assaut fut donné et la ville fut prise en une demi-heure. Le lendemain Somerset arrivait pour être témoin de la reddition de la place.

Les Anglais chassés de la ville de Meaux s'étaient réfugiés dans la forteresse du marché et s'y étaient fortement établis. Les Français voulurent les en déloger ; mais le connétable, craignant qu'ils ne fussent pris entre deux feux, par les Anglais de la forteresse et les troupes du duc de Somerset, les empêcha de sortir et fit fermer les portes de la ville.

Quelques hommes du connétable s'étaient retranchés dans l'île du marché : ils furent surpris par les Anglais et massacrés jusqu'au dernier. Les ennemis ne firent cependant aucune tentative pour reprendre Meaux. Quelques jours après son arrivée devant la place, apprenant que le roi s'avançait vers Brie-Comte-Robert pour prêter main-forte à Richemont, le général anglais se retira vers Crépy-en-Valois. Le connétable donna l'ordre au sire de Broon de le poursuivre, mais celui-ci ne put l'atteindre. Somerset s'était replié sur Rouen, ayant renoncé à son expédition sur Crépy-en-Valois, comme il venait de le faire pour la ville de Meaux.

Guillaume Chambrelent, gouverneur de la forteresse du marché, réduit à ses propres forces après le départ de Somerset, se trouva bientôt dans l'impossibilité de résister aux attaques des Français. Il rendit la forteresse, après avoir obtenu la vie sauve pour lui et les troupes de la garnison.

La fermeté dont Richemont avait fait preuve durant cette campagne lui rendit son influence. Charles VII lui envoya le comte de la Marche pour le complimenter et le ramener auprès de lui à Paris. Le connétable était plus fort que jamais ; il pouvait insister maintenant et obtenir les réformes nécessaires pour mettre fin aux abus.

D'ailleurs le roi était gagné à l'avance. Il avait réfléchi ; il s'était rendu compte du tort que les abus faisaient au pouvoir royal. À cette époque les cruautés n'épargnaient personne, mais à coup sûr, les petits et les faibles avaient plus à en souffrir que les grands. Ils murmuraient, mais bien bas, de peur d'encourir de terribles représailles. Ils ne tardèrent pas cependant à reconnaître qu'ils avaient un défenseur naturel, un protecteur en la personne du roi. Charles VII, de son côté, sentant l'isolement dans lequel le plaçait la puissance toujours grandissante des seigneurs, comprit qu'il devait chercher à s'appuyer sur le peuple, sur la bourgeoisie, las des excès et des violences. Aussi, lors de l'arrivée de Richemont, il partit avec lui pour Orléans, où il venait de convoquer les États.

Dès l'ouverture de l'assemblée, Charles VII fit voter un subside de 1.200.000 livres pour la solde des gens d'armes. Il ordonna que désormais à lui seul appartiendrait le droit de nommer et d'appointer les capitaines; il fit interdire à quiconque de commander des gens de guerre, sous peine de voir ses biens confisqués, « s'il n'a reçu commission expresse du roi ». Les capitaines devront choisir leurs hommes, mais le nombre en sera fixé par le roi; ils seront responsables de la conduite de leurs gens et veilleront à ce qu'ils ne maltraitent ni les gens d'Église, ni les marchands, ni les laboureurs. Les barons n'auront plus droit à aucune prise, au delà des droits de guerre. Enfin, chaque capitaine devra tenir garnison dans un endroit déterminé et ne pourra en sortir sans permission.

C'étaient là de sages réformes; mais l'efficacité ne s'en fit pas immédiatement sentir. Richemont devait bientôt en faire la triste expérience au siège d'Avranches.

Après la déclaration des Ordonnances d'Orléans et la clôture des États, le connétable fut envoyé en Normandie pour donner la chasse aux Anglais. Le duc d'Alençon se joignit à lui et tous deux, après avoir réuni six mille hommes, allèrent mettre le siège devant Avranches. L'entreprise était hardie : car ils n'avaient ni artillerie, ni pionniers ; leurs troupes étaient composées de gens indociles sur lesquels les chefs n'avaient aucune autorité, et la saison était déjà fort avancée.

Richemont était depuis deux mois devant Avranches, lorsqu'il apprit que les Anglais amenaient des renforts au secours de la garnison. Craignant de se laisser prendre entre deux feux, il se porta sur les bords de la Sée, petite rivière qui se perd dans la grève du mont Saint-Michel, à quelques pas sous Avranches, afin d'intercepter le passage à l'ennemi. Les deux armées se trouvèrent en face l'une de l'autre, n'osant avancer d'un pas, dans la crainte des enlisements assez fréquents dans ces parages.

Pendant la nuit, les Français se répandirent dans les villages voisins, malgré les ordres de leurs capitaines, qui leur avaient interdit de s'éloigner. Les Anglais, mettant à profit cette dispersion des troupes du connétable, cherchèrent à surprendre son camp. Ils parvinrent à découvrir une sorte de gué où le sable était plus solide qu'ailleurs, et, à la première heure du jour, dès que la mer se fut retirée ils s'avancèrent en bon ordre, armés en guerre, et firent une soudaine irruption dans le camp français, réduit à un petit nombre d'hommes.

Ils égorgèrent les sentinelles, firent prisonnier le sire de Monfroy, tuèrent les marchands et s'emparèrent d'un butin considérable. La déroute fut générale. Les gens d'armes fuyaient de toutes parts, n'écoutant pas la voix de leurs chefs, et en peu de temps Richemont resta seul, n'ayant auprès de lui que quelques seigneurs bien décidés à ne pas l'abandonner.

Le péril était imminent : car les Anglais, maîtres de la

position, pouvaient tenter de s'emparer du connétable. Chabanne et Blanchefort vinrent l'avertir que, s'il ne consentait pas à partir, il courait les plus grands dangers. Ils l'assurèrent toutefois qu'ils resteraient auprès de lui et mourraient à ses côtés, s'il voulait continuer la lutte.

Richemont les remercia de leur dévouement, et, se rendant compte de la position critique dans laquelle il se trouvait, il se replia sur Dol, tandis que ses troupes débandées traversaient la rivière du Couesnon et s'enfuyaient vers la Bretagne.

Après cet échec le connétable alla trouver le roi à Angers. Il lui exposa ce qui s'était passé sous les murs d'Avranches, il lui montra que les causes de l'insuccès de l'expédition provenaient uniquement de l'indiscipline des troupes, de leur refus d'obéir à leurs chefs. Le roi envoya aussitôt Gaucourt et Xaintrailles, avec mission de ramener les gens qui avaient abandonné Richemont. Ni les ordres du roi, ni les efforts des deux capitaines ne purent les rallier; ils continuèrent à parcourir les campagnes.

Charles VII ne put alors que se rendre aux raisons du connétable pour opérer une réforme radicale dans l'armée, et chercha à compléter en ce sens les Ordonnances d'Orléans. Il prescrivit notamment que les gens de guerre logeraient à l'avenir dans les places frontières; qu'un homme d'armes ne pourrait avoir que trois chevaux. Il supprima les montures: chevaux, ânes, bêtes de somme destinées à porter les bagages; renvoya les pages, valets, femmes et autres bouches inutiles, « qui ne sont propres qu'à affamer le pays, à mettre la disette dans les camps et à faire échouer les entreprises les mieux concertées.» Ces dernières mesures préparaient la grande organisation militaire de 1445, qui donna naissance à l'armée française.

L'exécution des Ordonnances d'Orléans rencontra de sérieuses difficultés. Elles devaient plaire au peuple qu'elles protégeaient, mais elles empiétaient sur les droits reconnus des seigneurs. Ceux-ci n'avaient pas osé lutter ouvertement pendant la tenue des États, mais ils conspirèrent bientôt après pour soustraire le roi à l'influence de ses conseillers et mettre les réformes à néant. Le duc de Bourbon, le duc d'Alençon, le comte de Vendôme, le bâtard de Bourbon, se mirent à la tête de la sédition, dans laquelle entra La Trémoïlle, espérant ressaisir le pouvoir et se venger du connétable, le principal auteur des Ordonnances.

Le bâtard d'Orléans, Dunois, lui-même, entra dans le complot qui pouvait ramener la guerre civile en France, tandis que l'ennemi n'attendait que le moment favorable pour la rallumer de nouveau. Charles VII était bien isolé; la plupart de ceux qui l'avaient soutenu jusqu'alors se tournaient contre lui. Seul le comte de Richemont lui resta fidèle et l'aida dans cette grande lutte.

Cette révolte prit le nom de *Praguerie*, par allusion à la ville de Prague, sans cesse en révolte depuis l'agitation causée par la réforme de Jean Huss. Dans une réunion tenue à Blois, les seigneurs conjurés décidèrent de prendre pour chef le dauphin Louis. Le duc d'Alençon se rendit à Niort, où il l'enleva à son gouverneur, le comte de La Marche. Le dauphin ne fit d'ailleurs aucune résistance. Il n'avait pas encore dix-huit ans, mais ses instincts de révolte naissaient déjà et sa nature astucieuse le désignait aux conjurés pour être l'âme du complot.

Le connétable venait de quitter le roi et s'acheminait vers Paris. S'étant arrêté à Blois, il se trouva au milieu des conjurés, sans se douter du complot qui se tramait. Malgré les attaques de Dunois, qui voulait engager une querelle avec lui, afin d'avoir un prétexte pour l'arrêter, Richemont, sentant le piège, se contint. Sur les instances d'Antoine de Chabannes, qui représenta que l'arrestation du connétable livrerait l'Ile-de-France aux Anglais, Dunois, chez lequel le patriotisme se réveilla, le laissa libre. Richemont quitta Blois aussitôt et gagna Beaugency.

Pendant ce temps, le comte de La Marche était accouru à Amboise rendre compte au roi de la démarche faite par le duc d'Alençon auprès du dauphin. A cette nouvelle Charles VII envoya Gaucourt et Xaintrailles avec mission de ramener Richemont auprès de lui. Ils arrivèrent au milieu de la nuit à Beaugency et se rendirent auprès du connétable, auxquels ils exposèrent l'objet de leur ambassade.

Celui-ci, sans perdre une minute, réunit des mariniers et fit équiper un bateau sur lequel il s'embarqua avec quelques archers. La nuit même il passait sous le pont de Blois, et fit telle diligence qu'il arriva à Amboise bien avant que le roi ne l'attendît. Charles VII, en le voyant « lui feit grand chère et dist que plus ne craignoit rien puisqu'il avoit son connestable ». Dans la joie de son arrivée, il lui accorda la grâce du jeune Blanchefort, qui devait le jour même porter la tête sur l'échfaud, pour avoir pris part à la rébellion.

Richemont déclara au roi qu'il n'avait pas un moment à perdre pour étouffer la sédition, qu'il devait tenir campagne sans hésiter et se souvenir du roi d'Angleterre Édouard II, qui perdit la couronne pour s'être enfermé au château de Conway, lors de la révolte d'Henri de Lancastre. Charles VII suivit en tous points les conseils de Richemont et envoya des ordres pour que la noblesse de Touraine, du Maine et d'Anjou vînt se joindre à lui. Il se rendit à Poitiers pendant que le connétable enlevait les places du Poitou qui s'étaient déclarées pour les rebelles.

A peine arrivé à Poitiers, le roi apprit que le duc d'Alençon, aidé par Jean de la Roche, sénéchal de la province, s'était emparé de Saint-Maixent par trahison; mais qu'une partie des habitants, restée fidèle au roi, tenait un quartier de la ville et l'abbaye. Charles VII envoya Jean de Beaulieu leur dire qu'avant peu il viendrait à leur secours.

En effet, il arriva quelques jours après devant la place avec le connétable, l'amiral de Coëtivi et Pierre de Brézé. Elle se rendit à merci et la garnison fut passée au fil de l'épée. Toutefois, à la prière de Richemont, les gens du duc d'Alençon eurent la vie sauve. Le roi accorda des privilèges aux habitants de la ville qui lui étaient restés fidèles.

Devant cette attitude énergique du roi et ce premier succès, les seigneurs comprirent qu'il serait imprudent de pousser plus loin leur rébellion. Ils cherchèrent à négocier et acceptèrent la médiation du comte d'Eu. Celui-ci informa aussitôt Charles VII du repentir des rebelles et le décida à se rendre à Cusset pour recevoir leur soumission. Dunois fut le premier à venir implorer sa clémence; il demanda pardon d'avoir eu l'intention d'arrêter le connétable et fit amende honorable d'avoir pris part au complot. Le duc d'Alençon ne tarda pas à suivre cet exemple. Le roi leur pardonna à tous deux.

Le dauphin, voyant la défection autour de lui et l'insuccès de l'entreprise, se dirigea bientôt à son tour vers Cusset, accompagné par le duc de Bourbon et par le sire de La Trémoïlle. Lorsque le roi apprit leur arrivée, il fit défense à tous trois de se présenter devant lui, ne voulant ni les voir ni leur pardonner.

Malgré cette défense, le dauphin et ses compagnons parvinrent jusqu'à lui. « Loys, soyez le bienvenu, dit Charles VII à son fils, vous avez longuement demeuré. Allez vous reposer en votre hostel, demain nous vous parlerons. » Puis se tournant vers le duc de Bourbon : « Beau cousin, lui dit-il, il nous desplait de la faulte que maintenant et autrefois avez faite contre notre Majesté par cinq fois. » Après les vifs reproches qui leur furent adressés, ils prirent congé du roi et retournèrent à leur hôtel.

Le lendemain, le dauphin se présenta de nouveau devant son père. Il lui demanda que le pardon s'étendît à ceux qui avaient trempé dans le complot, déclarant qu'il ne pouvait abandonner ceux s'étaient compromis avec lui, et en particuliers les seigneurs de Caumont, de Prie et de La Trémoïlle ; il était bien décidé, s'il n'obtenait leur grâce, de partir avec eux.

Charles répondit qu'il ne voulait pas les voir et qu'il serait très satisfait s'ils retournaient dans leurs domaines. Quant au dauphin : « Loys, lui dit-il, les portes vous sont ouvertes, et si elles ne sont pas assez grandes, je vous en ferai abattre seize ou vingt toises de mur. » Il ajouta : « Vous êtes mon fils et vous ne pouvez vous obliger à personne sans mon congé. S'il vous plaist vous en aller, allez-vous-en : car, au plaisir de Dieu, nous trouverons aucuns de notre sang qui nous aideront, mieux que vous, à maintenir notre honneur et seigneurie que vous ne l'avez fait jusqu'ici. »

La Praguerie était vaincue ; la réforme était maintenant imposée grâce à la fermeté du roi, grâce aussi aux conseils et à l'appui du connétable. Cette réforme était loin d'être complète cependant ; mais Richemont avait du moins posé les bases de la grande organisation de l'armée à laquelle il allait travailler activement.

Le duc de Bourbon se vit enlever les places de Loches, de Vincennes, de Brie-Comte-Robert. Quant au dauphin, les conseillers du roi, craignant que l'esprit aventureux du jeune prince et son impatience de posséder le pouvoir ne vinssent créer de nouvelles difficultés au roi, décidèrent celui-ci à user de douceur à son égard. Il l'envoya dans son gouvernement du Viennois, et plaça des gens sûrs auprès de lui.

CHAPITRE V

L'attitude de Charles VII à l'égard de la Praguerie était une preuve de force. Le duc de Bourgogne avait eu soin de se tenir en dehors de la révolte et avait refusé de prendre parti pour les conjurés. Lorsqu'il vit leur défaite, il s'inquiéta, craignant qu'avant peu le roi de France ne vînt contrebalancer sa propre puissance. C'est alors qu'il songea à négocier la liberté du duc Charles d'Orléans, retenu en Angleterre depuis la bataille d'Azincourt. Il espérait que ce prince pourrait par sa naissance créer de sérieux embarras à la couronne de France.

Il fit donc des ouvertures à la cour d'Angleterre. Le duc de Glocester chercha à s'opposer à cette mise en liberté ; il rappela la volonté formelle du roi Henri V de ne jamais rendre son prisonnier. Le cardinal de Winchester était d'une tout autre opinion : devant la pénurie du trésor royal, il désirait au contraire que le prince fût rendu à la liberté contre une forte rançon, qu'il fixa lui-même à 120.000 écus d'or. Son avis prévalut.

Charles VII, dédaignant en cette circonstance les intrigues de Philippe le Bon, garantit la rançon, et le duc de Bretagne envoya de son côté 22.000 écus neufs. Charles d'Orléans débarqua à Gravelines dans les premiers jours du mois de novembre 1440. En revoyant la terre de France, dont il était éloigné depuis vingt-cinq ans, le prince exprima par des larmes de joie sa reconnaissance « au bon duc Philippe et à madame de Bourgogne, qui avaient su oublier leurs ressentiments de famille pour ne penser qu'au pauvre prisonnier ». Il se rendit avec le duc et la duchesse à Saint-Omer, où Philippe le Bon lui donna le collier de la Toison d'Or. Quelques jours après, il lui accordait la main de Marguerite de Clèves, sa nièce.

Le retour de Charles d'Orléans causa une joie immense dans tout le royaume. Les populations pensaient qu'il allait rendre à la France sa prospérité et sa grandeur des anciens jours. Lorsqu'il arriva à Paris, le 14 janvier de l'année suivante, il fut reçu par le connétable de Richemont, et accueilli par les cris enthousiastes de la population. Il fit son entrée dans la capitale à la tête d'un cortège composé de ses vassaux et de la noblesse du duché de Bourgogne.

Cette pompe eut pour résultat de porter ombrage au roi ; il vit bien clairement alors le mobile qui avait fait agir Philippe le Bon. Aussi, lorsque Charles d'Orléans projeta d'aller lui rendre hommage, Charles VII répondit qu'il le verrait volontiers, mais non pas en si nombreuse et si brillante compagnie. Le duc d'Orléans comprit l'allusion ; il ne donna pas suite à son projet et se retira dans ses domaines, mécontent de la réponse du roi. Nous le verrons par la suite prendre part à une sédition qui faillit amener une nouvelle Praguerie.

Pendant que se négociait la liberté du duc d'Orléans et durant les fêtes données en son honneur à la cour du duc de Bourgogne, Richemont n'oubliait pas les affaires du royaume, et ne cessait de s'en préoccuper. A son titre de connétable il joignait, nous l'avons dit, la haute fonction de gouverneur de l'Ile-de-France et de la Champagne. Or, ce n'était pas sans douleur qu'il voyait ces belles provinces, le cœur de la France, en proie encore à deux sortes d'ennemis, les Anglais et les routiers.

Les Anglais occupaient des places importantes aux portes de Paris : Creil, Pontoise et même Saint-Germain-en-Laye. Ceux de Mantes poussaient leurs incursions jusqu'à la porte Saint-Jacques. Les routiers, malgré les Ordonnances d'Orléans, décidément insuffisantes, se répandaient dans les villes et les campagnes, prenant et méritant bien le terrible nom d'*Écorcheurs*. Richemont fit tous ses efforts pour combattre ce double fléau.

Il avait d'ailleurs en ce moment une revanche à prendre sur le Anglais, qui, malgré les secours amenés par Dunois et La Hire, venaient de s'emparer d'Harfleur. Il conquit sur eux Louviers et Conches. En arrivant à Paris, au retour de cette campagne, il apprit que quelques troupes de la garnison de Mantes s'étaient avancées jusqu'à Saint-Germain-en-Laye. Il n'eut pas de peine à les déloger de leurs positions, et chargea Gilles de Saint-Simon de les poursuivre. Les Anglais, chassés de Saint-Germain, s'étaient portés sur Paris. Gilles de Saint-Simon traversa la Seine au pont de Saint-Cloud, se précipita sur l'ennemi qu'il mit en déroute, et s'empara d'une grande quantité de bétail.

Mais le danger le plus urgent venait des routiers, dont l'audace croissait de jour en jour. La garnison de Corbeil, entièrement composée de ces bandes indisciplinées plus que jamais, avait arrêté par la Seine les approvisionnements de Paris. Au bois de Vincennes, Royer de Pierrefite, lieutenant de Jacques de Chabannes, refusait de rendre la place, que le duc de Bourbon, après sa soumission au roi, avait promis de restituer. Il fallut composer avec lui, et le capitaine de routiers ne consentit à s'éloigner qu'après avoir obtenu des lettres d'abolition.

Le roi se trouvait alors en Champagne. Il y reçut les plaintes du duc de Bourgogne au sujet des pillages que continuaient d'exercer sur ses terres les bandes d'écorcheurs, au mépris des clauses du traité d'Arras. Il manda Richemont auprès de lui et le chargea de pacifier les campagnes.

Parmi les seigneurs qui terrorisaient le pays, le bâtard Alexandre de Bourbon se faisait remarquer plus que tout autre par les ravages qu'il exerçait à la tête des pillards qu'il avait recrutés. Il avait été l'un des chefs de la Praguerie et, aussitôt gracié par le roi, il avait continué en Champagne le cours de ses exploits. Sur l'ordre de Charles VII, le connétable le fit arrêter par Tristan l'Ermite, prévôt des maréchaux, et son procès fut immédiatement instruit. Le bâtard de Bourbon fut condamné à mort et jeté dans l'Aube, cousu dans un sac portant cet écriteau : Laissez passer la justice du roi. Après le bâtard de Bourbon, d'autres capitaines d'écorcheurs furent jugés et condamnés. Robert de Sarrebrück, damoiseau de Commercy, l'un d'eux, vint faire amende honorable et obtint son pardon.

La fermeté déployée alors pour réprimer le brigandage des routiers et des capitaines qui les commandaient, ne parut pas intimider Antoine de Chabannes. Mandé par le roi pour rendre compte de ses actions, il traversait un village à la tête de deux cents cavaliers, lorsqu'il rencontra Richemont, celui-ci « feignant de monstrer bon visage ».

« Capitaine, lui dit-il, Dieu vous garde ; si vous voulez venir devers le roy, je ferai qu'il vous fera bonne chère.

— Monseigneur, je vous remercye, je n'aye pas envie de boyre de l'eau, car le roy ne me fera jamais le tour qu'il a faict au bastard de Bourbon. Si vous avez vouloir autre chose me dire, s'il vous plaist, me le direz.

— Iceluy connestable, voyant qu'il n'avoit gens assez pour prendre luy, dist :

— Adieu, capitaine, je vous prie, vivez sur le peuple le plus gracieusement que vous pourrez. »

Ce même Antoine de Chabanne, quelque temps auparavant, avait répondu au roi qui le traitait de capitaine d'écorcheurs : « Sire, je n'ay écorché que vos ennemis, et ce me semble que leurs peaulx vous feront plus de prouffit qu'à moy. » Il eut l'impunité d'ailleurs et devint par la suite grand panetier, puis grand maître de France.

Charles VII resta près de trois mois en Champagne. Après avoir pacifié la région, assuré la bonne administration dans les villes et rétabli son autorité par de sages mesures, il se disposa à aller faire le siège de Creil, occupé par les Anglais, et à les déloger des places qu'ils occupaient dans cette partie du bassin de la Seine.

Quelques engagements eurent lieu sous les murs de la place dès l'arrivée du roi, et les troupes de Richemont, qui l'avaient suivi, subirent des pertes importantes. Mais le siège ne dura pas longtemps. Quelques jours de vigoureuse attaque suffirent pour obliger la garnison à capituler.

Après la prise de Creil, le siège de Pontoise fut décidé dans les conseils du roi. Le roi, le dauphin et le connétable se rendirent à Paris pour lever des tailles, afin de subvenir aux dépenses du siège. Charles VII arriva avec son armée devant la place le 14 juin 1441. Le comte de Saint-Pol vint le rejoindre à la tête de six cents hommes. Le roi avait autour de lui le connétable, le maréchal de Lohéac, l'amiral de Coëtivi, le comte de la Marche, le comte d'Albret, La Hire, Xaintrailles et une foule de gentilshommes. Son armée était composée des meilleures troupes que l'on pût réunir à cette époque ; elle disposait d'un matériel d'attaque d'une grande puissance et jamais forces plus imposantes ne s'étaient réunies. Le roi de France se montrait dans tout l'éclat de sa puissance.

Des défenses formidables étaient, d'autre part, accumulées dans la ville, et la garnison était augmentée d'un grand nombre de transfuges ; elle était bien décidée à se défendre énergiquement, sachant bien que les vainqueurs ne lui feraient aucun quartier.

A la nouvelle de l'arrivée des Français devant Pontoise, lord Talbot partit de Rouen avec quatre mille hommes pour renforcer la garnison. Le duc d'York, de son côté, comprenant l'importance qu'il y avait à conserver cette ville qui était la clef de Paris et qui, par sa position, commandait toute une région servant au ravitaillement de la capitale, accourut au secours des assiégés.

Le roi était à peine arrivé devant Pontoise, que les Anglais attaquèrent ses troupes ; mais ils furent repoussés par les milices communales et les compagnies parisiennes qui avaient suivi l'armée royale. Pendant ce temps, le connétable, aidé par le maréchal de Culant, par La Hire et Xaintrailles, emportait un boulevard sur la rive gauche de l'Oise défendu par les Anglais et les contraignait à se réfugier dans la place.

A quelques pas de ce boulevard se trouvait l'abbaye de Maubuisson ; c'est là que Charles VII établit son camp. En face, on construisit des remparts en terre pour protéger l'artillerie. Le roi confia la direction du siège au connétable qui, dès le début, s'empara de l'abbaye Saint-Martin, à côté de laquelle il fit aussitôt élever une bastille. Il envoya le comte de Saint-Pol du côté du village de l'Isle-Adam et le comte de la Marche vers Conflans. Il confia au seigneur d'Eu la partie des opérations entre Creil et l'Isle-Adam, tandis que lui-même se chargeait de surveiller en personne son artillerie de siège, en faisant le guet à la tête de deux mille hommes.

Quant à l'approvisionnement du camp, il était assuré par les bateaux de vivres envoyés de Paris par la rivière de l'Oise, et par les charrettes que l'on expédiait de Saint-Denis.

A peine les travaux d'investissement étaient-ils terminés que les troupes du roi de France témoignèrent leur impatience de se mesurer avec les Anglais; mais Charles VII refusait obstinément la bataille que l'ennemi, de son côté, désirait engager. Et cela, malgré l'insistance du connétable et de quelques chevaliers qui voulaient profiter des bonnes dispositions de leurs troupes. Chaque jour les Anglais harcelaient les Français, afin de les obliger à lever le siège. Le duc d'York et lord Talbot se décidèrent enfin à les attaquer dans leurs retranchements. Ils ne parvinrent qu'à forcer le camp du roi et à le déloger de la rive gauche de l'Oise. Ils purent alors traverser la rivière du côté de Royaumont et firent entrer un convoi dans la place.

Les hésitations du roi pouvaient compromettre le succès de l'opération. Le siège traînait en longueur et menaçait de durer bien longtemps encore. Depuis bientôt trois mois, l'armée royale campait sous les murs de Pontoise, sans que rien vînt soutenir le moral des troupes. Quelques désertions commençaient à se produire. Le comte de Saint-Pol, le comte de Joigny, le comte de Vaudemont demandaient à rejoindre leurs domaines : on dut les laisser partir.

Tout d'ailleurs concourait au découragement, à l'exaspération des troupes : aussi bien l'inaction dans laquelle elles se trouvaient que les railleries des Anglais et les calomnies répandues de tous côtés à l'adresse de l'armée royale, par le Bourgeois de Paris.

Cet ancien Bourguignon hargneux écrivait, en effet, au

sujet du siège de Pontoise et du séjour des troupes du roi de France aux alentours de la ville : « Ses troupes de toutes parts où le roy et tous les grans en général qui estoient avec lui savoient les Angloys, ils s'enfuyoient d'autre part, puis à Poissy, puis à Maubuisson, puis à l'Isle-Adam, puis à Conflans; puis s'en rafuioient d'autre part à Saint-Denis et toujours avoient en leur compagnie trois François contre ung Angloys, lesquels François ne faisoient que piller et rober, gaster les vignes, fruicts, couper les arbres couverts de fruicts, et abattre maisons couvertes de tuylles. Quand les païsans se plaignoient les chefs repondoient : « Si ce fussent « les Angloys, vous n'en parlassiez pas tant ; il convient « qu'ils vivent où que ce soit. » Ainsi estoit ce Charles VII, governé voire pis que je ne dy, car il estoit tenu comme on faict ung enfant en tutelle. »

Dans cette situation, il devenait urgent d'aviser. Le connétable, aidé par les principaux chefs de l'armée, représenta au roi le péril où l'on se trouvait et eut raison de ses atermoiements. Un conseil fut tenu le 13 septembre; le 19, Charles VII résolut de donner l'assaut sur trois points à la fois.

La brèche, attaquée par le roi du côté de la route de Meulan, fut emportée après un combat acharné et Charles VII, gravissant les murailles, entra le premier dans la ville. Le connétable, suivi par le dauphin, pénétrait en même temps dans la place du côté de la route de Normandie, près de l'église Notre-Dame. Pendant ce temps, les milices de Paris et de Meulan, montées sur des barques, attaquaient la ville du côté de la rivière. Les murailles étaient, du reste, fortement ébranlées par l'artillerie de Jean Bureau, qui « tellement s'y comporta qu'il en est digne de recommandacion perpétuelle », écrit Jean Chartier.

Huit cents Anglais furent tués ou faits prisonniers. Charles VII, dès son entrée dans la ville, monta à cheval, parcourut les rues, afin d'empêcher les désordres, et se rendit à Notre-Dame pour remercier Dieu de sa victoire et protéger les femmes qui s'y étaient réfugiées. S'il abandonna la garnison anglaise à la fureur de ses troupes, il défendit, sous peine de mort, que l'on fît aucun mal aux habitants et que l'on s'appropriât leurs biens.

L'expédition de la basse Normandie, le siège de Creil et le siège de Pontoise avaient nécessité une levée d'impôts extraordinaire et une taille nouvelle, dont Paris eut à souffrir plus que toute autre ville de la région. D'autre part, les Anglais détenaient encore bien des places dans le bassin de la basse Seine et mettaient de sérieuses entraves au ravitaillement de la capitale. Cependant le pays d'alentour était délivré, l'agriculture pouvait reprendre et suppléer à la difficulté de l'approvisionnement, qui persisterait tant que l'ennemi ne serait pas refoulé plus au loin. Mais les Parisiens ne pensaient alors qu'à leurs misères présentes, au poids des impôts qui pesait si lourdement sur tous.

Les plaintes étaient générales ; car les succès remportés par l'armée royale n'avaient pas encore porté de fruits. Le Bourgeois de Paris dit à ce propos : « Une queue de vin paioit aux portes de Paris vingt blancs, qui ne paioit l'année d'avant que huit blancs. »

Lorsque Charles VII, accompagné par le dauphin, le connétable et les chefs de l'armée, fit son entrée triomphale dans la capitale, le 25 septembre 1441, il n'en fut pas moins accueilli par les cris enthousiastes de la population. Elle salua l'armée traînant après elle les prisonniers liés ensemble pieds et tête nus.

Le peuple oublia un instant ses misères, pour ne penser

qu'à la défaite des ennemis. Il voyait avec certitude maintenant arriver le jour prochain de la délivrance finale. Tout montrait en effet que les Anglais ne se sentaient plus chez eux, comme ils l'avaient cru quelques années auparavant. Ils se savaient entourés d'ennemis; c'en était fait avant peu de leurs conquêtes en France.

Le sentiment patriotique venait de se réveiller dans le cœur de la nation. Ce n'était plus le temps où, sous le joug de l'Anglais, le peuple avait perdu toute idée de patrie et regardait le roi d'Angleterre comme le légitime possesseur du royaume de France. Il sentait maintenant que le vrai roi, le véritable successeur de saint Louis, c'était Charles VII qui, maître de la capitale, allait bientôt, grâce au courage de ses fiers chevaliers, grâce surtout au connétable de Richemont, rejeter les ennemis hors du territoire.

CHAPITRE VI

DEUILS ET SUCCÈS

Au milieu des succès militaires de Richemont, l'année 1442 fut pour lui une année de douleurs privées. Il perdit successivement trois des êtres qui lui avaient été le plus chers : en février sa femme, en août son frère Jean V, en novembre sa grande amie Yolande d'Anjou.

Veuve à dix-sept ans du dauphin de France, sœur du duc Philippe le Bon, Mme de Guienne, comme on n'avait jamais cessé de la nommer, aurait pu prétendre épouser un duc régnant, un roi même ; elle avait préféré attendre Richemont, Richemont vaincu, Richemont prisonnier en Angleterre. Et, quand elle avait été sa femme, elle l'avait aidé dans son œuvre, soutenu dans ses luttes, consolé dans ses revers.

Leur union ne fut troublée par aucun nuage : c'est à Parthenay, auprès de sa femme, que Richemont, pendant sa disgrâce, venait chercher des consolations et des encouragements. Plus tard, Mme de Guienne avait contribué par son action incessante à la réconciliation de son frère Philippe le Bon avec Charles VII. Toute Bourguignonne qu'elle était, elle avait le cœur français et avait comme son mari et avec son mari, grandement servi la France. Elle mourut le 2 février 1442 à l'hôtel du Porc-Espi, et fut inhumée, suivant sa volonté, au couvent des Carmes de la place Maubert, pleurée de tous, pour le bien qu'elle n'avait cessé de faire pendant sa vie.

A cette époque, les princes recommençaient leurs intrigues afin de s'emparer du pouvoir. Déjà au mois de décembre, une entrevue avait eu lieu à Hesdin et à Rethel entre le duc de Bourgogne et Charles d'Orléans. Ils convinrent d'appeler à une grande assemblée, qui aurait lieu à Nevers, tous les princes de la maison de France. Les ducs de Bourbon et d'Alençon, les comtes d'Étampes, d'Angoulême, de Nevers, de Nemours, le bâtard d'Orléans s'y rendirent. La réunion eut lieu au mois de février 1442 et les princes exposèrent leurs griefs dans une requête, où ils se plaignirent notamment de ne pas être appelés aux affaires.

Dans cette circonstance, Charles VII fit preuve d'une grande habileté. Il sut donner satisfaction aux mécontents sans porter atteinte au prestige royal. Il déclarait formellement aux princes, du reste, que, s'ils ne se soumettaient pas, il abandonnerait tout pour marcher contre eux. Ils obéirent, et le duc Charles d'Orléans vint, avec sa femme, à Limoges, faire sa soumission au roi.

Charles VII put alors s'occuper des préparatifs de l'expédition qu'il avait projeté de faire en Guyenne contre les Anglais. La plupart des seigneurs de cette région étaient ou alliés des Anglais, ou fort peu disposés à servir la cause française. Quelques seigneurs cependant restaient fidèles à la France, mais ils étaient trop faibles pour résister aux attaques des Anglais et aux incessantes incursions des bandes de routiers.

Parmi ceux-ci se trouvait Charles d'Albret, vicomte de Tartas, dont la ville était alors assiégée par les Anglais. Cette petite place, située au milieu des landes de la Guyenne, ne pouvait résister longtemps. Charles d'Albret entra en pourparlers avec les Anglais, et promit de se rendre si le roi de France ou ses lieutenants n'arrivaient à son secours, la veille de la Saint-Jean d'été.

Charles VII se trouvait à Mont-de-Marsan avec le connétable lorsqu'il fut informé de la situation où se trouvait Charles d'Albret. Il partit aussitôt. Au jour indiqué, c'est-à-dire le 23 juin, il parut sur la lande devant la place de Tartas, entouré du dauphin, du connétable, de l'amiral de Coëtivi, du comte de Laval et d'un grand nombre de gentilshommes. Les Anglais, à la vue de cette armée, levèrent le siège et rendirent les otages, parmi lesquels se trouvait le fils de Charles d'Albret.

Trois jours après, le roi allait mettre le siège devant Saint-Sever, défendu par Sir Thomas Rampston. Le connétable fit établir les batteries du siège et l'attaque fut bientôt ordonnée. La garnison, ayant fait une sortie et s'étant avancée à quelque distance de la place, fut mise en déroute par les troupes du connétable. Thomas Rampston tomba au pouvoir des Français, et l'armée royale entra dans la place.

Richemont, aidé par le comte de la Marche, empêcha le massacre des habitants. Il fit mettre en lieu sûr les femmes et les enfants, et prit soin des plus petits en les faisant allaiter par des chèvres qu'il envoya quérir dans les campagnes.

Le roi resta à Saint-Sever avec ses troupes pendant cinq jours; puis alla assiéger Dax, que l'historien Mézeray appelle D'Ars, « ainsi nommé, dit-il, *ab Aquis*, des sources chaudes dont elle est toute remplie ». L'armée royale bivouaqua sous les murs de la place et le connétable campa au milieu de ses troupes. Ses bagages ayant été dérobés, il se contenta de quelques oignons pour toute nourriture et d'un peu de vin, ne voulant rien prendre sur la ration de ses hommes.

Dax se défendit énergiquement, ayant de bons arbalétriers qui firent beaucoup de mal aux assaillants. De hautes murailles protégeaient la ville du côté de la plaine ; et l'Adour, assez large du côté opposé, empêchait les troupes royales d'établir leurs engins en cet endroit.

Dès que le dauphin fut arrivé, on décida de pousser activement le siège, qui durait depuis près de six semaines, en attaquant l'une des bastilles établies à l'extrémité du pont. Le dauphin et le connétable marchèrent à la tête de leurs hommes et la forteresse fut emportée d'assaut. L'armée put alors franchir la rivière et faire sa jonction avec les troupes qui battaient les murailles du côté de la plaine et avaient pratiqué une brèche. La ville dut se rendre ; le roi y entra à la tête de l'armée.

Depuis le commencement de la campagne, Richemont s'était constamment trouvé en rapport avec le comte de la Marche. Celui-ci, peu après la mort de M⁻ de Guienne, avait formé le projet de marier sa nièce Jeanne d'Albret avec le connétable. Il s'en ouvrit à lui : la princesse fut agréée et le mariage eut lieu le 29 août 1442.

Il y avait bien peu de temps que Richemont avait perdu sa première femme, mais à cette époque les mariages étaient affaire politique, bien plus que de sentiment. Son union avec la nièce du comte de la Marche apportait le comté de Dreux à la France. Il est vrai que Dreux était alors aux mains des Anglais. Mais ce n'était pas ce qui embarrassait Richemont : il se promettait bien de le leur reprendre avant peu. Jeanne d'Albret ne vécut que peu de temps après son mariage.

Après les fêtes données à Nérac à l'occasion de cette union, le connétable se dirigeait vers Agen, lorsqu'il rencontra à Toulouse un envoyé de son neveu François, lui apportant la nouvelle de la mort de son frère.

Jean V avait été pour Richemont un ami, un allié sûr et fidèle. L'humeur hésitante et versatile du frère aîné ne trouvait guère de fixité que dans ses rapports avec son frère cadet, dont la fermeté et l'énergie lui imposaient. Il subissait sans trop de résistance la supériorité de Richemont, signant les traités, concluant les trêves, formant les alliances que lui conseillait son frère. Il le laissa toujours lever en Bretagne les hommes dont il avait besoin, fournissant ainsi les meilleures recrues pour la délivrance de la patrie.

Jean V laissait trois fils, François, Pierre et Gilles. François, son héritier, en même temps qu'il faisait annoncer à son oncle la mort de son père, lui demandait de venir assister à son couronnement. La présence de Richemont était dans ce moment très utile à l'armée; mais Charles VII tenait à ménager le nouveau duc, il le laissa partir.

Le connétable se rendit aussitôt à Ploërmel auprès de son neveu et l'accompagna à Auray, à la rencontre de la princesse Isabeau d'Écosse, fiancée au duc François, veuf de sa première femme, Yolande d'Anjou. Il assista au mariage de son neveu et le suivit à Rennes pour la cérémonie du sacre. Il l'arma chevalier dans cette même cathédrale, où, plus de quarante ans auparavant, il avait été lui-même armé chevalier par son frère Jean V.

Quels changements s'étaient opérés depuis cette époque! Ce n'était plus l'enfant recevant l'épée de chevalier en présence du connétable de Clisson. Il tenait aujourd'hui l'épée de connétable avec plus de gloire que Clisson lui-même. Que de hautes pensées devaient remplir son âme! il devait se dire qu'il avait déjà beaucoup fait, et qu'il lui restait beaucoup à faire encore!

Au milieu des fêtes du mariage et du couronnement du duc de Bretagne, un nouveau deuil vint frapper Richemont : il apprenait la mort de la reine Yolande de Sicile. Nous avons dit ce qu'elle avait été pour lui. Elle avait deviné le solide soutien qu'il apporterait au trône de son gendre Charles VII, et elle ne l'avait jamais abandonné, même dans sa disgrâce et surtout dans la terrible lutte contre les favoris.

Lorsque le connétable revint auprès du roi, il apprit que Somerset venait de débarquer à Cherbourg à la tête d'une armée de huit mille hommes, et avait pénétré dans le comté d'Alençon, pillant et incendiant tout sur son passage. Lord Talbot assiégeait Dieppe alors ; le but de Somerset était d'occuper les Français, afin de les empêcher d'entraver l'expédition de Talbot.

Dieppe se défendit pendant de longs mois. Il fallut l'intervention du dauphin pour obliger les Anglais à lever le siège : leur flotte qui croisait en rade ne put qu'assister impassible et impuissante à la défaite des troupes qu'elle avait débarquées.

Laissant Talbot occupé au siège de Dieppe, Somerset s'était avancé au cœur du pays ; il traversa la Normandie, le Maine, arriva jusque vers Segré et vint mettre le siège devant Pouancé. A cette nouvelle, le connétable se rendit à Château-Gonthier, où il réunit ses troupes à celles du duc d'Alençon et à celles que lui amenaient le maréchal de Lohéac, Jean et Louis de Bueil. Sans vouloir attendre plus longtemps, le maréchal de Lohéac et les deux frères de Bueil voulurent marcher contre l'ennemi. Le connétable, ne jugeant pas leurs forces suffisantes, leur représenta qu'il serait plus sage d'attendre le renfort de deux cents archers qui devait arriver dans la nuit. Ils ne voulurent rien entendre et résolurent d'aller présenter la bataille à l'ennemi sans plus tarder.

Somerset, informé de leur projet, envoya contre eux Ma-

thieu Goth, qui survint à l'improviste et n'eut pas de
peine à les mettre en déroute. Le maréchal de Lohéac et
Jean de Bueil parvinrent à battre en retraite ; mais Louis de
Bueil resta au pouvoir des Anglais. Ils joignirent le connétable ; celui-ci, dans la crainte d'un nouvel échec, retourna à Saumur auprès du roi.

L'insuccès de cette expédition ne pouvait être imputé
qu'à l'insubordination des troupes et de leurs capitaines.
Aussi, non seulement les routiers n'avaient pas dit leur
dernier mot, mais encore les chefs de compagnies refusaient
d'obéir aux ordres qu'ils recevaient. L'insuffisance des réformes apparaissait de jour en jour plus flagrante. Les
actes d'indiscipline et les pillages se reproduisaient sous les
yeux du connétable, du roi lui-même. Les campagnes et
les villes étaient dévastées et, tandis que les paysans étaient
obligés de cacher leurs bestiaux pour éviter qu'ils ne fussent enlevés par les routiers, les cités se fortifiaient pour
se mettre à l'abri des coups de mains.

Le connétable, plus que tout autre dans les conseils du
roi, travaillait à réprimer ces désordres ; mais la lutte avec
l'Angleterre mettait des entraves à ses résolutions. Aussi
apprit-il avec satisfaction les ouvertures faites par son neveu
François Ier pour arriver à la conclusion de la paix. Ce
n'était pas cependant ce qu'il souhaitait réellement : car la paix
c'était la consécration des conquêtes des Anglais en France ;
il n'eût pu alors poursuivre la campagne qu'il avait commencée et leur enlever les territoires qu'ils détenaient. Ce qu'il
voulait, c'était une trêve lui permettant de réorganiser
complètement l'armée. Ce but atteint, il pourrait donner
libre essor au projet qui avait été l'ambition de toute sa vie.

Dans le cours de l'année 1443, le duc François envoya
auprès du roi Henri VI son frère Gilles, afin de poser les

préliminaires d'une négociation. Ce jeune prince pouvait plus que tout autre mener à bien cette entreprise. Il avait vécu longtemps en Angleterre, et le roi l'aimait beaucoup. Aussi fut-il reçu à la cour avec de grandes marques d'amitié. Henri VI écrivit au duc de Bretagne combien il était heureux du choix d'un tel ambassadeur. Quant à la conclusion de la paix, il ne la repoussait pas, mais insistait pour que l'assemblée qui devait en délibérer eût lieu en Angleterre. C'était une fin de non-recevoir ; l'affaire en resta là.

Quelque temps après cependant, le 11 février 1444, le roi d'Angleterre envoyait le comte de Suffolk auprès de Charles VII pour entamer des négociations en vue de la paix. Il acceptait alors ce qu'il avait énergiquement repoussé quelque temps auparavant, c'est-à-dire que l'assemblée eût lieu en France. Il faisait en outre des ouvertures au sujet de son mariage avec Marguerite d'Anjou, fille du roi René de Sicile et d'Isabeau, duchesse de Lorraine.

Les conférences s'ouvrirent à Tours le 16 avril 1444. Le connétable avait été précédemment envoyé par Charles VII en Bretagne, afin d'inviter le duc François Ier à y assister. L'entente ne put se faire entre les membres du conseil et l'ambassadeur du roi d'Angleterre : car celui-ci ne voulait pas reconnaître Charles VII comme roi de France et refusait de faire hommage, au nom de son maître, pour le duché de Normandie et la Guyenne. Aussi, ce que désirait Richemont arriva : une trêve marchande, dont le terme était fixé au 1er avril 1446, fut seule conclue. Le mariage du roi Henri VI avec la princesse Marguerite d'Anjou n'en fut pas moins décidé.

Cette trêve donnait à Richemont toute liberté pour poursuivre son œuvre contre les routiers : car « c'estoit l'une des choses que plus il désiroit, et toujours avoit tasché de faire ».

Au mois d'août 1444, le connétable suivit le roi en Lorraine, emmenant avec lui les compagnies de routiers, que la trêve avec l'Angleterre laissait libres dans les régions frontières.

Le roi de Sicile, René d'Anjou, avait demandé aide et protection au roi de France contre les habitants de Metz, dont il avait à se plaindre. Metz était une ville libre, dont la prospérité était grande, grâce à son commerce. René d'Anjou devait à la ville une somme de 100,000 florins d'or, et sa réputation de mauvais payeur égalait sa renommée de poète troubadour.

Un jour la princesse Isabeau de Lorraine, sa femme, apprenant que des indulgences venaient d'être promises par le pape Eugène IV aux personnes qui iraient à Pont-à-Mousson suivre les cérémonies religieuses pendant les fêtes de la Pentecôte, résolut de s'y rendre. Elle fit expédier ses bagages; mais, lorsqu'elle arriva quelques jours après, elle apprit que les Messins les avaient fait saisir et prétendaient les garder comme gage de la dette du roi René. La princesse quitta la ville et alla rejoindre son mari pour se plaindre de ce qu'elle appelait une trahison. C'est alors que René, ne se sentant pas en force pour obtenir raison des Messins, s'adressa à Charles VII.

Le roi envoya Richemont et Pierre de Brézé procéder aux préparatifs du siège de Metz, pendant qu'il allait lui-même recevoir la soumission des habitants d'Épinal. Le connétable arriva devant la place le 10 septembre 1444, à la tête d'une armée de dix mille hommes.

La ville de Metz, entourée de hautes et solides murailles avec tourelles et bastilles, présentait des ouvrages de défense d'une grande importance. La population était animée d'un grand courage et disposée à résister vigoureusement aux assaillants. Les corps de métiers furent préposés à la défense des bastilles, tandis que les échevins se mettaient à la tête des milices, qui s'organisèrent, dès que l'on apprit l'arrivée des troupes royales.

Le connétable prit ses dispositions en vue d'une attaque immédiate. Le roi venait à peine d'arriver, que Richemont s'était déjà emparé des villages d'Ancy, de Martigny, d'Arc, dont les églises avaient été converties en forteresses. Le faubourg Saint-Symphorien seul, avec ses ouvrages avancés, résistait au feu des assaillants. La prise de ce faubourg pouvait être d'une grande utilité pour la reddition de la ville; aussi, le connétable résolut-il de se porter de ce côté. Les Messins furent plus prompts que lui, et lorsqu'il arriva avec ses troupes, le faubourg n'était plus qu'un monceau de ruines : tout avait été incendié et les murailles s'étaient écroulées sous le feu des mines.

Le siège continuait sans grands avantages de part et d'autre. Ce n'étaient chaque jour que combats d'avant-postes, qu'escarmouches et enlèvements de convois. Un jour, Jacques Simon, l'un des échevins de Metz, résolut de faire ses vendanges malgré la présence de l'ennemi. Il sortit de la ville avec une escouade de femmes et une compagnie d'archers. Après avoir conduit les vendangeuses dans les vignes, il prit place avec ses hommes dans des barques et remonta la Moselle jusqu'auprès de Longueville, où il s'embusqua derrière un bouquet d'arbres. Les Français, croyant n'avoir affaire qu'à des femmes, s'approchèrent pour les saisir. Ils furent accueillis par les traits des archers et forcés de battre en retraite.

Un autre jour, une bande de cigognes vint s'abattre dans un champ, à quelques pas des remparts. En les voyant sautiller de côté et d'autre, les assiégeants crurent que les Messins cherchaient à faire rentrer leurs récoltes. Cette fois ils s'avancèrent en force pour surprendre l'ennemi. A leur approche les cigognes prirent leur vol, à leur grand désappointement et à la grande joie des assiégés qui les narguaient du haut de leurs murailles.

Ces escarmouches n'avançaient ni l'attaque ni la défense. Le siège pouvait durer longtemps encore, et les Messins comprenaient que les troupes royales, fortement établies dans leurs cantonnements, finiraient par avoir raison de la place. En outre, ils s'affaiblissaient chaque jour et, bien que la ville eût été fortement approvisionnée, les vivres commençaient à manquer.

Ils résolurent donc d'entrer en pourparlers avec le roi, et ils envoyèrent un messager à Pierre de Brézé, Messin d'origine, pour lui demander de se charger des négociations. Charles VII, de son côté, sentait bien que ses troupes se décourageaient à cause de la longueur du siège, et qu'il valait mieux traiter de la paix que de prolonger la lutte. Une entrevue eut lieu à Nancy avec les délégués de la ville, et leurs propositions furent agréées.

La paix fut signée à Pont-à-Mousson le 28 février 1445. Metz s'engagea à payer une rançon de 84,000 florins au roi de France, René d'Anjou obtint remise entière de sa dette et la princesse Isabeau rentra en possession de ses bagages.

Au début de la campagne de Lorraine, Richemont apprit la mort de Mme d'Albret, sa femme. Veuf pour la deuxième fois, il écouta cependant, quelque mois après, les ouvertures que lui firent les comtes du Maine et de Saint-Pol au sujet d'un mariage avec Catherine de Luxembourg. Il épousa cette princesse au mois de juillet 1445.

Cette union faisait entrer le connétable dans l'une des plus importantes familles de France; aussi porta-t-elle ombrage au chancelier Pierre de Brézé, qui l'accusa de préparer une nouvelle Praguerie à son profit. Richemont n'eut pas de peine à réduire à néant cette accusation. Il fut bientôt reconnu d'ailleurs que le chancelier n'avait agi que pour perdre le connétable et les princes dans l'esprit du roi et les éloigner du pouvoir.

CHAPITRE VII

A l'époque où se passaient les événements dont nous avons parlé au chapitre précédent, le pouvoir royal prenait chaque jour plus de force. Ce n'était plus le temps où les intrigues de cour pouvaient avoir grande influence sur la volonté du roi. Les ministres, d'ailleurs, avaient de trop grandes préoccupations alors pour s'en laisser distraire. L'organisation définitive du système militaire était le but qu'ils poursuivaient; tous se réunirent dans cette pensée commune.

L'expédition de Lorraine n'avait donné que des résultats négatifs; elle n'avait été qu'une excursion militaire sans profit pour la France. En outre, les routiers et les écorcheurs n'avaient cessé de ravager les régions qu'ils avaient traversées, aussi bien en France qu'en Lorraine. Ces bandes indisciplinées avaient laissé derrière elles des traces sanglantes, et les armées françaises avaient recueilli bien peu de gloire de leurs succès.

Les excès de cette campagne avaient ouvert les yeux aux plus raisonnables parmi les seigneurs de la cour. Ils résolurent de profiter de la trêve conclue avec l'Angleterre pour se hâter de réformer et de réorganiser définitivement l'armée en vue de la délivrance finale.

Charles VII, de son côté, jugeait depuis longtemps ces

réformes indispensables ; il avait été témoin par lui-même des désordres qui existaient dans les camps ; il avait vu l'autorité des chefs méconnue et bien souvent les capitaines n'obéissant pas à ses ordres. Aussi, avait-il « ceste besoingne moult à cuer ».

Artur de Richemont allait donc enfin voir se réaliser les projets qu'il nourrissait depuis si longtemps. Lors de sa captivité en Angleterre, il avait, quoique bien jeune encore, mis à profit ses loisirs pour étudier l'organisation de ses ennemis et avait reconnu combien la discipline avait contribué aux victoires qui leur avaient livré la France.

Déjà en 1425, à peine revenu de captivité, il avait aidé son frère Jean V dans la création des milices bretonnes. Plus tard, en 1439, il avait été l'instigateur des Compagnies d'ordonnance, dont le système, quoique incomplet, devait servir de base à la formation des milices qu'il projetait.

Plus que tout autre, peut-être, Richemont avait souffert des désordres de l'armée. Il avait mis tous ses soins à réglementer les troupes par une discipline sévère et à faire cesser les brigandages. Nous l'avons vu bien des fois rester impuissant ; c'est que alors, loin d'être soutenu par le pouvoir royal, il était entravé par tous ceux qui entouraient le roi. Maintenant tout était bien changé, c'était sur lui que Charles VII comptait pour mener à bien les réformes qu'il se proposait de faire. Qui pouvait mieux que Richemont, en effet, exécuter les grands projets de réorganisation ? Il fallait son expérience des choses de la guerre, les vingt années de sa vie passées dans les camps.

A la fin de l'année 1444, le licenciement de l'armée et sa réorganisation avaient été discutés. Quelques membres du Conseil objectèrent que cette mesure présentait de grands dangers dans son exécution ; car il y avait trop de gens intéressés au maintien de l'état des choses pour ne pas mettre obstacle au licenciement des troupes dont ils avaient le commandement. Ils étaient bien nombreux; leur façon de vivre leur était profitable. Ils pouvaient se révolter contre les ordres du roi; il serait alors bien difficile de les réduire : c'était la guerre civile à courte échéance. D'autres faisaient ressortir combien serait onéreuse pour le pays la formation d'une armée nouvelle.

Le connétable de Richemont, auquel se joignirent le roi de Sicile, le sire de Brézé, avec lequel il était réconcilié, et quelques membres du Conseil, combattit victorieusement toutes ces objections. Devant l'énergie de sa parole, devant son assurance formelle de réussir, son avis prévalut.

Mais, avant de prendre une décision, on chercha à gagner les chefs principaux des bandes que l'on voulait renvoyer. On sonda leurs intentions et on s'attacha à obtenir leur concours, en leur promettant un commandement dans la nouvelle armée. Tout enfin fut préparé en vue de la réorganisation projetée. Aussi, ne tarda-t-on pas à voir nombre de gentilshommes acheter des chevaux et des équipements magnifiques, dans l'espoir d'obtenir des commandements. Plusieurs vieux routiers se mirent à la suite des anciennes compagnies, afin d'obtenir la première place vacante dans les nouvelles.

Dès que les mesures préparatoires furent achevées, Charles VII, par une ordonnance donnée à Châlons, le 9 janvier 1445, porta le licenciement à la connaissance de tous et chargea Richemont d'en assurer l'exécution. L'opération était délicate, elle fut conduite avec sagesse et précaution par celui-ci.

Il avait, en effet, à examiner toutes les troupes, à mesure qu'elles arrivaient au lieu où elles avaient été convoquées et à en éloigner les mauvais éléments qu'elles renfermaient. Il mit le plus grand soin à passer en revue chaque compagnie, et sut en écarter tous les hommes dont la présence pouvait nuire à la discipline et compromettre le succès des mesures prescrites.

Le premier acte de Richemont fut de faire comparaître devant lui les routiers de Lorraine. Puis il se rendit en Franche-Comté sans se laisser intimider par les protestations de Thiébaud de Neuchâtel, maréchal de Bourgogne, qui voulait lui interdire l'entrée des possessions de Philippe le Bon. Il dut ensuite s'emparer de Corbeil, pour avoir raison des officiers du duc de Bourbon. Malgré ces quelques difficultés, il réussit dans son entreprise, et bientôt le licenciement des bandes de routiers était terminé dans tout le royaume.

Par suite du choix qui fut fait pour composer les nouvelles compagnies, beaucoup d'hommes durent être congédiés. On leur accorda une amnistie générale pour tous leurs méfaits passés ; mais il leur fut enjoint de se retirer sans délai et de rejoindre les pays d'où ils étaient venus, avec défense expresse de commettre aucun pillage dans les régions qu'ils auraient à traverser, sous les peines les plus sévères. Des capitaines furent d'ailleurs spécialement commis pour les accompagner jusqu'à leur pays d'origine.

Bien des hommes que l'on eut à licencier étaient des paysans qui avaient abandonné autrefois leurs champs et leurs maisons pour embrasser le métier des armes. Ils avaient préféré suivre un état où chacun pillait et volait plutôt que d'être pillés et volés eux-mêmes.

Le connétable délivra au bâtard de Luxeuil, chargé d'accompagner un détachement de cent soixante hommes congédiés, un sauf-conduit, conservé à la Bibliothèque des Chartes, dont nous détachons le passage suivant qui offre quelque intérêt : « Vous mandons expressément et par mondict Seigneur et nous et à chacun de vous que le dit bastard accompaigné et en faisant comme dit est, souffrez laissez aler, passer et mener le dit nombre de gens et chevaulx en et par vos dictes villes, citez, juridictions et aultres des troiz que bon lui semblera, plaisamment, paisiblement, sans lui mettre ne souffrir être mis ou donné, ne à aucun de sa dicte compaignie, aucun arret destourbier ou empeschement en quelque manière que ce soit. Car ainsi plaist à mondict Seigneur le Roy et à nous, nonobstant leurs crimes à cause de la guerre..... Les présentes dureront ung mois. Donné à la Marche en Lorreyne le 20e Jour d'Avril l'an Mil CCCCXLV. »

Charles VII expédia des mandements aux bailliages par les soins d'officiers spéciaux, afin de leur faire connaître les dispositions prises dans son Conseil et de leur ordonner d'y tenir la main. Ces mandements furent immédiatement publiés dans les villages, et quinze jours après les soldats congédiés avaient rejoint leurs foyers. « Les Marches et pays du royaume devinrent plus sûrs et mieux en paix, dès les deux mois qui suivirent qu'ils n'avaient été trente ans auparavant. » Les mesures énergiques prises par le roi, de concert avec Richemont, et que celui-ci avait su faire exécuter avec tant de fermeté, avaient donné à réfléchir aux plus audacieux.

L'ordre et la paix revinrent dans le royaume. Les routes ne furent plus infestées comme elles l'étaient autrefois. Le marchand put reprendre son commerce sans crainte d'être arrêté ou entravé. L'agriculture, délaissée depuis si longtemps, ne tarda pas à renaître ; les paysans et les laboureurs purent défricher et labourer leurs terres, ensemencer leurs champs, et les villes dépeuplées virent rentrer leurs habitants, « et ainsi fut ostée la pillerie de dessus le peuple qui longtemps avoit duré, dont Richemont fut bien joyeux, car c'estoit l'une des choses que plus il désiroit et toujours avoit tasché de le faire; mais le Roy n'y avoit voulu entendre à cette heure ».

Le licenciement était terminé : il ne restait plus maintenant à Richemont qu'à poursuivre la réorganisation des compagnies dissoutes, sur de nouvelles bases. Par une ordonnance, sorte de corollaire de celle du 9 janvier, il fut établi qu'à l'avenir chaque lance comprendrait un homme d'armes, son écuyer et son page, ayant chacun un cheval. Quant aux archers il ne fut accordé qu'un valet pour deux archers, soit trois personnes et trois chevaux. On organisa ainsi quinze compagnies de cent lances chacune et quinze compagnies de cent archers; on en confia le commandement à des capitaines expérimentés. Ces compagnies formèrent une troupe de neuf mille hommes et de neuf mille chevaux, et constituèrent ainsi, avec les capitaines, un corps de dix mille hommes.

Il fut ordonné que « l'homme d'armes aurait dix livres tournois par mois, les gens de sa suite ensemble dix livres, et les capitaines vingt sols en plus pour son état; le tout payable en argent et, pour le payement de la dicte lance fourni des vivres pour une valeur de dix livres tournois ».

Par une ordonnance, donnée à Louppy-le-Château, le 26 mai 1445, il fut déclaré que, pour assurer le payement des troupes, on lèverait une taille sur les villes dans lesquelles les compagnies tiendraient garnison. Cette taille fut appelée *Taille des gens d'armes*. Des commissaires, nommés par les bailliages et les sénéchaussées furent chargés de prélever ces tailles et de payer aux capitaines la solde de leurs hommes.

Au lieu de les laisser dans les pays frontières, on dispersa les compagnies par groupes de dix à trente lances et on les répartit dans tout le royaume. En outre, ne voulant pas les abandonner dans les campagnes, où la surveillance eût été beaucoup trop difficile, on les envoya dans les villes fermées, telles que Châlons, Sens, Troyes et Reims. Là, elles se trouvaient placées sous une autorité plus forte, et contraintes à une discipline qui permettait de mettre les populations à l'abri des excès de la soldatesque, dans le cas où il viendrait à s'en produire. D'ailleurs, dans les villes où les troupes étaient cantonnées, les bourgeois et le peuple, étant en plus grand nombre, pouvaient en avoir facilement raison.

Les capitaines, mandés par le roi, prêtèrent entre ses mains le serment de se conformer aux prescriptions des ordonnances ; ils jurèrent de ne faire aucun dommage aux gens d'Église, aux laboureurs, aux marchands et autres, de veiller à ce que leurs hommes n'en fissent de leur côté, étant responsables de tout méfait commis. Il leur fut ordonné de faire choix eux-mêmes de leurs hommes parmi les plus braves et les plus honnêtes.

Un article spécial disposait que le roi « commettra dans chaque pays un homme de bien qui aura charge de visiter tous les archers et de savoir s'ils sont bien au point et de les assembler toutes les fois que le roi les demandera où qu'il lui plaira. De plus, le capitaine devra visiter tous les mois les archers de sa compagnie, et s'il y trouve quelque faute, il ne manquera pas de la signaler aux commissaires du roi ». Cette clause supprimait, comme on le voit, le droit de justice qu'avaient autrefois les chefs de compagnie sur leurs hommes.

Charles VII avait été puissamment aidé dans l'organisation de l'armée par les princes et les seigneurs de son entourage ; mais la plus grande part revient, sans aucun doute, au connétable de Richemont. Les chroniqueurs du temps, sans parler de Gruel, son historien, ne varient pas sur le rôle qu'il joua dans le licenciement des troupes et dans la formation des nouvelles milices. Tous, même ceux qui lui étaient hostiles, s'accordent pour parler de Richemont comme de l'un des principaux promoteurs des réformes militaires accomplies sous le règne de Charles VII. Nous le verrons créer, trois ans plus tard, le corps des francs-archers et des arbalétriers, cette première infanterie française, qu'il composa de gens de roture et de petit état. Il s'inspira alors du système déjà mis en pratique par les Anglais.

L'organisation militaire accomplie à cette époque fut la conséquence de la réforme financière de 1443, due à l'argentier Jacques Cœur. Celui-ci fut le promoteur de l'ordonnance qui établissait les impôts directs, ainsi que les droits sur le sel et sur les boissons, et en réglait la perception. On retrouve dans l'ordonnance de 1443 les principes de la comptabilité qui régit encore les finances de nos jours. A dater de cette époque, les receveurs furent astreints à rendre leurs comptes tous les deux ans et les receveurs généraux durent soumettre les leurs à première réquisition de la Chambre des comptes.

La réforme judiciaire suivit la réforme financière. Charles VII créa en 1443 le Parlement de Toulouse, qui fut le premier démembrement de celui de Paris. Il étendait son ressort sur tout le Languedoc et la Guyenne. Puis, sans vouloir soumettre le royaume tout entier à une juridiction uniforme, et désirant tenir compte des mœurs et coutumes de chaque province, le roi décida d'arrêter d'une façon définitive les divers textes de lois et coutumes en usage. Il les fit « escrire et accorder par les praticiens de chaque païs », afin de ne pas laisser les habitants à la merci d'interprétations souvent arbitraires.

La réforme financière et l'organisation judiciaire étaient l'œuvre de Jacques Cœur, comme nous l'avons dit, et des frères Bureau, comme la création du nouveau système militaire était due à Richemont. Mais s'ils ont préparé et mis en pratique ces sages réformes, aussi bien dans les finances et la justice que dans l'armée, trois femmes : Yolande, reine de Sicile ; sa fille, Marie d'Anjou, reine de France, et Agnès Sorel les avaient aidés à les faire accepter par Charles VII, qu'elles avaient su tirer de la mollesse des premières années de son règne. Au-dessus de tous planait la grande ombre de Jeanne d'Arc, personnifiant l'âme de la patrie et inspirant à chacun ce qu'il restait à faire pour le salut et la grandeur de la France.

CHAPITRE VIII

CAMPAGNE DE NORMANDIE

L'organisation de l'armée, depuis si longtemps désirée par Richemont, était enfin réalisée selon ses vœux. Elle eut un double résultat : un résultat militaire, l'ordre et la discipline établis dans les troupes; un résultat politique, la confiance et la tranquillité dans les populations, désormais à l'abri des coups de main et du pillage. Les villes et les campagnes allaient être toutes disposées à embrasser la cause d'un parti qui les garantissait contre les excès des gens de guerre.

Richemont croyait avoir, et avait en effet, maintenant, dans les mains les instruments de la délivrance. Il avait hâte d'en profiter; il avait hâte de reprendre aux Anglais la Normandie. Mais la trêve de Tours avait été plusieurs fois renouvelée et durait encore. Henri VI, il est vrai, n'en respectait guère les conventions et donnait prétexte aux représailles.

C'est ainsi que la trêve avait stipulé que l'Angleterre restituerait le Mans aux princes de la maison d'Anjou, et, depuis quatre ans, cette clause n'avait pas été exécutée. Charles VII, d'accord avec le duc de Bretagne et le connétable, décida de faire reconnaître par la force les droits du duc d'Anjou. Le bâtard d'Orléans, le maréchal de Lohéac et l'amiral de Coëtivi furent chargés par le roi d'aller mettre le siège devant la ville. A peine arrivés, la division se mit parmi eux, aucun ne voulant abandonner le commandement. Charles VII fut forcé alors d'envoyer le connétable pour rétablir l'ordre, et il lui donna la direction des opérations.

Après s'être rendu compte des forces de l'ennemi, Richemont fit faire les travaux d'approche et somma la garnison de se rendre. La ville du Mans avait été mise depuis longtemps en état de défense. Les Anglais y avaient accumulé des vivres et des munitions. Ils pouvaient tenir longtemps ; mais, devant les forces du connétable, l'évêque de Glocester, commissaire du roi d'Angleterre, demanda à entrer en pourparlers. Le connétable ne crut pas devoir repousser ses propositions, et l'accord fut bientôt fait sur les conditions de reddition de la place.

Dans la minute du traité, accepté par Richemont, le duc de Bretagne, auquel la ville était remise, était désigné comme sujet du roi de France ; mais les Anglais lui en substituèrent un autre, où il était qualifié de vassal du roi d'Angleterre.

Afin que l'on ne s'aperçût pas de la supercherie, les Anglais demandèrent que la reddition de la place eût lieu pendant la nuit et seulement au moment de l'échange du traité. Cette disposition ayant été acceptée par les Français qui ne suspectaient pas la bonne foi de leurs ennemis, les commissaires du connétable descendirent dans les fossés des remparts, dans la nuit du 16 au 17 mars 1448; ils y reçurent le traité des mains des envoyés de Glocester. Aussitôt après, les Français pénétrèrent dans la ville, tandis que les Anglais en sortaient par un autre côté.

La trêve avec l'Angleterre continuait néanmoins, elle avait même été renouvelée jusqu'en 1450. Aussi songea-t-on à compléter la réforme militaire par l'institution d'une infanterie régulière. Richemont déploya encore dans cette circonstance les qualités qu'il avait montrées lors de la formation des compagnies, trois ans auparavant.

Par une ordonnance, datée de Montilz-les-Tours le 28 avril 1448, il fut décidé que chacune des seize mille paroisses du royaume fournirait au roi un homme de pied ayant fait la guerre. Il devait s'armer à ses frais, c'est-à-dire avoir une dague, une épée, une salade, une trousse et une brigantine. Il était tenu de s'exercer à tirer l'arc tous les jours de fêtes, et devait accourir au premier appel.

Le choix de ces hommes fut laissé aux baillis et aux sénéchaux. Leur solde fut fixée à quatre francs par mois; ils furent exempts de la taille et d'impôts; aussi reçurent-ils le nom de *Francs-archers*.

Ce nouveau corps forma une infanterie régulière complétant, avec les compagnies de 1445, l'armée française. Ce n'était plus, comme au temps de la chevalerie, où l'homme d'armes combattait sous la bannière du seigneur, ayant sa suite personnelle composée d'écuyers, de pages, de valets, auxquels venaient se joindre des marchands, des femmes de mauvaise vie, des gens sans aveu. Grâce à la trêve de Tours, la France avait pu constituer une armée sérieuse capable de se mesurer avec les Anglais.

L'esprit français, déjà à cette époque satirique et moqueur, s'égaya bien un peu du corps des francs-archers. Un monologue, attribué à François Villon, nous montre un archer parcourant les plaines de Bagnolet, fier, rempli de morgue, menaçant de trancher les montagnes, de pourfendre les escadrons, lorsque tout à coup, se retournant, ce matamore aperçoit « un espoventail de chenevière faict en façon d'ung gendarme, croix blanche devant et croix noire derrière, en sa main tenant une arbalète ». Il s'arrête terrifié, tout son courage l'abandonne ; il tombe à genoux et s'écrie, se croyant mort :

> En l'honneur de la Passion
> de Dieu, que j'aye confession,
> car je me sens ja fort malade.

Quoi qu'il en soit de cette satire, le capitaine des compagnies de 1445 et le franc-archer de 1448 vengeront bientôt à Formigny les vaincus d'Azincourt, et sont les ancêtres des héros de Marignan et de Rocroy. Plus tard, leurs descendants conduiront à travers le monde le drapeau de la France et de la civilisation.

Tout était prêt maintenant contre les ennemis : les chefs, l'armée, les finances. Il ne manquait qu'une cause pour rompre avec les Anglais ; ils se chargèrent eux-mêmes de la fournir.

Après avoir évacué le Mans, les Anglais s'étaient repliés vers les confins de la Bretagne et de la Normandie, et s'étaient cantonnés dans Saint-James-de-Beuvron, appartenant au duc de Bretagne. Malgré les protestations de Charles VII, le roi d'Angleterre refusa de rendre la place, la détenant, disait-il, comme suzerain du duc François, en vertu du traité du Mans, odieusement falsifié par l'évêque de Glocester.

En outre, il encourageait secrètement les capitaines de ses troupes à faire des incursions sur les terres de Bretagne. C'est ainsi que François de Surienne, capitaine aragonais à sa solde, arriva avec six cents lances sous les murs de Fougères. Dans la nuit du 23 au 24 mars 1449, lorsque tout dormait dans la ville, Surienne, avec quelques hommes, escalada le château, fit la garnison prisonnière et, le lendemain matin, dès la première heure, ouvrit les portes pour faire entrer le reste de ses troupes. Les Anglais, après avoir pillé la ville et massacré les habitants sans défense, se répandirent dans les campagnes environnantes, mettant tout à feu et à sang.

A la nouvelle de cet odieux attentat, accompli en pleine trêve, le duc de Bretagne se plaignit à Henri VI et à Charles VII. Le roi d'Angleterre désavoua François de Surienne, mais ne rendit pas Fougères. Le roi de France ne fut pas plus heureux dans ses négociations. Il se prépara alors à reprendre les hostilités, et passa avec le duc François un traité par lequel il s'engageait à ne faire ni paix ni trêve avec Henri VI, tant que celui-ci n'aurait pas rendu Fougères. Il approuvait implicitement, en outre, le duc de Bretagne dans toutes ses tentatives contre les Anglais.

Dès que Richemont apprit la prise de Fougères, il se rendit à Rennes auprès de son neveu, afin de s'entendre sur les préparatifs militaires que comportait la situation. Le duc de Bretagne l'investit du commandement de ses troupes, avec le titre de lieutenant général, et Richemont, dès la fin du mois d'avril, se rendit à Saint-Aubin-du-Cormier pour mettre la place en état de défense, en vue d'une prochaine attaque contre Fougères.

Richemont en confia la garde à Jacques de Luxembourg, son beau-frère, et fit une courte excursion sous les murs de Fougères. Quelques rencontres entre ses troupes et la garnison eurent lieu; les Anglais furent repoussés; mais Richemont, ne se sentant pas en force pour une attaque sérieuse, laissa quelques troupes surveiller les mouvements de l'ennemi et retourna en Bretagne, afin d'activer la formation d'une armée qui lui permît de pousser plus activement l'expédition.

Il revint alors vers Saint-James-de-Beuvron, dont il

n'eut pas de peine à s'emparer; la place capitula le 29 juin 1449. Pendant ce temps, il envoyait le maréchal de Lohéac et le sire de Malestroit assiéger Mortain; la ville se rendit après quelques jours de résistance acharnée.

Pendant ces diverses opérations militaires, le roi de France avait continué les pourparlers avec les envoyés du roi d'Angleterre. Voyant qu'aucun résultat n'en était advenu, il résolut, d'accord avec ses conseillers, de rompre définitivement la trêve; la guerre fut déclarée le 31 juillet 1449.

C'était la Normandie que Charles VII s'était proposé de reconquérir et la campagne dans cette province devait se rattacher à l'expédition contre Fougères. Déjà Mortain, Dol, Vitré, Antrain étaient au pouvoir des troupes bretonnes; c'étaient des positions importantes pour le début des opérations.

Le bâtard d'Orléans fut nommé lieutenant général pour le roi en Normandie et le duc de Bretagne fut chargé d'opérer dans le Cotentin, tandis que le connétable recevait l'ordre de seconder son neveu dans cette campagne. Pendant ce temps, le comte de Foix reprenait la guerre contre les Anglais dans le Midi.

Tout à cette époque devait favoriser le succès de nos armes. Les chefs avaient de bonnes troupes; mais leurs troupes les meilleures, c'étaient les populations elles-mêmes. Ce fut le caractère de cette campagne. Les Anglais, mal nourris et mal payés, étaient maintenant les pillards, les routiers détestés ravageant les campagnes et rançonnant les villes. Aussi, dès que l'armée royale paraissait, les cités ouvraient leurs portes; les paysans couraient aux armes pour aider les Français. Les garnisons anglaises assiégées avaient contre elles les citoyens unis aux assiégeants. La France voulait redevenir France.

Quant à l'armée de l'Ouest, qui devait opérer dans le Cotentin sous les ordres du connétable, elle mit quelque retard à se former; mais dès qu'elle fut prête, ses succès ne furent pas moins rapides.

Le duc de Bretagne arriva avec le connétable à Dinan, le 1ᵉʳ septembre 1449, à la tête d'une armée de 6.000 hommes. Après avoir laissé à son frère Pierre le soin d'assiéger Fougères, François Iᵉʳ se dirigea vers la Normandie et se porta sur Coutances. Aussitôt arrivé devant la place, il chargea Richemont de pousser activement le siège. Coutances ne put tenir longtemps et se rendit après deux jours d'attaque. De là, l'armée bretonne se porta sur Saint-Lô, qui tomba en son pouvoir le 17 septembre 1449. Le duc de Bretagne et Richemont, continuant leur campagne, s'emparaient successivement de Thorigny, de la Haye-du-Puits, de Barneville, de Beuzeville, de la Mothe-l'Évêque.

Devant cette marche vraiment triomphale, le duc de Somerset, qui commandait en Normandie les troupes du roi d'Angleterre, eut l'audace de se plaindre au roi de France que le duc de Bretagne s'était emparé de plusieurs villes appartenant à son maître. Charles VII promit de faire rendre ces villes, lorsque le roi d'Angleterre rendrait Fougères.

Poursuivant leur campagne, le duc de Bretagne et le connétable marchaient sur Carentan, lorsqu'ils furent rejoints par une troupe considérable de paysans qui venaient de s'emparer du château du Hammet et avaient recruté maintes populations révoltées contre la domination anglaise. C'était une augmentation de près de 10.000 hommes pour l'armée bretonne.

Le duc arriva bientôt sous les murs de Carentan, et, après trois jours d'une résistance acharnée, la garnison dut se rendre à merci. Richemont ne permit pas à ses troupes de l'inquiéter; les Anglais quittèrent la ville sans armes ni bagages, abandonnant leur matériel de guerre, chacun d'eux portant « un bâton blanc à la main ».

Après la prise de Carentan, le duc de Bretagne se retira à Coutances, décidé à rentrer dans ses États avec son armée. Mais, sur les instances des populations, il se décida à continuer la campagne et laissa le connétable se porter sur la citadelle de Gavray. Cette forteresse, bâtie sur une hauteur escarpée, avait résisté pendant neuf mois à Du Guesclin, soixante-dix ans auparavant, et n'avait été prise que par la famine.

Les troupes du connétable de Richemont, malgré les difficultés que présentait une escalade au milieu des buissons et des escarpements de roches, parvinrent au pied des remparts sous une grêle de traits et de pierres, en dépit de l'huile bouillante et des projectiles de toutes sortes. Richemont excitait leur ardeur, et bientôt les Anglais comprirent que toute résistance devenait inutile. André Trollope, commandant la garnison, demanda à capituler ; il rendit la place le 11 octobre 1449.

Richemont allait poursuivre sa campagne dans le Cotentin, lorsque le duc de Bretagne reçut un message de son frère Pierre lui demandant de venir à son aide. L'armée bretonne se dirigea alors vers Avranches et le connétable, avec son neveu, coucha au Mont-Saint-Michel le 15 octobre. Dès le lendemain ils partaient pour Fougères.

Aussitôt arrivé devant la ville, Richemont fit battre les murailles; mais son artillerie ne donna pas les résultats qu'il en attendait. Dès qu'une brèche était ouverte, les assiégés y amoncelaient, pour la couvrir, des sacs remplis de laine et d'étoupe, des monceaux de terre, de la paille, du fumier. Ils faisaient de fréquentes sorties, harcelant les troupes du connétable, sans parvenir à les fatiguer.

La ville de Fougères était assiégée depuis trois mois ; la garnison, quoique animée d'un grand courage, se voyait affaiblie de jour en jour et n'avait plus la même ardeur que l'armée bretonne. Aussi résolut-elle d'entrer en pourparlers et envoya des ambassadeurs au duc de Bretagne, pour obtenir une capitulation honorable.

Le duc François, aprèsquelques hésitations, dont le connétable sut triompher, accepta la proposition et permit aux Anglais de sortir de la place, « vie et bagues sauves ». Les portes de Fougères lui furent ouvertes le 4 novembre 1449 ; il fit son entrée dans Fougères avec Richemont à la tête de son armée. François de Surienne, capitaine de la garnison, se hâta d'abandonner le parti du roi d'Angleterre et alla servir dans les rangs de l'armée française.

Après la capitulation de Fougères, le duc de Bretagne, affaibli et malade à la suite des fatigues de la campagne, licencia son armée et prit la route de Rennes. Le connétable retourna à Parthenay.

Pendant l'heureuse campagne du duc de Bretagne dans le Cotentin, le bâtard d'Orléans, à la tête de l'armée royale, avait remporté de brillants succès dans la haute Normandie. Le 15 mai 1449, Pont-de-l'Arche tombait au pouvoir des Français ; un mois après Verneuil faisait sa soumission et Dunois entrait à Évreux. Bientôt Lisieux, Mantes, Gournay ouvrent leurs portes et le roi de France arrive en vue de Rouen à la fin du mois d'octobre, et somme la garnison de se rendre.

Le duc de Somerset commandait la place, le vieux Talbot était avec lui. Sa situation était des plus critiques ; non seulement il se voyait attaqué par des forces considérables, mais encore la population se montrait très hostile et était toute disposée à pactiser avec les troupes du roi de France.

Le duc craignait pour sa femme et ses enfants, enfermés avec lui dans le château. Sur les instances de la duchesse, il se décida à traiter avec Charles VII. Il promit une rançon de 50,000 écus et s'engagea à livrer le château d'Arques, Caudebec, Lillebonne, Tancarville, Honfleur. En outre, comme gage de ses promesses, il livrait Talbot. Charles VII fit son entrée solennelle à Rouen le 10 novembre 1449.

Malgré la prise de Rouen, qui depuis trente ans était au pouvoir des Anglais, malgré la soumission des nombreuses cités qui avaient reconnu l'autorité du roi de France, la conquête de la Normandie n'était pas achevée. Il restait encore bien des villes à recouvrer; mais la campagne de 1449 avait porté le coup mortel à la domination des Anglais; quelques efforts qu'ils fissent, cette riche province n'allait pas tarder à leur échapper.

CHAPITRE IX

BATAILLE DE FORMIGNY

Nous venons de voir combien avait été heureuse la campagne de 1449, aussi bien dans la haute Normandie que dans le Cotentin. La prise de Fougères par les troupes bretonnes, sous le commandement du connétable de Richemont, fut l'un des succès militaires de cette campagne qui ont le plus contribué à l'expulsion des Anglais. Mais il manquait à ce succès la consécration d'une journée décisive, qui marquât d'une façon éclatante la fin de la domination étrangère et donnât à tous le sentiment de la délivrance finale. Les Anglais ne tardèrent pas à fournir à Richemont l'occasion de cette victoire suprême.

Rentré à Rennes après la reddition de Fougères, le duc de Bretagne n'avait pas abandonné la pensée de poursuivre dans la basse Normandie la campagne contre les Anglais, et le connétable, de son côté, était bien résolu à l'aider dans cette nouvelle expédition. Aussi, dès les derniers jours du mois de décembre 1449, Richemont revint-il auprès de son neveu pour le décider à reprendre au plus tôt les hostilités.

Le duc François n'hésita pas alors à envoyer une ambassade au roi de France pour l'informer de ses intentions. Par lettre du 16 janvier 1450, Charles VII lui donna pleins pouvoirs pour tout ce qu'il pourrait entreprendre dans la basse Normandie.

A la nouvelle de l'expédition projetée par le duc de Bretagne, le comte de Suffolk résolut, d'accord avec le cabinet de Londres, de tenter un suprême effort pour le repousser. Il leva une armée de cinq mille hommes, dont il donna le commandement à Thomas Kyriel, avec ordre de rejoindre à Caen le duc de Somerset. Ils devaient concentrer leurs troupes en vue d'une action commune contre le duc de Bretagne.

Thomas Kyriel débarqua à Cherbourg le 15 mars 1450 et se dirigea aussitôt vers Caen, avec l'intention de renforcer son armée par les garnisons des quelques places encore au pouvoir des Anglais. Mais la région qu'il avait à traverser était en grande partie occupée par les Français. La garnison de Carentan pouvait, entre autres, arrêter sa marche; aussi résolut-il de tourner la ville et se dirigea vers Valognes, dont il s'empara, malgré la résistance de son gouverneur, Abel Rouault, qui avait vainement demandé des secours.

Dès que le roi de France apprit le débarquement de Thomas Kyriel, il envoya quelques troupes sous le commandement de Jean de Bourbon, comte de Clermont, son gendre, pour arrêter les progrès de l'ennemi. Il expédiait en même temps un message au connétable avec ordre de rejoindre le comte de Clermont.

Richemont se trouvait à Dinan auprès du duc de Bretagne; il fit tous ses efforts pour que celui-ci partît avec lui. Mais à ce moment de graves dissentiments venaient de surgir entre eux. Gilles de Bretagne était victime des traitements les plus odieux; sa vie même était en danger, et Richemont faisait de vifs reproches au duc François qui semblait approuver les bourreaux de son frère. Il dut partir seul, avec le maréchal de Lohéac, Jacques de Luxembourg et le sire de

Boussac, n'emmenant qu'une compagnie de trois cents lances.

A peine arrivé à Carentan, le comte de Clermont apprit la capitulation de Valognes et la marche de Kyriel dans la direction de Caen. Il écrivit au connétable, qui venait d'arriver à Coutances, .pour l'informer de la situation et l'engager à se rendre à Saint-Lô, que Thomas Kyriel, d'après certains avis, avait le projet d'aller attaquer.

Telle n'était pas cependant l'intention du capitaine anglais. Deux jours après la prise de Valognes, il était parti dans la direction du Grand-Vey, afin de traverser la grève au gué de Saint-Vincent et, de là, suivre la route la plus directe pour se rendre à Caen. Si le comte de Clermont l'avait attaqué alors, Kyriel eût sans doute été arrêté dans sa marche et son expédition fort compromise ; mais le jeune prince préféra attendre que l'ennemi eût pénétré dans le Bessin.

Les populations des villages environnants pensèrent tout autrement. Elles se réunirent pour chercher à arrêter l'armée de Kyriel. Le comte de Clermont crut devoir alors envoyer Pierre de Louvain avec quelques hommes pour joindre ces populations et les guider. Mais elles n'étaient pas en nombre suffisant ; elles ne firent que harceler les Anglais ; ils purent atteindre la route de Bayeux après n'avoir subi que des pertes insignifiantes.

No se voyant pas poursuivi, Thomas Kyriel s'arrêta près du village de Formigny et prit ses dispositions dans la prévision d'une attaque. Il disposa son armée entre les maisons du village et la route de Cherbourg à Bayeux. Il fortifia ses positions et garnit d'ouvrages de défense les ponts jetés en amont sur la rivière de l'Aure, près du village de Surrain. Bien protégées du côté de la rivière, ses troupes ne l'étaient pas moins du côté du village de Formigny, où il fit élever des fortifications, creuser des fossés et établir des palissades afin d'arrêter la cavalerie française, dans le cas où, tournant l'armée anglaise, le comte de Clermont viendrait à l'attaquer en traversant le ruisseau du Val près de Formigny.

Kyriel divisa alors son armée en deux corps. Il se réserva le commandement du plus considérable et chargea le capitaine Mathiew Gough de se porter sur la rive gauche du ruisseau du Val, près du pont traversé par la route de Cherbourg.

Le comte de Clermont, apprenant que les Anglais campaient à Formigny, partit de Carentan dans la nuit du 14 au 16 avril et arriva en vue de l'ennemi aux premières lueurs du jour. Il disposa son armée sur la rive droite du ruisseau du Val, dont le mince filet d'eau le séparait des troupes de Mathiew Gough.

Avant de quitter Carentan, il avait eu soin d'envoyer au connétable, qui se trouvait encore à Saint-Lô, un messager pour l'informer de son départ et lui dire de le rejoindre afin de marcher ensemble contre les Anglais. L'armée du comte de Clermont comprenait trois mille hommes, Richemont devait lui amener un renfort de quinze cents combattants.

Dans son impatience de se mesurer avec les Anglais, le jeune prince se crut cependant assez fort pour engager l'action avant l'arrivée du connétable. Il se porta vers le pont, dans l'intention de forcer les positions de l'ennemi, et plaça deux couleuvrines en cet endroit. Il envoya alors le sire de Mauny avec soixante lances pour charger les Anglais.

A cette attaque imprévue, Mathiew Gough, à la tête de six cents archers, se précipita sur les Français. Il les mit bientôt en déroute et les força à repasser le pont, après s'être emparé des deux couleuvrines. C'en était fait peut-être des troupes du comte de Clermont, et cette rencontre eût pu avoir les conséquences les plus désastreuses, si le corps des gens d'armes ne fût venu à leur secours et si Pierre de Brézé, qui les commandait, n'avait, par une habile manœuvre, admirablement exécutée, grâce à l'excellente discipline des nouvelles milices, arrêté l'élan des Anglais. Ceux-ci auraient pu néanmoins profiter de l'avantage que leur donnait leur premier succès, pour se porter en masse contre les Français et engager une action en mettant en ligne toutes les forces dont ils disposaient. Ils ne le firent pas, préférant attendre le renfort annoncé par Somerset. Ce fut leur perte.

Le connétable avait reçu fort tard, dans la nuit du 14 au 15 avril, le message du comte de Clermont. Il quitta Saint-Lô à trois heures du matin, ne prenant que peu de monde avec lui et donnant au reste de ses troupes l'ordre de se rassembler et de le rejoindre sans perdre un instant.

A leur arrivée, il envoya le bâtard de la Trémoïlle avec vingt lances pour éclairer la marche. Il confia l'avant-garde au comte de Saint-Pol, au maréchal de Lohéac et au seigneur de Boussac, et conserva le commandement du gros de l'armée, gardant quelques seigneurs avec lui. Il eut soin de renforcer l'arrière-garde d'un nombre important d'archers.

Richemont venait de traverser le village de Trévières et de franchir la rivière d'Aure lorsque, sur une hauteur au pied d'un moulin, il aperçut au loin le combat engagé entre le comte de Clermont et les Anglais. Il envoya son avant-garde et la suivit de près. Lorsqu'il fut en vue des troupes de Mathiew Gough, celui-ci crut un instant que c'était le renfort annoncé par le duc de Somerset et se porta en avant pour le recevoir. Son erreur fut de courte durée ; le connétable donna l'ordre de charger et en un instant la déroute des Anglais fut complète.

Mathiew Gough, quelques heures auparavant, avait repoussé l'attaque des Français ; il était repoussé à son tour. Il dut s'enfuir précipitamment, abandonnant ses positions, et chercha un refuge dans les retranchements de Thomas Kyriel. Richemont, mettant à profit cette retraite, rallia ses

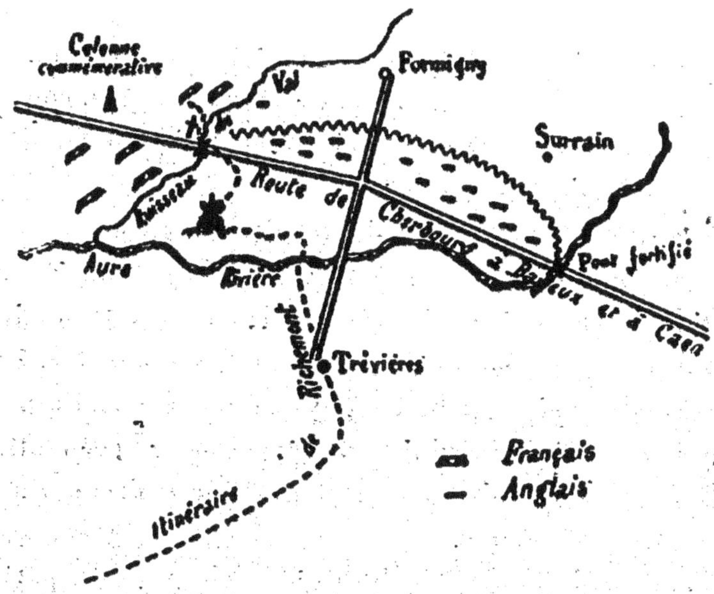

troupes, franchit le pont et eut bientôt fait sa jonction avec l'armée du comte de Clermont. Pendant ce temps Pierre de Brézé ramenait les couleuvrines que l'ennemi avait enlevées. Les Français avaient maintenant 4.500 hommes à opposer aux 6.000 combattants que comptait l'armée anglaise. Le connétable prit le commandement des troupes.

Quant à Thomas Kyriel, lorsqu'il vit revenir dans son camp les archers de son lieutenant, il jura de venger cet échec qui, au début de la journée, pouvait gravement atteindre le moral de ses hommes. Mais, au lieu de se porter immédiatement contre les Français, il chercha un endroit plus avantageux pour se développer, afin de prendre une revanche éclatante et évita le combat que Richemont voulait engager.

Le connétable sut profiter de cette hésitation. Il déploya son armée sans donner aux Anglais le temps de se reconnaître ; et, se tournant vers l'amiral de Coëtivi :

« Que vous semble, Monseigneur l'Admiral ? lui dit-il, comment devons-nous les prendre, ou par les bouts, ou par le milieu ?

— Je ne crois pas, répondit Coëtivi, que les ennemis quittent leurs retranchements pour combattre à découvert.

— Je veu à Dieu, repartit Richemont, ilz n'y demourront pas à la grâce de Dieu. »

Et il donna aussitôt l'ordre de marcher en avant.

Comme il venait de l'annoncer, les troupes de Thomas Kyriel, voyant les préparatifs faits par le connétable, sortirent de leurs retranchements et marchèrent à sa rencontre. Elles traversèrent le ruisseau du Val pour se ruer sur les Français. Les archers, sous la conduite du bâtard de la Trémoïlle et des chevaliers de Saint-Simon et de Malestroit, soutinrent vigoureusement le choc.

Pendant trois heures la lutte fut acharnée de part et d'autre. Le connétable, le comte de Clermont et les autres gentilshommes, au milieu de la mêlée, excitaient leurs hommes, donnant l'exemple de la bravoure.

Pendant ce temps, Pierre de Brézé attaquait l'aile gauche des Anglais, pour les empêcher de traverser l'Aure au pont fortifié et leur couper la retraite par la route de Bayeux. Il s'empara du pont et repoussa les ennemis vers Formigny.

Kyriel était attaqué et vaincu de tous côtés ; vainement il avait cherché à rallier ses hommes. Malgré leur courage et la supériorité de leur nombre, ils n'avaient pu résister à l'élan des Français; les Anglais cherchaient à fuir, mais tombaient sous les coups de leurs adversaires. Un corps de cinq cents archers, retranchés derrière de fortes haies, voulut se défendre; assaillis avec fureur, ils furent massacrés jusqu'au dernier.

Mathiew Gough et Robert Veer, voyant la déroute générale, cherchèrent à traverser le ruisseau du Val et à gagner avec leurs hommes la route de Bayeux. Les Français se précipitèrent sur eux, et, abandonnant leurs flèches, ils les frappèrent de l'épée, de la dague, de la hache. Le massacre fut épouvantable; le ruisseau roula des flots de sang, au milieu desquels gisaient les cadavres mutilés de ces malheureux[1].

La journée était définitivement perdue pour les Anglais; Richemont restait maître du champ de bataille. Il était vainqueur de ces Anglais qui l'avaient, trente-cinq ans auparavant, dans les plaines d'Azincourt, ramassé sanglant et enseveli sous un monceau de cadavres pour le conduire en captivité. S'il avait alors répandu des larmes sur les malheurs de la patrie, il se sentait fier maintenant de voir ses ennemis à ses pieds et la France victorieuse, vengée de ses anciens revers.

Près de quatre mille Anglais restèrent sur le terrain et quatorze cents prisonniers étaient au pouvoir des Français. Parmi eux se trouvaient Thomas Kyriel, Henri de Norbery, Thomas Kikly et un grand nombre de gentilshommes. Mathiew Gough et Robert Veer avaient pu s'enfuir dans la direction de Bayeux.

Richemont arma chevalier le comte de Clermont et plusieurs gentilshommes, entre autres Olivier de Coëtivi. Il alla coucher à Trévières, laissant au comte de Clermont

---

1. La chapelle que l'on voit en cet endroit fut élevée en 1486 par le comte de Clermont.

l'honneur de passer la nuit sur le champ de bataille. Le lendemain il fit venir des prêtres pour bénir les corps, qu'il fit enterrer dans de grandes fosses. Il rassembla ensuite ses troupes et se dirigea vers Saint-Lô avec le comte de Clermont, emmenant leurs prisonniers. Ils restèrent pendant trois jours dans cette ville pour laisser reposer leurs hommes et donner des soins aux blessés[1].

Le connétable de Richemont fut le véritable vainqueur des Anglais à Formigny. Les débuts de la journée avaient été gravement compromis par l'imprudence du comte de Clermont. Lorsque les troupes du connétable eurent fait leur jonction avec celles du jeune prince, et que Richemont eut pris la direction des opérations, l'unité dans le commandement, la sûreté des dispositions qu'il sut prendre et son plan d'attaque assurèrent la victoire.

Dans une lettre datée de Saint-Lô, du 19 avril 1450, l'amiral de Coëtivi annonçait en ces termes à Pierre de Carné la victoire de Formigny et la part que le connétable y avait prise : « Des nouvelles depuis deeza ne vous scay que rescripre, fors que mercredi dernier furent les Angloys desconfits à cinq lieues d'icy et fust la bataille en ung lieu nommé Fromigny et estoient les dicts Angloys de cinq à six mille combattants, que tous ont esté, ou guère ne faut, morts ou prins. Mais à vous dire la vérité, je croi que Dieu nous y amena monsieur le connestable, car s'il ne fust venu à l'heure et par la manière qu'il y vint, je doubte que entre nous qui les avions atteints en premier et faict mettre en bataille d'une part et nous estions mis en bataille d'autre part

____

1. Une colonne commémorative a été élevée en 1836 avec cette inscription : « Ici fut livrée la bataille de Formigny, le 15 avril 1450, sous le règne de Charles VII. »

devant eux, n'en fussions jamais sortis sans dommage irréparable, car ils estoient de la moitié plus que nous. »

Entre la défaite d'Azincourt et la victoire de Formigny un parallèle s'établit tout à l'avantage des Français. Dans la journée du 25 octobre 1415, l'armée française, composée de l'élite de la noblesse du royaume, supérieure en nombre à l'armée du roi d'Angleterre, avait été écrasée. Mais, comme nous l'avons dit, il n'y eut pas combat à Azincourt ; les Français, surpris et incapables de se défendre au milieu d'une plaine devenue un immense marécage, succombèrent vaincus par les éléments, sans pouvoir opposer la moindre résistance.

Dans la journée du 15 avril 1450, les rôles étaient changés. Les Anglais, beaucoup plus nombreux que leurs adversaires, avaient pris toutes leurs dispositions en vue du succès. Leurs troupes bien reposées, protégées par des travaux de défense, devaient rester maîtresses du champ de bataille. Elles se défendirent vaillamment et le combat fut acharné de part et d'autre. Les troupes du connétable surent venger un premier échec des Français et ramener la victoire.

L'organisation militaire et la création des milices montrèrent à Formigny ce dont étaient capables la discipline et le bon ordre sur les champs de bataille. C'est à cette discipline, à ce bon ordre et à l'obéissance des chefs et de leurs hommes qu'est dû le succès de nos armes dans la journée du 15 avril 1450.

A la nouvelle de la victoire de Formigny l'allégresse fut générale dans le royaume. Depuis le commencement de la guerre de Cent ans, c'était la seule bataille rangée d'où les Français étaient sortis vainqueurs. L'effet moral fut considérable ; ce n'était plus l'espoir, mais la confiance qui était au cœur de tous. La libération du territoire était certaine maintenant, rien ne pouvait l'arrêter.

La joie que l'on ressentit à Paris à la nouvelle de la victoire de Formigny fut plus profonde peut-être que partout ailleurs. La grande ville, si longtemps sous la domination étrangère, n'avait plus à craindre désormais le retour des ennemis, qui hier encore étaient à ses portes.

L'évêque ordonna, en actions de grâces, une procession qui revêtit un caractère tout particulier. Les enfants des écoles, hors de la Cité, depuis l'âge de sept ans jusqu'à l'âge de dix ans, se rassemblèrent, sous la conduite de leurs maîtres, à l'église des Saints-Innocents. De là ils partirent, deux par deux, tenant chacun un cierge à la main et, sur une longue file, se rendirent processionnellement à Notre-Dame, où une messe solennelle fut célébrée par l'évêque, pour remercier Dieu d'avoir donné la victoire aux Français. Les enfants retournèrent dans le même ordre aux Saints-Innocents pour reconduire le chapelain de l'église, porteur des reliques, qui les avait accompagnés.

CHAPITRE X

FIN DE LA CAMPAGNE DE NORMANDIE

Après la victoire de Formigny, la Normandie était moralement reconquise. Il ne restait à reprendre sur les Anglais que deux places importantes, une grande ville, Caen ; un grand port, Cherbourg. Mais on jugea, dans les conseils du roi, qu'il était nécessaire de se rendre maître d'abord de quelques petites villes, où l'ennemi tenait encore des garnisons et qu'il ne fallait pas négliger.

Le connétable et le comte de Clermont attendaient à Saint-Lô ce que déciderait le roi ; ils reçurent l'ordre d'aller assiéger Vire. Le 20 avril, cinq jours après la victoire de Formigny, ils quittèrent Saint-Lô et arrivèrent sous les murs de Vire, qu'ils sommèrent de se rendre. La garnison venait d'apprendre que Henry de Norbery, son capitaine, avait été fait prisonnier à Formigny ; elle demanda à capituler. Elle abandonna son matériel de guerre et s'engagea à payer quatre mille écus pour la rançon de Norbery. Le roi, pour récompenser le connétable, lui donna, sa vie durant, la ville et la seigneurie de Vire.

Laissant le comte de Clermont rejoindre Dunois occupé au siège de Bayeux, Richemont se dirigea vers Avranches, assiégée en ce moment par le duc de Bretagne. Il arriva le 30 avril à Pont-sous-Avranches, au pied des remparts de cette ville, qu'en 1439, abandonné de ses troupes, il n'avait pu réduire. La place était protégée par de hautes et solides murailles et défendue par une garnison bien résolue à opposer une vive résistance.

Le 1ᵉʳ mai, Richemont arrivait au camp de son neveu ; il venait d'apprendre la mort de Gilles de Bretagne et la part que le duc François avait prise dans cette lugubre tragédie. Il lui fit de sanglants reproches, mais chercha néanmoins à empêcher l'affaire de s'ébruiter, afin d'éviter l'effet déplorable que la nouvelle de cette mort pouvait causer dans l'armée. Il ne s'occupa alors que d'activer le siège et fit dresser les batteries contre les murailles ; en quelques jours d'énormes brèches furent pratiquées.

« Le capitaine anglais Jean Lampet, rapporte Cosneau, d'après Blondel, désespérant d'être secouru, se résignait à capituler, quand sa femme, lui reprochant sa lâcheté, revêt un costume de guerre, se met à la tête de la garnison, ranime les courages abattus, force les habitants à prendre les armes et continue la résistance.

« Cependant, la formidable artillerie des assiégeants ébranle les murailles ; ils creusent des galeries souterraines et s'apprêtent à donner l'assaut. Les habitants épouvantés crient merci. Les Anglais eux-mêmes réclament avec instance une capitulation. Alors l'héroïne qui les commande change de rôle. Parée de ses plus brillants atours, cette femme, d'une beauté merveilleuse, va parlementer avec le duc de Bretagne et, nouvelle Judith, verse, dit-on, un poison mortel au jeune prince trop sensible à ses séductions. Elle obtient pour les assiégés la permission de quitter la ville, sans rien emporter, il est vrai ; mais le duc laisse à Jean Lampet et à sa femme tous leurs biens. » Cette anecdote semble confirmée par Mathieu d'Escoussy lorsqu'il dit que « le duc, en faveur de la femme dudit cappitaine lui rendit et à sa femme tous leurs biens entièrement ».

Après la reddition d'Avranches, l'armée bretonne se dirigea vers la forteresse de Tombelaine, bâtie sur un rocher au milieu des grèves du Mont-Saint-Michel. La garnison capitula sans coup férir et obtint de se retirer, en abandonnant toutefois son artillerie. De là, le duc de Bretagne se rendit au Mont-Saint-Michel, accompagné par le connétable.

Dès le lendemain, à la première heure, Richemont quitta son neveu pour rejoindre le bâtard d'Orléans occupé au siège de Caen. Il emmena les troupes qui avaient combattu avec lui à Formigny. Le duc de Bretagne renforça son armée de trois cents lances.

Le connétable s'arrêta à Coutances et envoya Jacques de Luxembourg et Audet d'Eudie assiéger Saint-Sauveur-le-Vicomte. La place était vigoureusement défendue par Jean de Robessart. Elle résista aux efforts des Français, et Richemont dut envoyer des renforts à ses lieutenants. Enfin, après dix jours d'attaque, la garnison capitula.

Pendant ce temps, Briquebec tombait au pouvoir de Louis d'Estouteville et Valognes ouvrait ses portes au maréchal de Lohéac. La plupart des garnisons de ces places, sentant que toute résistance était désormais impossible, ouvraient leurs portes à l'approche des Français, sans même que ceux-ci aient eu besoin d'employer leur artillerie.

Après ces divers succès le connétable résolut d'aller mettre le siège devant Cherbourg. Mais il dut différer cette expédition, apprenant que le comte de Clermont et Dunois l'attendaient pour pousser activement le siège de Caen. Il quitta Coutances vers les premiers jours du mois de juin : le 4 il arrivait à Cheux et joignait ses troupes à celles du comte de Clermont. Ils établirent leur camp à l'Abbaye-aux-Hommes, au Bourg-l'Abbé que les Anglais venaient d'incendier. Leur armée comptait neuf mille hommes.

Dès que le connétable fut arrivé, Dunois quitta le comte de Clermont et alla camper, avec ses cinq mille hommes, au faubourg de Vaucelles, au sud de la place. Il jeta un pont sur la rivière de l'Orne, pour pouvoir communiquer avec l'armée de Richemont. Les comtes d'Eu et de Nevers, de leur côté, s'établirent à l'Abbaye-aux-Dames, à l'est, sur les hauteurs de Saint-Gilles.

Quelques jours après, le roi de France quitta Argentan et vint rejoindre l'armée déjà campée sous les murs de Caen. Il visita les positions prises par le connétable, le comte de Clermont et Dunois, alla loger à l'abbaye d'Ardennes, à une lieue et demie de la ville, envoyant le duc d'Alençon, les comtes du Maine et de Saint-Pol, avec plusieurs chevaliers, rejoindre les comtes d'Eu et de Nevers à l'Abbaye-aux-Dames.

Le siège présentait de sérieuses difficultés; la place, entourée de hautes murailles, était protégée par des travaux de défense formidables. Le duc de Somerset, gouverneur de la ville, avait pris ses dispositions pour repousser les assiégeants. La garnison, qui comptait quatre mille hommes, était décidée à opposer une vigoureuse résistance. Elle avait été renforcée par tous les Anglais chassés successivement par l'armée bretonne des places qu'ils occupaient dans la basse Normandie, et qui avaient juré de venger leurs défaites.

Pour s'emparer de la place, il fallait des troupes comme celles qui composaient l'armée royale et des capitaines aussi expérimentés que ceux qui les commandaient. Dix-sept mille hommes investissaient la ville; ils disposaient d'une artillerie des plus complètes pour cette époque, et Gaspard Bureau était là pour montrer la puissance de ses engins.

Dès son arrivée, le connétable fit exécuter des travaux d'approche couvertes et découvertes, du côté de l'Abbaye-aux-Hommes où il campait; il en confia le soin au Bourgeois et à Jacques de Chabannes. Mais, sans attendre que les tranchées fussent ouvertes, il escalada le boulevard placé près de la porte de Bayeux, à la tête de ses hommes, et s'en empara.

Pendant ce temps, le bâtard d'Orléans enlevait les boulevards de Caen et, du côté de l'Abbaye-aux-Dames, l'artillerie criblait de ses engins la bastille élevée par les Anglais. De tous côtés, d'ailleurs, l'attaque était poussée avec vigueur et les troupes royales montraient une grande impatience à donner l'assaut.

Le comte de Clermont envoya un message au roi pour l'informer de l'état des travaux du siège et du désir des troupes de donner l'assaut aux remparts. Charles VII fit défense expresse de rien tenter avant son arrivée.

Le lendemain il était sous les murs de Caen et donnait l'ordre d'attaquer la bastille de l'Abbaye-aux-Dames. Français et Anglais combattirent avec acharnement; mais l'armée royale éprouva de grandes pertes. Une tentative plus heureuse eut lieu le jour suivant contre la forteresse. Les Français purent approcher leurs engins jusqu'au pied des murailles; montés sur les tours élevées à la hauteur des crêtes des murailles, ils combattirent, pour ainsi dire, de plain-pied avec leurs adversaires. La bastille, criblée par les feux de l'artillerie, démantelée en mains endroits, fut emportée d'assaut.

En même temps, une bombarde d'une grande puissance était dirigée contre une tour élevée sur la rive gauche de l'Orne et l'abattait en mettant à découvert cette partie des remparts. Plusieurs maisons, qui étaient à proximité, s'écroulaient également. Les troupes royales se précipitèrent par la brèche dans l'intérieur de la ville.

Pendant que le roi opérait de ce côté, le connétable, avec l'aide de Jacques de Luxembourg et de Joachim Roault, avait pris position dans la partie du Bourg-l'Abbé que l'incendie allumé par les Anglais avait épargnée. Il fit attaquer vigoureusement les remparts en cet endroit et une brèche permit à ses hommes de pénétrer dans la ville. Mais ils n'osèrent avancer et s'aventurer plus loin, dans la crainte que les ennemis n'eussent pratiqué des mines. Le connétable fit aussitôt établir des contre-mines et en un instant la grosse tour à cornes, sur laquelle une bastille en terre avait été élevée par ordre de Somerset, s'écroula, entraînant dans sa chute une partie des murailles et les corps mutilés des hommes qui la défendaient.

Les assiégés, en effet, ne s'étaient pas aperçu des travaux ordonnés par Richemont. Ceux qui échappèrent à l'écroulement de la bastille et ceux qui accoururent à leur secours furent assaillis par les troupes bretonnes. Au même moment, Dunois arrivait à la tête de ses hommes. Les Anglais, cernés de tous côtés, se défendirent vaillamment, mais durent bientôt se rendre à merci, après avoir perdu beaucoup des leurs.

Le château dans lequel le duc de Somerset était enfermé, avec trois cents hommes, tenait encore. Il avait des vivres et des munitions en quantité suffisante pour résister longtemps; mais la population de Caen était désireuse de rentrer sous l'obéissance du roi de France, et voulait, en ne continuant pas la résistance, obtenir des conditions honorables pour la reddition de la ville.

Sollicité de toutes parts pour entamer des négociations avec le vainqueur, le duc de Somerset restait néanmoins bien résolu à résister, malgré la mauvaise fortune. Il dut céder à la prière de la duchesse, ainsi que le rapporte Michelet, d'après un manuscrit anglais : « Sa femme, dans les horreurs du siège, lorsque les pierres et les boulets pleuvaient, vit une pierre tomber entre elle et ses enfants ; elle courut se jeter aux genoux de son mari, le suppliant d'avoir pitié de ses pauvres petits. Le malheureux dès ce moment eut peur aussi, il voulut se rendre. »

Somerset entra en négociations avec les députés du roi le 25 juin 1450. Il consentit à rendre la ville et le château, sous la condition que lui, sa femme et ses enfants pourraient s'éloigner sains et saufs, et emporteraient leurs biens, s'ils n'étaient secourus avant le 1ᵉʳ juillet. Il s'engageait à payer une rançon de trois cent mille écus d'or. Pour garantir le traité, le connétable ne devait pas laisser éteindre les feux mis à la bastille de l'Abbaye-aux-Hommes.

Les secours n'arrivèrent pas à la date indiquée : Richard Harwingthon, bailli de Caen, vint apporter les clefs de la ville et celles du château au connétable, qui les donna au bâtard d'Orléans. Le duc et la duchesse, avec leurs enfants, furent accompagnés par Richemont jusqu'à Ouistreham, à l'embouchure de l'Orne, où ils s'embarquèrent pour l'Angleterre. Le 6 juillet 1450 le roi faisait son entrée solennelle à Caen.

La prise de Caen, la reddition de la grande ville, était le résultat de la victoire de Formigny. La conquête définitive de la Normandie était certaine maintenant. Il restait, il est vrai, une place importante à recouvrer : Cherbourg qui, par sa proximité des côtes de l'Angleterre, pouvait être d'une grande utilité pour l'ennemi, dans le cas d'un retour offensif. Il était réservé au connétable de s'en emparer. Le roi lui donna l'ordre, en effet, d'aller en faire le siège.

Précédemment déjà, avant l'évacuation de la ville de Caen par les Anglais, Richemont avait envoyé aux vicomtés de Bayeux, de Carentan, de Valognes, de Vire et d'Avranches des instructions pour leur enjoindre de tenir à sa disposition des manouvriers, des charpentiers, des maçons, des tailleurs de pierres. Chacun devait se munir de houes, de bêches en fer, de pioches et de piques que nécessitaient les travaux du siège. Ils avaient ordre de se trouver à Valognes le 6 juillet.

Toutes les dispositions de Richemont étaient prises, lorsqu'il reçut l'ordre de marcher contre la place. Il quitta aussitôt le camp royal et, suivi par le comte de Clermont, il se dirigea vers Cherbourg. Il s'était fait précéder par Gaspard Bureau, conduisant le matériel de siège. Il arriva sous les murs de la place le 12 juillet, et sans attendre il fit dresser les batteries contre les murailles.

Cherbourg renfermait une garnison de mille hommes ; c'était l'une des places les plus fortes de la Normandie. Thomas Gower, qui la défendait, ne semblait rien craindre des assiégeants. Il se savait imprenable du côté de la mer, les Français n'ayant aucun navire de guerre pour aider leurs opérations de terre, et il se rappelait qu'autrefois Duguesclin avait échoué dans ses tentatives contre la ville. La famine seule pouvait la réduire ; mais la place était abondamment approvisionnée ; il saurait bien, d'ailleurs, par de fréquentes sorties, obliger les assaillants, déjà fatigués par une longue campagne, à lever le siège.

Mais Thomas Gower avait de redoutables adversaires. Non seulement la place fut investie, sur trois points différents, du côté de la terre ferme, dans des conditions formidables ; mais encore, du côté de la mer, Gaspard Bureau établit une batterie de quatre grosses bombardes, sur la grève même ;

au milieu des rochers, sans craindre les flots de la mer,
« qui venoit là deux fois par jour ; néanmoins, par le moïens
de certaines peaux et graisses, dont les bombardes estoient
revestues, oncques la mer ne porta dommage à la poudre ;
mais aussitôt que la mer estoit retirée, les canonniers
levoient les manteaux et tiroient et jetoient comme auparavant contre la dicte place ; dequoy les Anglais estoient
esbahis ».

L'investissement était complété par l'occupation de tous
les endroits pouvant offrir aux assiégés quelque contact
avec le dehors. Attaquée de tous côtés, sur mer comme sur
terre, la garnison ne pouvait résister longtemps. Aucun
secours ne lui arrivait. Elle demanda à traiter, afin d'obtenir
des conditions plus favorables. Le 12 août 1450, la capitulation était conclue.

La joie de Richemont fut troublée par la mort de l'amiral
de Coëtivi, emporté par une volée de canon sur la grève, et
par celle de Tugdual de Kermoisan, tué dans les tranchées
d'un coup de couleuvrine. Ils avaient été tous deux ses
compagnons pendant la campagne de Normandie. Il eut
aussi à regretter la mort du Bourgeois.

La prise de Cherbourg mettait fin à la domination
anglaise dans la Normandie. C'était le couronnement de
l'œuvre de délivrance commencée par Jeanne d'Arc, pour-
suivie et achevée par le connétable. Les succès de cette
campagne sont dus, en effet, à Richemont, qui sut en conduire
les opérations avec la sûreté et la précision qui distinguent
les grands capitaines.

Toujours au premier rang dans l'action pour entraîner ses
troupes et relever leur courage, c'est lui qui porta le dernier
coup aux Anglais en Normandie, et les chassa de cette
province qu'ils avaient tenue pendant si longtemps sous

leur domination et qu'ils se flattaient de conserver longtemps encore.

Après la prise de Cherbourg, le connétable se rendit à Château-du-Loir, auprès du roi, qui le nomma gouverneur de la Normandie.

Les Anglais étaient loin maintenant ; leur retour n'était plus à craindre, bien qu'ils se fussent promis de rentrer dans Cherbourg, et qu'au dire des habitants de la ville ils eussent caché leurs trésors dans les murailles, avec la certitude de venir les reprendre avant peu. Mais il fallait achever la pacification de la province. Nul ne pouvait mieux que Richemont maintenir la discipline dans les troupes laissées à la garde des villes reconquises et faire aimer par les populations le gouvernement légitime du roi de France.

Avant de prendre possession de son gouvernement de Normandie, le connétable se rendit à Parthenay, auprès de la comtesse de Richemont, sa femme.

Cherbourg avait capitulé le 12 août ; le 19 juillet était mort François Ier, duc de Bretagne, laissant le trône ducal à son frère Pierre. Deux mois avant lui, son second frère, Gilles, était mort assassiné, sinon par son ordre, au moins par sa volonté. Il paraît certain que le remords de ce crime hâta la fin du fratricide, plus que le poison que lui aurait versé la femme de Jean Lampet.

Nous n'avons pas voulu interrompre le récit des grands événements historiques par les péripéties de la longue querelle des deux frères ; mais nous devons revenir maintenant sur cette tragique histoire.

CHAPITRE XI

GILLES DE BRETAGNE

Du vivant du duc Jean V, le prince Gilles, son troisième fils, avait été envoyé en Angleterre auprès de sa grand'mère Jeanne de Navarre. Élevé à la cour de Windsor, il avait eu pour compagnon d'enfance celui qui fut le roi Henri VI. Malgré son séjour au milieu des princes et des seigneurs anglais, il était resté et resta toujours français de cœur. Mais lorsque plus tard il revint en Bretagne auprès de son père, il ne put oublier ses amis d'autrefois. Ceux-ci, de leur côté, et le roi Henri VI plus que tout autre, lui gardèrent le souvenir le plus affectueux et le lui témoignèrent de toutes manières.

Au début de son règne, en 1442, le duc François Ier voulut faire valoir ses droits sur le comté de Richemont, cette terre qui appartenait à la maison de Bretagne depuis le VIe siècle, et dont les rois d'Angleterre n'avaient jamais voulu se dessaisir. Il songea à son frère Gilles pour cette mission, certain que personne mieux que lui ne pouvait réussir.

Le prince Gilles, d'une nature vive et ardente, était ami des plaisirs, amateur de chasse, grand tireur d'arbalète. Il retrouva en Angleterre ses anciens amis; tous lui firent fête. Mais cet accueil devait le perdre. De plus il commit la faute d'accepter une pension de deux mille nobles du roi Henri VI.

Lorsqu'il revint en Bretagne, après avoir échoué d'ailleurs

dans sa mission, il apprit que les terres d'Ingrandes et de Chantocé, qu'il tenait de son père, avaient été confisquées par Charles VII, mécontent des liens d'amitié entre le prince et Henri VI et qui avait considéré son voyage en Angleterre comme un acte de félonie.

Gilles se plaignit de cette spoliation à son frère; mais celui-ci ne l'écouta pas, approuvant tacitement l'acte du roi de France; et c'était lui-même cependant qui lui avait confié cette mission. Il est vrai qu'alors il avait intérêt à ménager Charles VII, avec lequel il venait de faire alliance, en adhérant à la trève de Tours.

Furieux de ne pas obtenir justice, Gilles écrivit à ses amis d'Angleterre pour réclamer leurs bons offices, mettant ses places et ses biens sous la protection du roi d'Angleterre. Ses lettres furent interceptées par les ennemis qu'il avait auprès du duc de Bretagne.

Le plus acharné d'entre eux était Artur de Montauban, qui jouissait d'une grande autorité auprès du duc François. Il ne pouvait pardonner à Gilles d'avoir épousé la belle Françoise de Dinan, dont il était lui-même fortement épris. Gilles, craignant de se voir supplanté, l'avait épousée en effet après l'avoir enlevée. Il était devenu par ce mariage l'un des plus riches seigneurs du duché, car Françoise de Dinan, héritière des Rohan, avait dans son douaire les terres de Beaumanoir, de Châteaubriant, de la Hardouinaye, de Montafilant. Il crut s'être débarrassé de son rival; il ne fit que l'irriter davantage.

De ce jour, Artur de Montauban chercha à exciter le duc François contre son frère et mit tout en œuvre pour se venger. Gilles s'était retiré dans son château de Guildo, l'une de ses résidences favorites, situé à l'embouchure de l'Arguenon, dans la baie de Saint-Brieuc. Artur de Montauban eut bientôt la preuve que son rival ne cessait d'entretenir des relations avec les Anglais ; il en avertit le duc de Bretagne.

Richemont apprit à Parthenay les intrigues de Gilles avec les Anglais et les menées de ses ennemis auprès du duc. Il éprouva un profond chagrin de la conduite de son neveu et accourut en Bretagne pour en arrêter les effets. Il arriva à Rieux au mois d'octobre 1445 et chercha à ramener la concorde entre les deux frères.

Il décida Gilles à se rendre auprès du duc François. Celui-ci reprocha à son frère de servir la cause des Anglais et lui montra les lettres qui avaient été interceptées. Richemont, malgré ces preuves flagrantes, plaida la cause de son neveu, dont il ne suspectait pas le patriotisme. Il comprenait que Gilles avait agi à l'instigation des Anglais ; ceux-ci ayant su exploiter sa faiblesse, dans l'intention de créer des dissensions entre les membres de la maison de Bretagne et de les faire tourner à leur profit.

Gilles implora le pardon de son frère. Le duc sembla faire sa paix avec lui, sous la condition qu'il cesserait toute relation avec les Anglais. Il lui ordonna de partir immédiatement pour son château de Guildo, d'en ramener sa femme Françoise de Dinan et de demeurer à l'avenir tous deux auprès de lui.

Arrivé au Guildo, Gilles retrouva les seigneurs anglais. Ils mirent tout en œuvre pour l'empêcher de tenir sa promesse et lui firent entendre que le roi d'Angleterre, instruit de ses malheurs, était tout disposé à lui venir en aide. Il resta au Guildo, sans songer à la foudre qui allait éclater. Il ne pensa qu'aux fêtes et aux chasses pendant que ses ennemis veillaient.

Le duc de Bretagne, ne voyant pas revenir son frère,

conçut quelque méfiance, qu'Artur de Montauban ne fit qu'augmenter. Il lui représenta que Gilles était toujours à la dévotion du roi d'Angleterre et que certainement il conspirait contre la personne du duc et contre l'État.

François Ier ne demandait qu'à être convaincu. Il ne voulut pas cependant assumer la responsabilité d'une arrestation. Il préféra que cette mesure, dont il comprenait peut-être l'iniquité, fût ordonnée par le roi de France. Il se rendit alors à Chinon où se trouvait Charles VII; et pour se ménager ses bonnes grâces, il lui demanda d'être admis à l'hommage pour le duché. Il était même disposé, pour plaire au roi, à faire hommage-lige; mais Richemont était présent; il régla le serment, qui fut conforme à la dignité des ducs de Bretagne. François fit donc l'hommage debout, l'épée ceinte et reçut le baiser du roi sans ployer le genou. Il fit l'hommage-lige pour les terres qu'il possédait en France.

François Ier resta pendant deux mois à la cour du roi de France. Il entretint Charles VII de ses griefs contre son frère et il les exposa avec une grande animosité, prétendant qu'il tramait des complots contre la Bretagne et contre la France. Il fut appuyé par tous ceux dont l'intérêt était de perdre le malheureux prince.

Richemont, averti des accusations portées contre Gilles, chercha à le disculper, à atténuer les faits qui lui étaient reprochés. Ses efforts furent vains. Charles VII voulait s'attacher le duc de Bretagne, dont l'alliance lui était précieuse à cette époque, où la guerre contre les Anglais pouvait reprendre au premier jour. Gilles fut condamné, son arrestation fut même ordonnée, mais en dehors de Richemont, auquel le duc François, pour détourner ses soupçons, déclara qu'il était disposé à se réconcilier avec son frère.

L'amiral de Coëtivi, qui avait bénéficié des terres confisquées d'Ingrandes et de Chantocé, Pierre de Brézé et Regnault de Dresnay, tous à la dévotion d'Artur de Montauban, furent chargés par le roi de se rendre au Guildo, afin de procéder à l'arrestation de Gilles.

Richemont, apprenant leur départ, conçut quelque soupçon sur le but de leur mission et alla aussitôt trouver le roi. Celui-ci lui apprit l'ordre qu'il venait de donner. Le connétable ne lui cacha pas son mécontentement et, parlant avec toute la hardiesse que lui permettaient sa naissance et sa situation de grand dignitaire de la couronne :

« Sire, lui dit-il, je vois avec un profond chagrin que vous travaillez en dehors de moi à ruiner la puissante maison de Bretagne. Les griefs de mon neveu contre son frère ne sont que le résultat de basses intrigues. La vérité tout entière, c'est la haine du sire de Montauban contre le malheureux prince.

— Faites diligence, beau cousin, répondit Charles VII, touché des paroles de Richemont, car autrement la chose ira mal ; le duc et les autres ne vont pas tarder à exécuter l'ordre qui vient de m'être arraché. »

Richemont ne perdit pas un instant, quitta le roi et accourut en Bretagne pour empêcher l'arrestation de son neveu. Il arriva trop tard ; Gilles était déjà entre les mains de ses ennemis.

Dès qu'ils reçurent l'ordre de se saisir de la personne de Gilles, les émissaires du roi se hâtèrent, en effet, de partir à la tête d'une troupe nombreuse, dans la crainte de rencontrer quelque résistance ; mais Gilles était alors tout entier au plaisir, bien loin de soupçonner ce que ses ennemis tramaient contre lui.

Coëtivi, Pierre de Brézé et Regnault de Dresnay « arrivèrent le 26 juin 1446 au dit Guildo, où Gilles de Bretagne jouoët pour lors à la paume avec ses escuïers. Aussitôt qu'il entendit que ces gens de guerre s'advouoient de son oncle, il leur fit ouvrir la porte, disant qu'ils fussent les bien venus et leur demanda des nouvelles du roi. Celles qu'il apprit furent bien différentes de celles qu'il attendoit. Ils lui dirent qu'ils estoient venus de sa part pour l'arrester. Ils se saisirent des clefs du château, de toute la vaisselle d'or et d'argent et des joïaux, sans avoir égard au respect qu'ils debvoient à son épouse et à sa belle-mère, et, s'estant rendus maîtres de sa personne, ils le menèrent à Dinan au duc son frère ».

Richemont se rendit auprès du roi et obtint que le prisonnier comparût en sa présence devant ses deux frères, François et Pierre. Gilles implora humblement son pardon ; Richemont et Pierre se joignirent à lui. Ils se mirent tous trois à genoux pour fléchir le duc qui, loin de montrer la moindre émotion, ne fit que rire et fut inflexible. Outré d'un pareil procédé, Richemont, malgré le désir de secourir son neveu, quitta la cour de Bretagne et partit pour Parthenay. Bientôt après cependant, ayant appris que les États se rassemblaient à Redon pour instruire le procès de son neveu, il s'empressa de revenir afin de le défendre.

François Ier, poussé par les ennemis de son frère, cherchait à obtenir une condamnation contre lui et avait dans ce but réuni les États. L'assemblée était composée des grands dignitaires du duché, parmi lesquels figuraient Artur de Montauban, Jean Hingant, gentilhomme de l'hôtel du duc, que Gilles avait outragé autrefois, Jacques d'Épinay, évêque de Saint-Malo, tout à la dévotion de François Ier. Parmi ceux qui inclinaient à la clémence se trouvaient le sire de Combourg et l'abbé de Brézé. Richemont vint se joindre à eux.

Tout fut employé contre le malheureux prince : accusation de viol, de félonie, de conspiration contre l'État : tout fut mis en œuvre pour le perdre. Ceux qui voulaient le sauver protestèrent contre ces accusations et déclarèrent que, quels que puissent être les crimes dont il était accusé, il ne pouvait être condamné sans avoir été entendu. Richemont fut plus ardent que tout autre à le défendre, et l'assemblée, n'osant prononcer de sentence contre Gilles, le recommanda à la clémence de son frère.

Le duc de Bretagne, mécontent de cette décision, maintint son frère en prison. En outre, il chercha à faire réviser le procès. Ayant réuni les pièces, il les soumit au sire de Breuil, procureur général au parlement de Bretagne, et lui demanda de reprendre l'accusation, afin d'obtenir une sentence rigoureuse contre Gilles. Le sire de Breuil répondit qu'il y avait assez de preuves pour le maintenir en prison, mais que pour chercher davantage, « l'aisné n'avoit point de justice criminelle contre son juveigneur ».

François crut devoir abandonner le procès pour l'instant ; mais il garda plus étroitement son frère en le faisant conduire dans les prisons du château de Moncontour. Rien ne put faire taire ses ressentiments ; ce qu'il n'avait pas obtenu des juges ordinaires, il saurait l'obtenir de gens dévoués à ses volontés.

La cour d'Angleterre ne resta pas indifférente à l'arrestation de Gilles et aux mauvais traitements dont il était victime. Henri VI demanda au roi de France d'employer ses bons offices pour faire rendre la liberté au jeune prince. Cette intervention n'eut d'autre résultat que de rendre plus étroite sa captivité ; et, de plus, sembla donner raison aux accusations portées contre lui. N'ayant pas réussi auprès de Charles VII, le roi d'Angleterre somma alors le duc de

Bretagne de faire grâce à son frère ; il ne réussit pas davantage. C'est alors que François de Surienne s'empara traîtreusement de Fougères. Sur la demande du duc François, Charles VII s'en plaignit, comme nous l'avons dit, au roi Henri VI, qui déclara n'avoir agi qu'en représailles de la captivité de Gilles.

Le roi de France et le duc de Bretagne signèrent un traité d'alliance offensive et défensive. Le connétable adhéra au traité ; et, tout en se rapprochant de son neveu, avec lequel il allait entreprendre la campagne de Normandie, n'en abandonna pas pour cela la cause de Gilles.

Il envoya auprès de lui Guillaume de Rosnyvinen, chambellan du roi, pour engager le prince à implorer la justice de Charles VII. Rosnyvinen revint à la cour porteur d'une supplique, dans laquelle le prisonnier se plaignait des mauvais traitements qu'il endurait et demandait au roi son oncle de le prendre en pitié.

Rosnyvinen rappela ce que Richemont avait dit autrefois. Il fit ressortir que Gilles était victime d'intrigues et que son seul crime était d'avoir épousé une princesse convoitée par un rival acharné à sa perte, Artur de Montauban, voulant le voir mourir, pour épouser sa veuve.

Charles VII se laissa convaincre ; et, pour réparer le mal qu'il avait fait, résolut d'intercéder auprès du duc de Bretagne. Il chargea l'amiral de Coëtivi, celui-là même qui avait procédé autrefois à l'arrestation de Gilles, de se rendre auprès de François Ier, pour lui demander la grâce de son frère.

L'amiral fut très bien accueilli par le duc de Bretagne, qui lui remit l'ordre d'élargissement du prisonnier. Coëtivi arriva sans tarder au château de Moncontour ; mais déjà l'ordre de mise en liberté avait été révoqué. En effet, pendant que les amis de Gilles obtenaient l'appui du roi de France pour peser sur la volonté de François Ier, ses ennemis s'étaient mis en campagne. Artur de Montauban, dans sa haine implacable, avait trouvé un faussaire nommé Rose qui, ayant longtemps habité l'Angleterre, en connaissait la langue et les mœurs.

Cet homme sut contrefaire l'écriture du roi d'Angleterre et envoya au duc de Bretagne une lettre qu'il prétendit avoir interceptée et dans laquelle Henri VI le sommait à nouveau de lui rendre Gilles, l'appelant son connétable et le chevalier de ses ordres, sous peine de voir envahir ses États. Non seulement l'écriture, mais encore le seing et le sceau du roi d'Angleterre étaient contrefaits. François Ier envoya la lettre au roi de France ; et, ne doutant pas de la trahison de son frère, il n'attendit pas la réponse de Charles VII pour expédier un courrier porteur d'un ordre rapportant celui qu'il venait de remettre à Coëtivi.

Victime de cette nouvelle machination, Gilles fut retiré des prisons de Moncontour et transféré au château de la Hardouinaye. Tout n'était pas encore épuisé contre lui. Son frère le retint plus étroitement que jamais, ne lui ménageant ni les mauvais traitements ni même les tortures.

Gilles, du fond de sa prison, écrivait à son frère les lettres les plus humbles, les plus soumises. Elles ne parvenaient pas ; ses ennemis leur en substituaient d'autres pleines d'injures et de menaces, afin d'irriter davantage la colère du duc. Ils réussirent à tel point qu'il songea à le faire périr.

D'après Taillandier, François Ier aurait dit un jour à Olivier de Meel, l'un de ses favoris, qu'il ne serait pas fâché que le prince Gilles fût en paradis. Olivier de Meel fit observer au duc que semblable désir était bien grave et qu'il était à craindre que le roi de France n'en fût fort irrité, s'il l'apprenait.

« Je suis bien avec le roi, reprit François avec vivacité. il sait que Gilles est un très mauvais sujet et il ne sera pas fâché qu'on en fasse justice. »

Il ordonna à Olivier de Meel d'enfermer le malheureux dans la chambre la plus basse du château de la Hardouinaye.

Olivier de Meel, voulant s'attirer les faveurs de son maître, s'entendit avec Jean Hingant pour faire périr le prisonnier. Ils chargèrent Jean Rayart, maître d'hôtel d'Artur de Montauban, d'aller chercher des poisons en Italie, « dans cette eschole de parricide et cette académie des empoisonneurs où les baisers même empoisonnent ». Jean Rayart n'eut pas à aller si loin; il avait tout préparé à l'avance. Prévoyant qu'avant peu on aurait recours à son ministère, depuis longtemps le poison était prêt. Il le porta à Olivier de Meel et à son complice; ceux-ci le remirent à Artur de Montauban, qui s'était érigé en geôlier de son ennemi.

Les trois complices mirent le poison dans une « soupe grasse » qui fut donnée au prisonnier. La constitution de Gilles triompha de la violence du poison; il ne fit que l'affaiblir, et cette tentative criminelle, quoique répétée à plusieurs jours d'intervalle, ne réussit pas au gré des bourreaux.

Pendant ce temps, le chancelier de Bretagne, qui avait épousé la nièce d'Artur de Montauban, épousait avec rage la haine de son oncle. Il présenta au garde des sceaux Éon de Baudouin, comme venant du duc de Bretagne, l'ordre de faire mourir le prince Gilles. Il lui enjoignit de revêtir cet ordre de son sceau. Éon de Baudouin ayant refusé, le chancelier le cassa de sa charge et apposa le sceau lui-même. Il se rendit alors à la Hardouinaye et remit l'ordre de mort aux seigneurs qui gardaient le prisonnier.

La malheureuse victime était à leur merci désormais ; elle ne pouvait leur échapper. Ne voulant pas cependant attenter par violence à ses jours, ils résolurent de le laisser mourir de faim. Ils l'enfermèrent dans une chambre basse d'une tour du château et l'y abandonnèrent avec défense de lui donner quoi que ce soit, ni pain ni eau.

« Il y avait à cette chambre une grille donnant sur les fossés, par où le malheureux prince adressait la voix à ceux qu'il voyait passer, leur demandant du pain pour l'amour de Dieu, avec des cris lamentables. Personne n'osait se hasarder à lui faire la charité, qu'une pauvre femme qui demeurait auprès du château, laquelle, se coulant dans le fossé, lui mettait sur sa fenêtre du pain, tel que celui dont elle se nourrissait. Elle lui prolongea la vie par cette conduite charitable pendant six semaines, au bout desquelles le prince, sentant qu'il s'affaiblissait de jour en jour et qu'il n'avait plus guère de temps à vivre, pria cette femme de lui amener quelque religieux cordelier, auquel il se confessa à travers la grille. »

Lorsque sa confession fut terminée, Gilles raconta au cordelier la trahison de son frère et les mauvais traitements qu'il lui faisait endurer. Il ajouta que, puisqu'il n'avait pas obtenu justice sur la terre, il comptait sur la justice de Dieu et appelait à son jugement son frère, dans quarante jours. Il donna même par écrit cette citation au religieux, pour la remettre au duc François.

Ses gardiens, Olivier de Meel, Roussel, Male-Touche, Jean Rayart, Jean de la Chaise, Oreille-Peluc, Salmon et Gaspern s'étonnaient cependant de voir le malheureux vivre aussi longtemps sans nourriture. Ils croyaient à l'intervention de quelque puissance supérieure, ne pouvant supposer qu'une créature humaine eût l'audace de lui porter du pain. Ils avaient hâte de le voir mourir, car le duc de Bretagne était alors en Normandie, poursuivant avec Richemont sa campagne contre les Anglais. Il pouvait venir à la Hardouinaye : il ne fallait pas qu'il trouvât son frère encore en vie. Ils décidèrent de l'étouffer.

Ils pénétrèrent dans sa prison, le 25 avril 1450 au matin, et le trouvèrent au lit très affaibli. Ils se précipitèrent sur lui, lui mirent une serviette autour du cou et s'efforcèrent de l'étrangler. Malgré ses souffrances et ses privations, Gilles recouvra ses forces et chercha à résister. Il se défendit avec une grosse flûte, dont il blessa l'un de ses bourreaux ; mais ils consommèrent leur crime en l'étouffant entre deux matelas.

Dès qu'il eut cessé de vivre, ils lui bouchèrent le nez et les oreilles pour empêcher le sang de se répandre. Ils le couchèrent ensuite dans son lit afin de faire croire à une mort naturelle. Puis ils allèrent retrouver Olivier de Meel, qui les attendait à l'église. Ils se rendirent avec lui à la chasse, à laquelle ils avaient eu soin de convier auparavant quelques seigneurs du voisinage, afin de faire croire qu'ils étaient étrangers à la mort du prince.

Pendant la chasse, « un garçon, qu'ils avoient instruit de ce qu'il avoit à dire, vint leur apprendre que monseigneur Gilles avoit été trouvé mort dans son lit. Ils en parurent très affligez et prièrent la compagnie de venir au château. Mais on les connaissoit assez pour deviner d'abord que cette chasse n'avoit été qu'un jeu pour couvrir leur crime ; on en eut horreur et tout le monde les quitta comme d'infâmes parricides. L'abbé du Boquen, ayant appris cette mort, alla lever le corps avec les moines de son abbaye et l'y enterra le plus honorablement qu'il put. Geoffroy de Beaumanoir et quelques gentilshommes assistèrent aux obsèques. On couvrit le lieu de sépulture d'une tombe de simple ardoise, sur laquelle on mit la figure de Gilles de Bretagne en relief de bois ».

Pendant que cette sombre tragédie s'accomplissait au château de la Hardouinaye, le duc de Bretagne se trouvait au siège d'Avranches. Nous avons dit quelle fut l'indignation de Richemont et les murmures qui s'élevèrent parmi les seigneurs lorsque la nouvelle de ce lâche assassinat parvint au camp.

Après la prise d'Avranches, François Ier se rendit en pèlerinage au mont Saint-Michel et fit dire des messes pour le repos de l'âme de sa victime. Affaibli par les fatigues de la campagne, par la maladie, il retournait dans ses États lorsque, au moment où il sortait des remparts du Mont-Saint-Michel et venait de franchir la porte du Roi, un moine revêtu de la robe de cordelier l'arrêta et lui dit : « François, duc de Bretagne, monseigneur, j'ai ouï en confession, la veille de sa mort, votre frère Gilles, lequel m'a chargé, n'ayant pu obtenir justice ici-bas des cruels et injustes traitements dont vous l'avez fait souffrir, de vous dire qu'il vous assignait d'aujourd'hui en quarante jours devant le tribunal de Dieu le Créateur, pour avoir réparation en sa terrible justice des torts et griefs que j'ai dits. » Après ces paroles, le moine rabattit son capuchon et disparut. Malgré les recherches que l'on fit de tous côtés, aussi bien dans l'intérieur de l'abbaye que dans la place et sur la grève, il fut impossible de le retrouver.

Le duc de Bretagne fut très impressionné par les paroles qu'il venait d'entendre et rentra précipitamment dans ses États. Il se vit condamné par l'adjuration de son frère, adjuration qui, jointe aux remords de son crime, en eut bientôt raison. Aussitôt arrivé à Vannes, il mit ordre aux affaires du duché. Il réunit les seigneurs de sa cour et leur fit jurer d'exécuter ses dernières volontés, et principalement à son frère Pierre, qui devait lui succéder à défaut d'enfants mâles. Il lui recommanda ses filles et ordonna de faire dans l'abbaye de Boquen une fondation à la mémoire de Gilles.

Il mourut le 19 juillet 1450 ; Gilles était mort le 25 avril précédent. Le duc François dépassa de bien peu le délai de quarante jours que son frère lui avait assigné pour comparaître au tribunal de Dieu.

Le duc de Bretagne ne fut pas le seul des meurtriers de Gilles qui reçut la punition de son crime. Richemont n'était pas homme à laisser impuni semblable forfait. Aussitôt l'avènement de Pierre II au trône ducal, il le décida à faire instruire le procès des meurtriers de son frère. Olivier de Meel, craignant les poursuites qui pourraient être dirigées contre lui, maintenant que François Ier n'était plus, s'était réfugié à Marcoussis auprès du sire de Graville, beau-frère d'Artur de Montauban.

Richemont, ayant appris le lieu de sa retraite, le fit arrêter et conduire à Nantes, où il fut enfermé dans une prison du château. Convaincu d'avoir participé à l'assassinat de Gilles, Olivier de Meel fut condamné à mort et eut la tête tranchée à Vannes le 8 juin 1451. Jean Rayart, Roussel, Male-Touche et La Chaize, ses complices, eurent le même sort.

Quant aux autres assassins, ils purent se dérober pendant quelque temps, et ce ne fut que quelques jours avant la mort de Pierre II que Richemont, amené à Nantes par la maladie de son neveu, put faire arrêter Henri de Villeblanche, grand maître d'hôtel, Michel de Parthenay et Jean Hingant. Il fit instruire leur procès ; mais aucune des pièces de l'accusation ne donna les preuves de leur culpabilité.

Artur de Montauban, l'auteur principal de cette sanglante

tragédie, fut plus heureux que ceux dont il avait armé le bras. Dès qu'il apprit la mort de François Ier, craignant l'animosité que sa lâche conduite avait suscitée dans la noblesse bretonne, il alla se réfugier chez le sire de Graville, qui avait abrité déjà Olivier de Meel. Mais, après l'arrestation de ce dernier, il ne se trouva plus en sûreté, et il ne put échapper à la vengeance des seigneurs qui le poursuivaient, qu'en prenant l'habit religieux.

CHAPITRE XII

La Normandie reconquise, il n'y avait plus à arracher que la Guyenne aux Anglais. Cette province était moins importante à cause de son éloignement des côtes de l'Angleterre et la conquête en était plus facile. L'énergie et l'habileté du connétable n'étaient pas nécessaires dans cette campagne; le roi avec le bâtard d'Orléans devait suffire.

D'autre part, les Anglais pouvaient être tentés, à tout moment, de faire une descente sur les côtes de la Normandie, qu'ils avaient si longtemps occupée, et où ils avaient laissé tant de traces. Il fallait un gardien sûr et qui en imposât à l'ennemi. Le roi désigna Richemont en lui donnant, avec le gouvernement de cette province, qu'il venait de reprendre à l'ennemi, le commandement supérieur des troupes chargées de la défendre.

Ayant assuré la tranquillité dans les villes et pris les mesures nécessaires, dans le cas d'un retour offensif de la part des Anglais, Richemont se rendit en Bretagne auprès du duc Pierre, afin d'assister à son couronnement. Après la cérémonie du sacre qui eut lieu à Rennes au mois d'octobre 1450, il suivit son neveu à Nantes pour le mariage de Françoise de Dinan, veuve du malheureux Gilles.

Cette princesse, depuis la disgrâce de son mari, était retenue prisonnière à la cour de Bretagne. Devenue veuve, elle jura au sire de Gavre, fils du comte de Laval, de n'épouser personne autre que lui, dès qu'elle serait en âge de se marier. Elle n'avait alors que treize ans. Son mariage avec le prince Gilles n'avait été d'ailleurs que des fiançailles liant néanmoins les deux parties, comme cela se pratiquait à cette époque.

Elle dut épouser le père de celui qu'elle aimait, sur les menaces du duc Pierre, qui avait intérêt à cette union. Il avait, en effet, passé avec le comte de Laval un traité qui lui assurait une partie du douaire de la princesse, et avait en outre obtenu que celle-ci renonçât à l'héritage de son premier mari. Le comte de Laval et Françoise de Dinan se soumirent à ces conditions: l'un pour contracter le mariage qu'il souhaitait, l'autre pour recouvrer la liberté à laquelle elle aspirait depuis si longtemps.

Lorsque les fêtes données en l'honneur de ce mariage furent terminées, le duc Pierre et Richemont se rendirent auprès du roi à Angers. Tel était alors le prestige de la maison de Bretagne, à cause des services qu'elle avait rendus dans la campagne de Normandie et de ceux qu'elle pouvait rendre encore dans l'expédition de Guyenne, prestige rehaussé par la présence du connétable de Richemont, que le roi, apprenant l'arrivée des princes bretons, se rendit à leur rencontre jusqu'à la première porte du château. Il leur souhaita la bienvenue et les remercia de tout ce que la Bretagne avait fait pour la cause française.

Quelques jours après, le duc Pierre et Richemont suivirent la cour qui se rendait à Montbazon, où devait avoir lieu la cérémonie de l'hommage que le duc de Bretagne devait au roi de France.

De vives contestations eurent lieu, comme toujours, à cette occasion. Le bâtard d'Orléans, chargé de lire la formule du serment, soutint le roi qui réclamait l'hommage-lige pour le duché de Bretagne. Richemont, toujours fier des droits de sa maison, soutint énergiquement son neveu qui prétendait ne devoir que l'hommage simple. Charles VII, sentant bien qu'il outrepassait ses droits, dut s'incliner. La cérémonie eut lieu le 20 novembre 1450.

Ces dissentiments pouvaient avoir de fâcheuses conséquences sans la présence du connétable. Mais l'ascendant qu'il n'avait cessé d'avoir sur le roi et sur les seigneurs de la cour eut bien vite dissipé ce léger nuage.

En quittant Montbazon, ils se dirigèrent tous deux vers Rennes. C'est en passant à Tours que le connétable, après avoir décidé le duc Pierre à poursuivre les assassins de Gilles, ordonna l'arrestation d'Olivier de Meel, réfugié à Marcoussis.

Laissant à son neveu le soin de faire justice de ce misérable et de ses complices, il se rendit en Normandie pour inspecter les places du Cotentin. Il envoya Geoffroy de Couvron à la Hougue-Saint-Vaast avec quarante lances pour surveiller les Anglais qui menaçaient de faire une descente sur cette partie des côtes. Il ordonna en outre de mettre sur pied les francs archers et de rassembler les compagnies d'ordonnance du bailliage de Caen.

Il reçut à ce moment un message du duc de Bretagne, l'informant que les Anglais venaient de débarquer des troupes dans la presqu'île de Camaret, et que leur flotte croisait dans la rade de Brest. Malgré l'appel de son neveu, Richemont resta en Normandie pour en surveiller lui-même la défense. Il ne tarda pas à apprendre que les Anglais avaient renoncé à leur tentative sur la Bretagne et que leur flotte venait de reprendre la mer. Ils abandonnèrent bientôt également leurs projets contre la Normandie. Ils n'osèrent risquer une expédition aussi périlleuse; et, par la seule présence de Richemont, la Normandie fut sauvegardée.

Ces démonstrations sur les côtes de Normandie et de Bretagne avaient été résolues par le cabinet de Londres, non seulement pour montrer que les Anglais n'avaient pas abandonné l'espoir de ressaisir un jour la province qui leur avait été arrachée, mais aussi afin d'entraver l'expédition du roi de France en Guyenne.

Les débuts de cette campagne dans le midi de la France s'annoncèrent sous les plus heureux auspices. La Guyenne fut facilement, trop facilement conquise. Dunois, puissamment aidé par l'artillerie de Jean Bureau, s'empara en peu de temps de Saint-Émilion, de Blaye et de Libourne. Bordeaux lui ouvrit ses portes le 22 juin 1451 et Bayonne capitula le 21 août suivant.

La France, qui vingt-deux ans auparavant se débattait dans les étreintes de l'agonie et que Jeanne d'Arc avait arrachée à la mort, était régénérée. L'Angleterre, déchirée par les dissensions intestines, était impuissante à conserver ses conquêtes d'autrefois. Son roi Henri V n'était plus; sa prédiction s'accomplissait: son fils Henri VI perdait tout ce qu'il lui avait laissé sur le sol de France. La Normandie lui avait été enlevée par Richemont; la Guyenne seule lui restait encore, mais déjà les villes les plus importantes de cette province venaient de tomber au pouvoir des Français.

Marguerite d'Anjou, femme d'Henri VI, voulut tenter un dernier et vigoureux effort. Abandonnant, pour le moment, ses projets sur la Normandie, trop bien défendue par le connétable, elle fit décider l'envoi de troupes fraîches dans le midi de la France. Elle chargea de cette expédition un général de quatre-vingts ans, mais ce vieillard c'était Talbot, l'Achille de l'Angleterre.

Dès que son arrivée fut connue, Bordeaux, lié par les intérêts de son commerce aux États d'outre-mer, chassa la garnison française et ouvrit ses portes aux Anglais, le 22 septembre 1452. La plupart des villes dont l'armée royale s'était emparée l'année précédente suivirent cet exemple.

Il fallait recommencer la campagne. Au printemps de l'année 1453, Charles VII résolut de reprendre l'offensive. Dès les premiers jours de juillet, l'armée royale se mettait en marche; le 14 du même mois elle investissait la place de Castillon.

A cette nouvelle, Talbot accourut, non sans vouloir entendre la messe au préalable. L'office était à peine commencé qu'on vint lui dire que les Français s'apprêtaient à donner l'assaut. « Jamais je n'oïroy la messe, s'écria-t-il, ou aujourd'hui j'aurai vuë la compagnie des François; » et aussitôt il s'élança à cheval à la rencontre de l'ennemi.

Les Français ne l'avaient pas attendu et déjà l'artillerie battait vigoureusement les murailles, tandis que Jean Bureau, qui commandait le feu des canonniers, se préparait à repousser toute attaque des Anglais. Le capitaine octogénaire, revêtu d'un long manteau écarlate, parut à la tête de ses troupes, dont les premiers rangs furent bientôt fauchés par les décharges des canons de Bureau.

Talbot, dont il faut louer le courage, ne s'arrêta pas et voulut planter son étendard sur la barrière, mais ce n'était plus le temps des combats corps à corps; l'artillerie faisait son œuvre brutale et avait raison des plus audacieux. Une seconde décharge renversa le général anglais de la petite haquenée qu'il montait et lui brisa la cuisse. Ses deux fils, lord Lisle et le bâtard de Talbot accoururent à son secours, avec quelques gentilshommes; ils furent tués en voulant le défendre. Lui-même fut achevé par un archer breton, qui lui traversa la gorge d'un coup de lance.

Les Anglais furent bientôt mis en déroute ; quelques-uns parvinrent à rentrer dans Castillon ; d'autres s'enfuirent dans la campagne, poursuivis par les Français qui en tuèrent un grand nombre. Quatre mille Anglais restèrent sur le champ de bataille. La place se rendit le lendemain au roi de France.

Ce succès devait en amener d'autres ; Libourne et plusieurs villes voisines de Bordeaux tombèrent successivement au pouvoir des Français. Le roi décida alors d'aller mettre le siège devant Bordeaux, pendant que sa flotte, renforcée par seize vaisseaux du port de La Rochelle, mettait en échec les navires anglais accourus au secours de Bordeaux et fermait la Gironde.

Les Bordelais, craignant d'être traités en rebelles, envoyèrent au roi une députation pour obtenir la vie sauve et la conservation de leurs biens, en échange de la reddition de la place. N'écoutant d'abord que son ressentiment de leur trahison, Charles VII refusa tout arrangement avec eux ; mais, sur les avis de son conseil, il se décida à accepter leurs propositions.

Toutefois, il exigea une contribution de cent mille écus et le bannissement, avec confiscation de leurs biens, des vingt notables qui l'année précédente s'étaient rendus coupables d'avoir chassé la garnison française et avaient livré la ville aux Anglais. En outre, le sire de l'Esparre, l'instigateur de cette trahison, eut la tête tranchée. Charles VII fit son entrée solennelle à Bordeaux, à la tête de son armée, le 14 octobre 1453.

La prise de Bordeaux et des autres villes, qui ne tardèrent pas à faire leur soumission, complétait la conquête de la Guyenne. La France était maintenant rendue tout entière aux Français. Les Anglais ne possédaient que Calais, qui ne leur fut arraché qu'un siècle plus tard. La guerre de Cent ans était terminée.

L'œuvre de délivrance glorieusement commencée par Jeanne d'Arc, continuée glorieusement aussi par Richemont, était achevée.

CHAPITRE XIII

RÉVOLTE DU DUC D'ALENÇON, LES ORDRES MENDIANTS

Après la délivrance du territoire, tant au midi par la conquête de la Guyenne qu'au nord par la reprise de la Normandie, le connétable de Richemont avait terminé son action militaire contre les Anglais. Son activité ne devait pas se ralentir néanmoins; et, quoique âgé de 60 ans, il sentait ses forces assez vives pour être utile à son pays.

Fier d'avoir atteint son but en chassant l'ennemi, il s'occupa de mettre en état de défense les places de son gouvernement de Normandie. Il écouta les réclamations de tous et chercha à réformer les abus. Aidé par le bâtard d'Orléans, par le comte d'Eu et par Pierre de Brézé, il put obtenir une meilleure répartition de l'impôt qui frappait les populations de cette province et parvint à mettre tout en bon ordre.

Pendant un séjour de quelques mois en Bretagne, au cours de l'année 1455, Richemont eut à s'occuper de diverses affaires de famille. Il assista à plusieurs mariages qui, tout en donnant satisfaction aux prétentions des princes bretons, affirmaient ses droits éventuels à la couronne ducale. Il n'allait pas tarder à être rappelé par le roi.

A cette époque, en effet, alors que les puissances de la chrétienté considéraient encore avec stupeur la prise de Constantinople par le sultan Mahomet II et l'invasion de la Hongrie et des marches du Tyrol par les Turcs, de nouveaux embarras menaçaient le roi de France.

Charles VII n'avait plus à craindre le retour offensif des Anglais; aussi préparait-il des lois, s'occupant à améliorer les finances. Sa puissance s'augmentait chaque jour et diminuait d'autant celle des seigneurs et l'influence qu'ils avaient autrefois dans la direction des affaires du royaume.

Plus que tout autre, le duc de Bourgogne s'en inquiétait et cherchait à faire une guerre sourde au roi de France, en appuyant les mécontents. Il encourageait les menées du dauphin Louis qui, retiré dans son gouvernement du Viennois, bravait les ordres de son père. Sur l'instigation du duc de Bourgogne, Louis rechercha en mariage la princesse Charlotte, fille du duc de Savoie, allié de Philippe le Bon, sans demander l'autorisation du roi. Charles VII, mécontent de cette alliance, rappela le connétable de Richemont et l'envoya avec le bâtard d'Orléans à Genève, auprès du duc de Savoie.

Leur ambassade fut couronnée de succès. Tout en exposant les griefs du roi, ils surent rassurer le duc de Savoie sur les intentions de Charles VII, qui ne voulait en aucune façon porter atteinte à ses droits. Ayant ainsi jeté les premières bases de la réconciliation, le connétable et Dunois, accompagnés par le duc et la duchesse de Savoie, auxquels s'étaient joints le prince et la princesse de Piémont, retournèrent auprès du roi de France. Ils descendirent le Rhône jusqu'à Lyon, d'où ils se rendirent à Saint-Pourçain, où Charles VII venait d'arriver. Les conférences qui eurent lieu dans cette ville amenèrent l'accord entre les princes. (16 décembre 1455.)

Le dauphin toutefois ne voulut pas céder. Le comte Antoine de Chabannes, ancien capitaine de routiers, sur l'ordre du roi, dut s'avancer avec ses troupes vers les frontières du Viennois pour faire sommation au prince récalcitrant de se rendre auprès de son père. Louis refusa, se méfiant, disait-il, des seigneurs de la cour. Mais, craignant d'être arrêté, il gagna subitement la ville de Saint-Claude en Franche-Comté, d'où il se rendit à Bruxelles, auprès du duc de Bourgogne.

Il écrivit à Charles VII « qu'étant, avec l'autorisation de son seigneur et père, gonfalonier de la sainte Église romaine, il n'avait pu se dispenser d'obtempérer à la requête du pape et de se joindre à son bon oncle de Bourgogne, qui allait marcher contre les Turcs pour la défense de la foi catholique. En apprenant l'arrivée de son fils à la cour de Philippe le Bon, Charles VII s'écria en parlant de ce dernier : « Il a reçu un renard qui mangera ses poules. »

D'autres embarras surgirent alors, embarras qui se liaient à la révolte du dauphin, et peu s'en fallut qu'à ce commencement de guerre civile le royaume ne fût de nouveau envahi.

Le duc d'Alençon, neveu du connétable, issu du sang royal des Valois par son aïeul Charles, comte de Valois et d'Alençon, frère du roi Philippe le Bel, avait servi avec honneur la France contre les Anglais. Fait prisonnier à la bataille de Verneuil, en 1424, il n'avait recouvré sa liberté, quatre ans plus tard, qu'en aliénant sa seigneurie de Fougères au profit du duc de Bretagne. Lorsqu'il voulut rentrer en possession de son domaine, il apprit que Fougères avait été réuni au domaine ducal. Il se plaignit au roi ; mais celui-ci, voulant ménager le duc Pierre, n'écouta pas sa réclamation.

Furieux de ne pas obtenir satisfaction, le duc d'Alençon se ligua avec le dauphin et, de plus, fit des avances aux Anglais. Il traita avec eux, promettant de leur livrer des places pour faciliter une descente en Normandie. Il offrit même l'appui d'un corps de troupes de dix mille hommes et négocia le mariage de l'une de ses sœurs avec le fils du duc d'York. Heureusement pour la France, des divisions intestines déchiraient alors l'Angleterre; le duc d'York était trop occupé à la guerre des Deux-Roses pour profiter de ces offres.

L'ambition du duc d'Alençon n'était pas le seul mobile qui le faisait agir. Michelet rapporte qu'il avait une haine personnelle contre le roi. Il cite à l'appui ces paroles répétées par son valet de chambre au moment de son procès : « Si je pouvois avoir une pouldre que je connois bien et la mettre en la buée où les draps-linges du roy seroient mis, je le ferois dormir tout sec. »

Une grande partie des lettres du duc d'Alençon, tant au duc d'York qu'au dauphin, tombèrent entre les mains de Charles VII, qui ordonna au bâtard d'Orléans de se saisir de sa personne, en même temps qu'il expédiait un message au connétable de Richemont pour interroger le prisonnier.

Dunois se rendit à Paris, où il manda le prévôt Robert d'Estouteville et quelques autres officiers, en leur ordonnant, de par le roi, de lui prêter main forte, dans le cas où le duc d'Alençon chercherait à résister. Il avait eu soin, au préalable, de laisser en dehors de la ville le bailli de Vermandois, avec quarante lances pour surveiller la route de Melun, aux abords de la porte Saint-Antoine.

Il se rendit alors à l'hôtel de l'Étoile, près de l'hôtel de l'Ours, où logeait le duc d'Alençon. S'étant présenté devant lui, il lui dit : « Monseigneur, pardonnez-moi; le roy m'a envoyé devant vous et baillé charge de vous faire son prisonnier. Ne sçay proprement la cause pourquoy. Aussitôt les gens de guerre firent irruption dans l'hôtel, et Dunois, lui mettant la main sur l'épaule, lui dit de reschief : Je vous fais prisonnier du roy. »

Le duc d'Alençon n'opposa aucune résistance; il resta impassible, se contentant de regarder d'un œil hautain les gardes qui l'entouraient, mais dissimulant avec peine la colère qui grondait en lui. (27 mai 1456.)

Le bâtard d'Orléans, sans perdre un instant, alla rejoindre le bailli de Vermandois et conduisit son prisonnier à Melun auprès du connétable qui l'attendait.

Artur de Richemont, par la haute situation qu'il occupait, par la considération dont il jouissait, devait inspirer toute confiance au duc d'Alençon. De plus il était le propre frère de la duchesse douairière, sa mère; mieux que tout autre il pouvait le servir. Il était là non pour le juger, mais pour chercher à atténuer ses fautes.

Mais le duc d'Alençon, loin de comprendre la gravité de sa situation, loin de penser qu'il avait tout à espérer de l'intervention de son oncle, était arrivé à Melun la rage dans l'âme, décidé à exhaler sa colère et à payer d'audace.

Mis en présence du connétable, il eut une attitude arrogante.

« Ce n'est pas à vous de m'interroger, lui dit-il; c'est devant le roi que je veux être conduit. Ma qualité de prince du sang, les services que j'ai rendus autrefois à la France, me font un devoir de ne répondre qu'à lui seul.

— Ce n'est pas ainsi, repartit Richemont, que vous devez accueillir les gens qui vous veulent quelque bien. Vous connaissez mes bonnes dispositions; sachez que je n'ai accepté la mission de vous interroger que dans l'espoir de vous faire rentrer dans les bonnes grâces du roi. »

Le duc d'Alençon ne voulut rien entendre. Le connétable dut écouter les plaintes qu'il formula contre les ministres, déclarant même « qu'il diroit son fait au roi ». Le connétable se vit contraint de l'abandonner aux mains du bâtard d'Orléans. Le prisonnier fut conduit au château de la Nonnette en Bourbonnais, où Charles VII avait donné l'ordre de l'amener.

Son attitude fut la même devant le roi : cherchant par son audace à en imposer et à faire croire à son innocence. Il repoussa l'accusation d'avoir traité avec l'ennemi ; niant tout ce qui lui était reproché, jusqu'aux preuves de trahison qui lui furent mises sous les yeux.

Arguant toujours de son innocence, le duc d'Alençon réclama sa liberté. Charles VII lui déclara que sa conduite ne devait pas être examinée à la légère ; qu'il était malheureux de voir la personne royale abandonnée par les membres de sa famille : il ne savait plus maintenant à qui se fier et il n'hésiterait pas à faire instruire le procès, à cause des trahisons qui l'entouraient.

Charles VII, malgré les dénégations du duc d'Alençon, était convaincu de sa culpabilité. Il le fit conduire en prison et rendit les officiers responsables de sa personne, sous les peines les plus sévères. Le procès ne fut instruit que deux ans plus tard. Nous verrons par la suite que ce fut grâce à Richemont que le duc d'Alençon n'eut pas la tête tranchée.

Après avoir vainement cherché à apaiser le duc d'Alençon et l'avoir laissé aux mains du bâtard d'Orléans, le connétable était retourné auprès de sa femme, à Parthenay. Dans les premiers jours du mois de janvier 1457, il reçut ordre de se rendre à Paris, pour faire cesser le différend qui existait entre l'Université et les ordres mendiants, les Augustins, les Carmes, les Franciscains et les Jacobins.

Au cours de l'année 1456, le pape Nicolas V leur avait accordé le pouvoir de confesser, ce qui causait de réels préjudices aux curés des paroisses; Ceux-ci réclamèrent auprès de l'Université, qui décida d'appeler de cette bulle attentatoire à l'ordre hiérarchique de l'Église. Elle ordonna aux ordres mendiants de comparaître devant elle, mais ne put obtenir qu'ils fissent abandon des pouvoirs que la bulle leur avait conférés. L'Université les déclara parjures et fit afficher la sentence qui les excluait de son sein, sous le porche des églises, dans les carrefours et aux portes de leurs couvents.

En outre, elle écrivit au roi pour obtenir sa médiation. Charles VII chargea l'archevêque de Reims, le patriarche d'Antioche, l'évêque de Paris et quatre conseillers de mettre fin au différend. Aucun d'eux ne put arriver à une entente ; c'est alors qu'il ordonna au connétable de se rendre à Paris, « content d'en tenir ce que Richemont ordonnerait ».

Richemont arriva à Paris le 11 janvier 1457 ; et, après s'être rendu compte des plaintes de chacun, il réunit, le 3 février suivant, les délégués de chaque parti au couvent des Bernardins. Il y convia l'archevêque de Reims et l'évêque de Paris. Jacques Bréal, prieur des Jacobins, introduit au sein de l'assemblée, demanda en ces termes que l'Université révoquât l'ordre d'expulsion qu'elle avait prononcé : « Présupposez premièrement les conclusions prises et proposées par monseigneur le connestable, chy présent, nous vous requérons et supplions très humblement, tant que faire pouvons, que icelles requestes et conclusions vous plaise obtempérer à nous recevoir comme suppôts et membres. »

Cette supplique ne parut pas assez soumise envers l'Université ; elle déclara ne vouloir revenir en aucune façon sur le vote d'exclusion. Les délégués des ordres mendiants se retirèrent. Richemont les suivit et les ramena bientôt au sein de l'assemblée, à laquelle il adressa ces paroles : « Messieurs, je vous ramène ces bons religieux qui n'estoient pas bien advisez, quand ils ont fait leur supplication et pourtant je vous les ramène mieux advisez. »

Le prieur des Jacobins supplia l'assemblée de recevoir les ordres mendiants dans son sein. L'Université pardonna alors aux révoltés en leur faisant promettre de ne plus réclamer les privilèges accordés par la bulle de Nicolas V. Ils durent jurer sur l'Évangile de s'en tenir à la bulle du pape Calixte III, qui avait révoqué ces privilèges.

Richemont était encore à Paris lorsqu'il apprit que son neveu, le duc Pierre II, était gravement malade. Il partit aussitôt et arriva à Orléans le 9 avril 1457, « la Vigile de Pasques Flouries ». Il se trouvait à Tours lorsqu'il reçut un message lui annonçant que la comtesse de Richemont était de son côté sérieusement malade. Il se rendit à Parthenay auprès d'elle. Lorsqu'elle fut rétablie, il partit pour Nantes, où il resta avec son neveu jusqu'à ses derniers moments.

Pierre II, duc de Bretagne, mourut au château de Nantes le 27 septembre 1457 sans laisser d'enfant. Il fit, quelques jours avant de mourir, son testament, qui réglait la succession au trône ducal, en respectant les volontés de son frère François Ier.

Son règne, qui dura sept ans, a laissé peu de traces dans l'histoire. Ce qu'on peut dire de plus favorable sur son compte, c'est qu'il resta constamment fidèle à l'alliance française. Pendant la durée de son règne il n'eut aucune guerre à soutenir. Il s'occupa de l'administration intérieure du duché, chercha à réformer les abus. Taciturne et pacifique, son seul acte d'énergie fut d'ordonner des poursuites contre les assassins de son frère Gilles; et encore, ce ne fut que sur la pression de son oncle Artur de Richemont qu'il se décida à cet acte de justice envers la mémoire de ce malheureux prince.

Il avait épousé la douce et charitable Françoise d'Amboise, fille du vicomte de Thouars. Il vécut toujours en frère avec elle et déclara à son lit de mort qu'il la laissait pure comme il l'avait reçue. Sa piété fit naître chez lui des soupçons sur la vertu de sa femme, soupçons inexplicables, que rien ne pouvait justifier. Il lui fit subir d'odieux traitements pour qu'elle expiât les crimes qui n'existaient que dans l'imagination de ce maniaque.

CHAPITRE XIV

Conformément aux clauses du testament du duc François, Artur de Richemont succéda à Pierre II et devint duc de Bretagne. Il le devenait contre toute prévision, par la mort successive de son frère Jean V et de ses deux neveux François et Pierre. Il lui était permis de voir là une volonté providentielle. Il se souvint alors de la prédiction de Merlin, « qu'un Artur de Bretagne devait un jour conquérir l'Angleterre ».

Qu'y avait-il là d'impossible ? Le roi d'Écosse ne cessait d'inviter la France à faire une descente en Angleterre. La guerre des Deux-Roses ne cessait d'agiter l'île et favorisait l'invasion. Richemont, duc régnant de Bretagne, avait maintenant dans la main de vaillants hommes d'armes, l'élite des armées françaises. Pourquoi l'Angleterre ne serait-elle pas conquise par les Bretons, comme elle l'avait été autrefois par les Normands ?

Richemont ne pouvait se détacher de cette pensée, et l'on rapporte qu'il avait d'avance, imitant ce qu'avait fait autrefois Guillaume le Conquérant, lors de sa descente en Angleterre, par lettres scellées, distribué des terres et des châteaux en Angleterre aux seigneurs qui devaient l'accompagner dans cette guerre de revanche.

Est-ce aussi dans ce secret dessein qu'il voulut garder

l'épée de connétable de France, qui le faisait chef d'armée ? On sait, en effet, qu'il répondit à ceux qui le détournaient de conserver la charge de connétable, comme incompatible avec son rang de prince souverain, « qu'il entendait honorer dans sa vieillesse une dignité qui l'avait honoré dans sa jeunesse ».

Le 30 octobre 1457, Artur III fit son entrée solennelle à Rennes, où il prêta serment entre les mains du sire de Guémémée ; puis il se rendit à Nantes pour recevoir l'hommage de ses vassaux. Aussitôt après il envoyait un ambassadeur à Rome, pour porter au Saint-Siège son serment de fidélité.

Vers la fin de cette même année, des envoyés du roi de Bohême arrivèrent à Tours auprès du roi de France pour négocier le mariage du roi Ladislas avec la princesse Marguerite, fille de Charles VII. Artur III fut invité à se rendre à la cour pour assister aux négociations. Il fit de grands préparatifs afin de répondre aux désirs du roi. Il envoya même l'un de ses écuyers en Basse-Bretagne, dans le Léonnais, pour en ramener des lutteurs, dont il voulait montrer la force et l'agilité.

Avant de quitter la Bretagne, Artur III prit ses dispositions pour mettre le duché en état de repousser toute attaque qui viendrait de l'extérieur. Car, si les Anglais n'avaient pas jusqu'alors répondu aux propositions du duc d'Alençon, ils pouvaient, d'un moment à l'autre, faire une tentative sur les côtes. Aussi nomma-t-il le vicomte de Rohan lieutenant général pour le duché, et fit armer les nobles et les archers, afin qu'ils fussent prêts à marcher au premier appel.

Il partit de Nantes suivi par un grand nombre de gentilshommes et apprit en arrivant à Angers que Ladislas venait de mourir empoisonné, dit-on, par les Hussites. Il n'en continua pas moins sa route et arriva à Tours, où les seigneurs de la cour vinrent à sa rencontre et le conduisirent au palais du roi,

C'est qu'alors sa renommée était plus grande que jamais et s'étendait au delà des frontières du royaume. En effet, à la nouvelle que « le duc de Bretaigne, connestable de France, estoit allé devant le roy », on offrit la couronne impériale à Charles VII. Le roi de France avait un nombreux parti en Allemagne ; c'était alors le prince le plus puissant de la chrétienté, le seul capable d'empêcher le sultan Mahomet II, maître de Constantinople, de pousser au cœur de l'Europe le cours de ses exploits.

Ce projet ne devait pas se réaliser. Artur III n'en resta pas moins convaincu que sa renommée s'était accrue de sa nouvelle dignité. Aussi fut-il bien résolu à défendre ses privilèges de duc souverain, bien plus encore que ne l'avaient fait ses prédécesseurs.

A son entrée dans la ville de Tours, il fit porter devant lui par son premier écuyer, Philippe de Malestroit, deux épées, l'une élevée en pointe, comme duc de Bretagne, l'autre suspendue à une écharpe et dans son fourreau, comme connétable de France. Lorsqu'il eut à faire au roi hommage pour son duché, il répondit avec hauteur à ceux qui émirent la prétention qu'il devait faire hommage-lige, que tel n'était pas son avis ; et, pour ne pas prolonger le débat, il prit le prétexte d'en conférer avec les États de Bretagne. Il quitta aussitôt la cour, bien décidé à n'y plus reparaître. Nous verrons bientôt qu'il ne resta pas inébranlable dans cette décision, et qu'il sut faire taire ses dissentiments personnels pour écouter ce que lui dictaient le devoir et l'affection.

Pendant qu'Artur était à Tours, les Anglais firent une tentative de descente sur les côtes de Bretagne. Leur flotte parut en vue de Bourgneuf. La duchesse appela aussitôt les gens d'armes et les archers et chargea le vicomte de Rohan, les sires de Rieux et de Malestroit de veiller à la défense du territoire. Les Anglais n'osèrent débarquer leurs troupes et se retirèrent avec leur flotte.

Cette tentative de débarquement était, comme Richemont l'avait prévu, la conséquence du plan conçu par le duc d'Alençon. Une descente devait avoir lieu également sur le littoral de Saint-Malo. Tout échoua, grâce aux dispositions prises par Artur et par la duchesse.

Artur venait à peine de rentrer en Bretagne qu'il fut appelé de nouveau par le roi de France, pour faire partie des États du royaume, convoqués pour le 11 mai 1458, à Montargis, afin d'instruire le procès de haute trahison intenté au duc d'Alençon. Il répondit au message du roi qu'il était connétable de France, et qu'en cette qualité il était tenu de se rendre aux ordres du roi pour la défense du royaume; mais qu'en qualité de duc de Bretagne, il ne dépendait de la couronne qu'en cas d'appel du Parlement du duché ou de celui de Paris, en cas de déni de justice. Il déclarait qu'il n'était pas pair de France et refusait de siéger en cette qualité aux États de Montargis ou ailleurs.

Cette fermeté, à laquelle Artur ne voulut jamais faillir, lorsqu'il s'agissait de la dignité des charges dont il était investi, ne l'empêcha pas d'accourir dès qu'il apprit, au commencement du mois d'octobre 1458, que le duc d'Alençon venait d'être traduit devant les États réunis à Vendôme.

Il aimait particulièrement le duc d'Alençon, malgré les torts qu'il avait à lui reprocher. Aussi, oubliant la promesse qu'il s'était faite de ne plus reparaître à la cour, envoya-t-il Eustache d'Épinay auprès de ses barons de Bretagne pour les inviter à se joindre à lui dans la démarche qu'il allait tenter pour sauver son neveu. Lorsqu'il arriva à Vendôme, il apprit que le duc d'Alençon venait d'être condamné à mort. (10 octobre 1458.)

Artur se présenta devant le roi, auquel il rappela que Jean II, père du duc d'Alençon, avait péri à la bataille d'Azincourt, que lui-même avait été fait prisonnier à la bataille de Verneuil, qu'il avait rendu de grands services à la France et avait été l'un des sauveurs de la couronne dans les guerres contre les Anglais. Il fit ressortir qu'il était prince du sang et qu'il méritait la clémence du roi. Charles VII se laissa convaincre et fit grâce de la vie au duc d'Alençon, « en faveur et en contemplacion de et sur les grandes requestes faictes au roy par Artur, duc de Bretaigne, conte de Richemont, oncle du dict d'Allenchion ».

Avant de quitter Vendôme, le duc de Bretagne dut faire l'hommage qu'il avait différé lors de son séjour à Tours. Bien décidé toutefois à ne faire que ce que comportait sa situation, il maintint ses précédentes déclarations et refusa énergiquement de faire l'hommage-lige. Le 14 octobre 1458, il fut reçu au baiser du roi, l'épée au côté ; sa dignité comme duc de Bretagne était sauvegardée. Il fit hommage-lige pour le comté de Montfort et pour la terre de Neauflle-le-Château.

Il retourna alors en Bretagne, souffrant depuis quelques temps d'une maladie dont il ne devait pas se relever. On prétend qu'il fut empoisonné pendant son séjour à Vendôme. Gruel dit à ce sujet : « Pleust à Dieu que jamais n'eust esté à Vendôme, car oncques puis ne fust sain jusqu'à la mort et plusieurs font grand doubte qu'elle fut avancée ; Dieu en sçait la vérité ! »

A peine arrivé à Nantes, Artur III eut avec l'évêque Guillaume de Malestroit un différend qui, joint à la maladie dont il était atteint, devait hâter sa fin. Il avait toujours eu cependant une grande prédilection pour ce prélat et la lui avait prouvée en maintes circonstances. Déjà, sous le règne de Jean V, il avait décidé le chancelier de Bretagne, Jean de Malestroit, à se démettre de sa dignité d'évêque de Nantes en faveur de son neveu Guillaume. Le chancelier lui avait dit alors : « Je feray pour vous plus que pour homme qui vivez ; mais, par le corps de Nostre-Dame, vous vous en repentirez : car c'est le plus mauvais ribaud traistre que vous veites oncques, et si vous le cognoissiez comme moi, vous n'en parleriez jamais. » Devant un tel langage, Richemont aurait dû hésiter à protéger Guillaume de Malestroit. Il n'en fut rien ; sa nature droite ne pouvait croire à la trahison. Aussi, malgré les avertissements du chancelier, lorsqu'il devint duc de Bretagne, il continua à combler l'évêque de ses faveurs, lui concédant des terres et des privilèges.

Loin de lui témoigner de la reconnaissance, Guillaume de Malestroit se montra agressif à l'égard de son bienfaiteur. Il commença par lui refuser l'hommage qu'il lui devait pour son temporel, puis lança l'excommunication contre quelques capitaines de l'entourage du duc et fit arrêter les officiers de sa maison qui avaient fait saisir, dans une foire, des balances à faux poids.

Le 7 décembre, l'évêque sortait en procession de l'église des Carmes, lorsque Pierre Le Boutellier, procureur à la cour séculière de Nantes, se présenta à lui et lui dit que le duc de Bretagne avait fait saisir son temporel ecclésiastique, attendu que l'évêque refusait de faire l'hommage et de prêter le serment de fidélité qu'il devait à son nouveau duc. Cependant, en considération de sa personne, Artur consentait à différer la saisie, si Guillaume de Malestroit se présentait le samedi suivant pour prêter le serment trop longtemps différé.

Loin d'obéir, l'évêque, prenant prétexte que la sommation troublait la cérémonie de la procession, adjura le duc de se rendre en personne, dans un délai de deux heures, sous le porche de l'église, pour répondre de sa conduite et faire amende honorable. Il ajoutait qu'il ne devait aucun hommage au duc de Bretagne ; qu'il ne tenait rien de lui et que, s'il tenait quelque chose, c'était du roi de France seul qu'il le tenait.

Artur III en appela au métropolitain, décidé à en référer au Souverain-Pontife, s'il y était contraint. Il en avertit Guillaume de Malestroit ; mais celui-ci n'en tint nul compte et continua ses violences.

Artur de Richemont, ce prince au caractère énergique et fier, qui savait courber devant sa volonté de fer tous ceux qui s'écartaient du droit chemin, était alors miné par la maladie. La souffrance eut raison de son énergie ; la conduite de l'évêque, tout indigne qu'elle était, ne fit que l'affecter. Il ne sut pas prendre contre lui les mesures qu'il n'aurait pas tardé à ordonner quelques années auparavant.

Sa maladie depuis lors ne fit que s'aggraver de jour en jour et ne tarda pas à prendre un caractère inquiétant. Il ne voulut pas s'aliter cependant, et lutta avec l'énergie qui l'avait si souvent soutenu dans les épreuves de sa vie.

Gruel raconte ainsi les derniers moments d'Artur III : « Il jeusna les quatre-temps ; et la vigile de Noël se confessa, et le jour aussi ; et fut à matines et à la messe de minuit et à la grand'messe du jour et à vespres. Et le jour de la Saint-Estienne ouyt la messe et dit ses heures à genouils bien et dévotement comme bon et loyal chrestien. »

Le même jour, 26 décembre 1458, Artur III, comte de Richemont, connétable de France, duc de Bretagne, mourait debout, sans avoir eu un moment de faiblesse. La mort seule avait pu l'abattre et avoir raison de cette âme de fer.

Ainsi mourut à l'âge de 67 ans cet homme illustre entre tous les enfants de la Bretagne, qui, malgré les injustices dont il eut à souffrir pendant toute sa vie, sut rester fidèle à son devoir.

« Et fut après sa mort, dit Le Baud, son corps inhumé au couvent des Chartreux qu'il avoit édifié, es forz-bourgs de la citez de Nantes, et y avoit mis des chanoines. » Ses funérailles furent faites par l'évêque Guillaume de Malestroit, celui-là même qui avait abrégé ses jours.

Les restes d'Artur de Richemont furent exhumés et transportés de nos jours, en 1818, dans la cathédrale de Nantes, et placés dans le tombeau du duc François II et de sa femme Marguerite de Foix, dû au ciseau de Michel Colomb.

La ville de Nantes a élevé une statue au comte de Richemont ; elle fait pendant, à l'une des extrémités du cours Saint-Pierre, à la statue de la duchesse Anne.

C'est le seul hommage que la Bretagne ait rendu à ce héros, dont un historien du XVIIᵉ siècle a dit : « Artur de Richemont fut l'un des restaurateurs de la France et des plus dignes seigneurs qui aient porté l'épée de connétable. »

Du Guesclin et Clisson illustrèrent les règnes de Charles V et de Charles VI ; le connétable de Richemont, qui recueillit leur héritage sur les champs de bataille, sauva la France sous Charles VII. C'est une des gloires de la Bretagne, qui lui a donné le jour ; c'est aussi une des gloires de la France, car elle lui doit sa délivrance. Si Jeanne d'Arc, en effet, en portant le coup fatal aux Anglais, rendit l'espoir à Charles VII, Richemont, en achevant son œuvre, lui rendit la France.

FIN

TABLE DES MATIÈRES

Pages

INTRODUCTION   V

LIVRE PREMIER

ENFANCE ET JEUNESSE D'ARTUR DE RICHEMONT

CHAPITRE Ier. — Sacre de Jean V, duc de Bretagne.............   1
—   II. — Tutelle des princes confiée à Philippe le Hardi.   10
—   III. — Séjour d'Artur à l'hôtel Saint-Pol.............   20
—   IV. — Mort et obsèques de Philippe le Hardi........   30
—   V. — Assassinat du duc d'Orléans.................   37
—   VI. — Les leçons de la guerre et de la politique......   47
—   VII. — L'amitié du dauphin.........................   58
—   VIII. — Bataille d'Azincourt   70

LIVRE DEUXIÈME

LA FRANCE ENVAHIE

CHAPITRE Ier. — Captivité de Richemont...   83
—   II. — Quatre prisonniers.........................   93
—   III. — Artur de Richemont libre sur parole........   103
—   IV. — L'épée de connétable..   111
—   V. — Lutte contre les favoris....................   121
—   VI. — Suite de la lutte contre les favoris...........   132
—   VII. — Jeanne d'Arc et le connétable...............   141
—   VIII. — Chute de la Trémoille.   152

LIVRE TROISIÈME

LA FRANCE DÉLIVRÉE

Pages

CHAPITRE Iᵉʳ. — Réconciliation du roi et du duc de Bourgogne. Traité d'Arras.. 163
— II. — Reddition de Paris................................ 175
— III. — Rentrée de Charles VII dans Paris............ 185
— IV. — Premières réformes dans l'armée. Révolte de la Praguerie.. 192
— V. — Les Anglais et les routiers.................... 205
— VI. — Deuils et succès................................ 215
— VII. — Organisation de l'armée........................ 227
— VIII. — Campagne de Normandie.......................... 230
— IX. — Bataille de Formigny............................ 240
— X. — Fin de la campagne de Normandie................ 257
— XI. — Gilles de Bretagne.............................. 267
— XII. — La Guyenne recouvrée. — Fin de la guerre de Cent ans.. 282
— XIII. — Révolte du duc d'Alençon. — Les ordres mendiants.. 289
— XIV. — Artur III, duc de Bretagne. — Son règne. — Sa mort.. 298

FIN DE LA TABLE

CHALON-SUR-SAÔNE, IMP. FRANÇAISE ET ORIENTALE DE L. MARCEAU.